JN123640

ケースで学ぶ家族療法

システムとナラティヴの見立てと介入

横谷謙次 著

遠見書房

東北大学家族心理学研究室の OB・OG とその関係者に捧ぐ

まえがき

　本書は，家族の心理的問題への対応方法（以下，家族療法）をエビデンスに基づいて説明しています。そのため，家族の心理的問題に対応している現役の治療者はもちろん，将来こういった治療者を目指している大学生及び大学院生が本書の読者対象になります。また，こういった治療に直接関わらなくても，「虐待」「統合失調症」「抑うつ」「乳がん」「薬物依存症」「ADHD児の破壊的行動」といった問題に対する家族療法アプローチに興味のある方にも，治療の概略を示したものとして本書はお読みいただけます。用語解説もありますので，多くの方にとって理解しやすいものと考えております。

　一方，本書は心理・社会的アプローチを主眼に説明していますので，生理的アプローチはほとんど説明していません。また家族の心理的問題は扱いますが，家族の経済的・法的問題は扱いません。そのため，生理的アプローチもしくは家族の経済的・法的問題のみに興味のある方は本書の対象外となります。また，本書は家族療法の専門用語をできるだけ使わないようにし，理論も事例に必要なもののみに限定しました。そのため，家族療法の専門用語や理論は全く網羅していませんので，各種の試験対策としては，本書は不向きです。家族療法の専門用語や理論が網羅的に記された良書は日本でも多くありますので[1][2]，そちらを参考にしてください。

　さて，本書の構成ですが，基礎概念編に基づいて，保護者面接，カップルセラピー及びグループセラピーの技法が説明されますので（図0-1），まずは基礎概念編を読まれた後に興味のある箇所を読んでいただければ幸いです。

　また，1，2，3，5章は特定の家族の心理的問題に関する事例を扱っており，1節でその問題に対する危険因子と保護因子をモデルで説明し，2節でそのモデルを事例に適用して危険因子と保護因子を特定

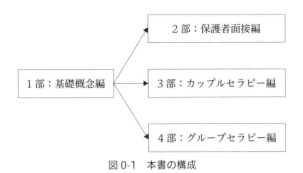

図 0-1　本書の構成

し，治療仮説を作ります。3節ではシステムの観点から治療仮説を検証するアプローチを説明し，4節で事例に対してそのアプローチを適用します。同様に，5節ではナラティヴの観点から治療仮説を検証するアプローチを説明し，6節で事例に対してそのアプローチを適用します。7節では，その事例に関連する研究と発展課題が示されています。そのため，各節はそれぞれ順番通りに読んでいただければ幸いです。

　6，8，9章は特定の心理的問題を扱っていますが，介護負担システムとナラティヴ，薬物使用システムとナラティヴ，破壊的行動システムとナラティヴという名前の通り，それぞれの問題に固有のシステムとナラティヴを扱っていますので，1，2，3，5章でシステムズアプローチとナラティヴアプローチを理解してから読んでいただけると，内容が理解しやすいと思います。

　さらに，4，7，10章では保護者面接，カップルセラピー及びグループセラピーの面接構造に基づいた制約とその対応方法を示しました。治療者が個人面接の枠組みで家族療法を実施するとすぐに失敗しますので，その失敗の要因と対処法を説明しています。さらに，コラム1，2，3では，本書が説明しているケースフォーミュレーション，システムズアプローチ及びナラティヴアプローチの限界を述べ，これらの方法論にもいくつかの限界があることを明示しています。

　なお，本書には各章ごとに事例に即した問題とその回答例がありま

すが，治療者及び治療者を目指す方は自力で問題を解いた後に回答例を確認するようにしてください。というのも実際の治療場面では，回答例を見て理解する力ではなく，自力で問題を解く力が求められるからです。筆者が大学院修士1・2年生の講義で用いる場合は，1章に1.5回分（135分）使い，学部3年生の講義で用いる場合は1章に3回分（270分）使っていますので，読書の際の参考にしていただければ幸いです。また，本文中の下線の引かれたワードは巻末の用語解説のページに簡単な説明を掲載していますので，ご確認ください。

　最後になりましたが，本書は沢山の方々に協力いただきました。まず，2章と5章については徳島大学の内海千種先生と福森崇貴先生から専門的なアドバイスをそれぞれ頂戴しました。また，1章から10章までについて，徳島大学の横谷謙次研究室のメンバー（前田詞緒さん，藤田さくらさん，村松亮弥さん）から学生の観点に基づく有益なアドバイスを頂戴しました。さらに全ての事例は架空事例ですが，ほとんどは筆者の治療経験をベースにしており，来談者の方々からは，有形・無形を問わず，有益な知見を沢山頂戴しました。遠見書房の駒形大介様には，本書を出版する機会を頂戴しました。これらの関係者の皆様に厚く御礼申し上げます。

目　　　次

第 1 部

基礎概念編

第1章

家族療法の基礎概念

要　　約

　本章では，危険因子・保護因子，家族システム，及び家族ナラティヴという家族療法の基礎概念を説明します。嫁の抑うつの危険因子・保護因子を少数派ストレスモデルに基づいてモデル化し（1節），具体的に嫁姑問題の事例に適用します（2節）。家族システムの観点から，嫁の抑うつを低下させるための適切な介入策を考えて（3節），それらを事例に適用します（4節）。同様に，家族ナラティヴの観点から，嫁の抑うつを低下させるための適切な介入策を考えて（5節），それらを事例に適用します（6節）。最後に，システムズアプローチとナラティヴアプローチに関連する研究を紹介します（7節）。

1章1節　嫁姑問題の危険因子・保護因子

　家族療法では，危険因子・保護因子という概念を多用します[3]。危険因子とは問題となる行動や症状を悪化させるような因子であり，保護因子とはそのような行動や症状を改善するような因子を言います[3]。例えば，青年のアルコール乱用を例にとれば，アルコール乱用を減らすような因子（禁酒を勧める友人関係）が保護因子となります[4]。一方，アルコール乱用を促すような因子（アルコールを勧める友人関係やアルコール飲酒が格好いいという考え方）が危険因子となります[5]。青年のアルコール乱用という問題を減らすためには，危険因子を減らし，保護因子を増やす，というのが望ましい介入と言えます。つまり，アルコール飲酒を勧める友人とその青年が会うような機会を減らして

いく一方で，禁酒を勧める友人と会う機会を増やしていくことが望ましい介入法と言えます [6]。

　さて，嫁姑問題の危険因子・保護因子を説明するモデルとして，少数派ストレスモデルを用います。というのも，夫の実家（同居家族の多数派）に嫁いできた，という点で嫁は少数派と言えますし，嫁姑問題は,多数派の代表（姑）と少数派（妻）の対立とも言えるからです。少数派ストレスモデルはさまざまな少数派の抑うつ症状に適用されることが知られています。例えば,発達障害を抱える成人（発達障害を抱えている人は少数派と考えられます）[7] や大学に所属する留学生（留学生は，人種・民族的観点からその地域の少数派に属します）に対しても適用されます [8]。嫁姑問題の嫁の抑うつ症状は，嫁の少数派モデルから説明できますので，本章ではこの少数派ストレスモデルを用います。

　少数派ストレスモデルでは [9]，少数派の人々が抑うつ症状を抱える際の危険因子と保護因子を説明しています（図 1-1）。性的少数派を例にすると，まず，周囲からその人たちに向かって話される侮蔑表現が少数派の抑うつ症状に対する危険因子とされています。例えば,「気持ち悪い」などの表現がこれに該当します [9]。もう一つは，そういった経験をすることで，性的少数派の人々が自分自身の属性について内的に葛藤してしまう状態になることです [10]。例えば，自分はレズビアンとして生きていたいと思う反面，自分のレズビアンとしての性的指向は望ましくないのではないかと思ってしまう状態です。これらのいずれもが，性的少数派の人々の抑うつ症状を促すことが知られています。

　一方，性的少数派の方々が特定のコミュニティで受容されている場合，抑うつ症状が下がることが知られています [11]。例えば，性的少数派の方々が性的少数派のコミュニティに所属し，そこで快適に過ごせていれば抑うつ症状が下がります。そのため，社会的に受容されていることは，性的少数派の抑うつ症状に対して保護因子であるということができます（図 1-1）。

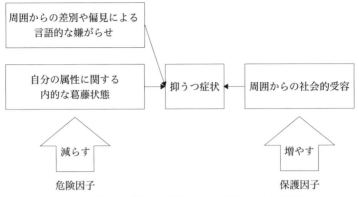

図1-1 少数派の抑うつ症状に関する危険因子と保護因子

　性的少数派の方が抑うつ症状を示している場合,危険因子を減らし,保護因子を増やしていく介入が望ましいです。この例の場合ですと,侮蔑表現や嫌がらせを受ける人間関係をできるだけ少なくしていく必要があります（図1-1）。同様に,自分の性的指向性と周囲との評価にギャップがありますので,そのギャップを把握し,解消していく必要があります。一方,性的少数派の方々はソーシャル・ネットワーキング・サービス（SNS）などの方が実社会よりも社会的サポートが得やすいと言われていますので[12],そういった自分を受け入れてくれるコミュニティとの関係をインターネット上でもよいので,維持・増加していく必要があります（図1-1）。

　このように問題に対する危険因子や保護因子を設定して,問題改善のための仮説を作ることをケースフォーミュレーションと言います[13]。別の視点で言えば,ある事例について図1-1を描く,ということがケースフォーミュレーションする,ということになります。

1章2節　嫁姑事例における危険因子・保護因子の特定

　では,ここから嫁姑事例を見て,具体的な保護因子と危険因子を特定してみましょう。（なお,すべての事例は架空事例であり,実際の事例ではありません。）

問 1-1

架空事例 1-1 を読み，少数派ストレスモデルに基づいて，妻の抑うつ症状に対する危険因子と保護因子を特定し，図 1-1 のように図示してください。

架空事例 1-1

X 年 4 月に 35 歳の妻が夫（35 歳）とともに大学の相談室に来室した。主訴は「（妻の）気分が落ち込んでいる」とのこと。質問紙で抑うつ症状をチェックしたところ，妻は中度の抑うつ状態と考えられた。

生育歴

現在は，息子（3 歳）と夫方の母親（70 歳）と父親（70 歳）と一緒に家族で同居している。カップルはそれぞれ甲信越出身であり，大学進学と同時に東京に移住した。夫も妻も本相談室に来るまでに，他の相談室・精神科などに通ったことはなく，幼稚園，学校（小，中，高，大学）や職場（現職）でも特別問題を指摘されたことはなかった。同様に保育園に通う息子にも特別な問題は指摘されたことはない。夫方両親は専業農家であり，妻方両親は，父親が元高校教師，母親が元保育士である。妻方の父（80 歳）が X − 1 年に脳梗塞のために，左半身不随となり，現在は介護が常時必要になっているが，それ以外の家族で特別な疾患などは確認されていない。

家族歴

カップルは，職場恋愛の末，30 歳の時に結婚をした。全国転勤や海外転勤もある職場だったのだが，妻の懐妊（31 歳）を契機に，地域定住型というキャリアプランをカップルともに選んだ。このキャリアを選ぶと一つの地域に限定して働け，かつ，転勤もない。それまでは二人は東京都内に同居していたが，出産後夫の実家のある甲信越地域にカップルともに引っ越してきた（X − 3 年）。

問題歴

子どもが 2 歳になるまでは（X − 1 年），妻の実家（夫の実家の隣県）から妻の母（70 歳）が毎週世話をみにきていた。往復で 2 時間かかっ

ていたが，朝から夕方までいた。元保育士ということや世話好きな性格もあり，カップルや夫の実家ともみんなで仲良くやっており，初孫を中心に楽しい時間を過ごせた。ところが，X－1年3月に，妻の父（80歳）が脳梗塞で倒れたのを契機に，妻の母は実家から離れることができなくなった。その結果，妻が子どもの世話をみることが多くなった。妻は，仕事に加えて，子どもの世話をすることも多くなったため，夫も率先して家事をし始め，布団干しなどを毎朝夫がするようになっていった。

　そうすると，町内会で夫の母は，「あなたのところのおうちはお布団を旦那さんがお昼に干しているのね（本来はお嫁さんがお布団を朝干すべきなのに）」と陰口を言われるようになった。夫の母もそういったことを薄々感じていたため，妻に対して「布団はあなたが朝に干して」と言うようになった。初めのうちは，妻が朝に布団を干すようにしていたが，仕事の都合などで夫に頼むこともあり，そうすると，夫の母は，妻が私の言うことを聞いてくれない，と思うようになり，次第に二人の関係は険悪になっていった。

　夫の母の小言もエスカレートしていき「夕食は妻が作るもんだ」「私の息子（夫）はあんたの家政夫じゃない」などと言うようになっていき，妻がそれでも無視していると，「お母さん（妻の母）がいる時はなんでもできると思ってたけど，あの人がおらんようなったら，あんたは何の家事もできとらん」などと言われるようになった。妻は勉強も仕事も家事もなんでもできてきた自分にとって，「できない」と言われることはとても腹立たしく，嫌な気分になる。妻としては共働きのカップルなのだから，夫が家事や育児を手伝うのは当然と思っているが，そういった考えは全く通用しないよう。

　半年前から（X－1年10月），妻は夫の母と顔を合わすのもおっくうになり，家に帰るのが嫌になっている。子どもは好きだし，仕事や同僚にも恵まれているので，この場所には住んでいたいが，あの家に帰って，夫の母と会うのは嫌で，小言を言われるとそのことが引っかかって夜も眠れなくなり，イライラするようになった。この1カ月く

らいは睡眠が浅く，朝5時に起きてしまい，その後寝つけない。また，食欲も乏しく，体重も2キロほど減ってしまった。韓国ドラマが好きでインターネットの動画サイトで夜見るのが楽しみだったが，最近はそれを見てもあまり楽しいとは思えなくなった。夫や子どもには当たらないようにしているが，最近笑顔が少なくなったし，家では無表情なことが多いと夫が心配し，当大学の相談室に来室した。

　問1-1の回答例

　さて，この事例の場合，図1-2のような図が描けているとよいでしょう。まずは，危険因子として，姑からの偏見に基づく言語的嫌がらせがありますね（「夕食は妻が作るもんだ」「私の息子（夫）はあんたの家政夫じゃない」など）。もう1つは，内的葛藤状態も推察できますね。姑から「お母さん（妻の母）がいる時はなんでもできると思ってたけど，あの人がおらんようなったら，あんたは何の家事もできとらん」という否定的な評価を得ますが，一方，妻自身は「家事もなんでもできてきた自分」という肯定的な評価があり，妻役割に関してこの2つの間で葛藤状態が起きていると想定できます。また，保護因子と

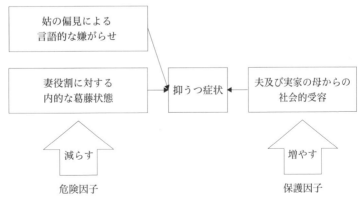

図1-2　嫁姑事例1-1の抑うつ症状に関する危険因子と保護因子
（ケースフォーミュレーション）

して，夫及び実家の母からの社会的受容が考えられますね。例えば，「最近笑顔が少なくなったし，家では無表情なことが多いと夫が心配し」「妻は，仕事に加えて，子どもの世話をすることも多くなったため，夫も率先して家事をし始め，布団干しなどを毎朝夫がするようになっていった」といったところから，夫は妻に対して配慮があり，妻を社会的に受容していると推定できます。同様に「妻の実家（夫の実家の隣県）から妻の母（70歳）が毎週世話をみにきていた。往復で2時間かかっていたが，朝から夕方までいた。元保育士ということや世話好きな性格もあり，カップルや夫の実家ともみんなで仲良くやっており，初孫を中心に楽しい時間を過ごせた」というところから，妻の母は妻に対して社会的に受容していることが推定できます。

　図1-2が描けると，ケースフォーミュレーションができていますので，どんな介入が必要かもすぐ分かります。まず，危険因子を減らすという観点では，「姑の偏見による言語的な嫌がらせ」という点を減らしていく必要があると言えます。また，できる自分とできない自分というのが出てきて，葛藤状態になっていますので，この2つについても整理していく必要があります。また，保護因子を増やすという観点では，「夫及び実家の母からの社会的受容」を増やす，と言えます。では，これらを具体的にどのように増やしていくのかをシステムの観点から考えていきましょう。

よくある質問1-1：「各章で取り上げられている危険因子・保護因子の他にも，エビデンスはあっても取り上げていない危険因子・保護因子があるのでしょうか？」

質問への答え：各章で取り上げていない危険因子・保護因子は大量にあります。また，研究が進むにつれて，危険因子・保護因子が追加されたり，削除されたり，ということも起こり得ます。そのため，本書で扱う危険因子・保護因子は，決して包括的なものではなく，現在の治療者が上手く治療に適用でき，問題や症状の改善に寄与し

得るものに限られています。

　これは，天文学者が現在の望遠鏡から分かる範囲の宇宙を意味するために「この宇宙」と表現する[14]ことと似ています。望遠鏡の精度が上がったり，観測地点が増えたりすることで，「この宇宙」の範囲は広がるかもしれませんが，「全ての宇宙」が分かる，ということはありません。同様に，治療者が危険因子・保護因子を特定する場合，「現在の治療で扱いやすい」危険因子・保護因子を言っているだけであり，面接回数が増えたり，研究が進んだりすることによって，これらの危険因子・保護因子は増えるかもしれませんが，「全ての危険因子・保護因子」が分かるというわけではありません。

　そのため，本書の危険因子・保護因子には「現在の治療で扱いやすい」危険因子・保護因子というように修飾節を付けた方が正確な表現かもしれません。もちろん，読みにくくなるので，これらの修飾節はつけませんが，そのような前提で読んでいただけるとありがたいです。

よくある質問 1-2：「この事例の場合，子どもがいる，というのは保護因子になりますか？」

質問への答え：嫁の抑うつ症状を低下させ得る，という意味では，子どもは，この嫁の保護因子となり得ますが，容易に変動できないので，その点は注意が必要です。例えば，「子ども」を保護因子とした場合，その保護因子を増やすということになりますので，「子どもを増やす」という方向になります。ある家庭の子どもの数を増やす，というのは，来談者の負担が大きく，不可逆的ですね（一旦増やした後に，減らすことはできない）。そのため，この保護因子に着目した介入は，基本的には行いません。

　顎関節症の治療でよく言われますが[15]，臨床では，可逆的（増やした後に減らすことが可能）で，来談者への侵襲性（来談者の恒常性を乱す刺激）が低い介入から始めるのがポイントです。というのも，治療に失敗したとしても元に戻しやすいからです。そのため，

「子どもがいる」という表現よりも，「子どもと接する時間」という表現で保護因子を設定した方がよいかもしれません。「子どもと接する時間」を増やして，この方の抑うつ症状が減れば抑うつ症状の保護因子と言えますし，逆に抑うつ症状が悪化すれば，子どもと接する時間が危険因子だったと考えて，元の時間配分に戻すことも可能と考えられるからです。

よくある質問 1-3：「この事例の場合，町内会での陰口というのは危険因子になりますか？」

質問への答え：町内会の陰口は夫の母から妻への非難のきっかけとなり，夫の母から妻への非難は妻の抑うつの危険因子ですので，町内会の陰口は「危険因子の危険因子」と言えます。ただ，よくある質問 1-1 で言ったように，町内会の陰口は「現在の治療で扱いやすい」危険因子ではありません。というのも，町内会の陰口は，コミュニティレベルで生じていますので，この陰口の変化には，多大な労力（多数の人員と 1 年以上の時間）がかかるからです[16]。

　今回の嫁姑問題については，「現在の治療で扱いやすい」危険因子と保護因子を変動させることによって対処可能なので，町内会の陰口をこの事例では扱いません。なお，陰口というコミュニティレベルの因子を扱う問題では，学校内のいじめが有名です。この場合は，コミュニティレベルの危険因子と保護因子を変動させることによって，いじめの加害者や被害者の数及び加害と被害の頻度を減らしていきます[16][17]。

1章3節　嫁姑問題の家族システム

　保護因子・危険因子を増減させる介入方法は沢山考えられますが，家族療法ではシステムという考え方を用いて，この介入方法を考えます。このシステムという考え方は，家族療法の中核的な概念で頻繁に出てきますが[18][19]，ここでは，「複数のコミュニケーションパターンの組み合わせ」，と定義しましょう（図 1-3）。

　ここで，コミュニケーションパターンというのは，二人の人が会話する時の典型的なコミュニケーションと言えます[20][21]。例えば，AとBが会うと，いつもAがBを口頭で攻撃し，BがAをさらに攻撃する，というのもコミュニケーションパターンの一種ですし[21]，Aは話そうとするが，Bはその話を避けようとするというのもコミュニケーションパターンの一種です[20]。ある二者関係で，これらのコミュニケーションパターンが複数確認される場合，その関係をシステムと呼びます。例えば，カップルシステムなどが分かりやすい例ですね[22]。同様に，ある集団で（3人以上のグループ）コミュニケーションパターンが複数確認される場合，その集団をシステムと呼びます。例えば，家族システムなどが分かりやすい例ですね[23]。

　このコミュニケーションパターンは，肯定的なコミュニケーションパターンと否定的なコミュニケーションパターンとに分けられます。肯定的なコミュニケーションパターンというのは，お互いに解決

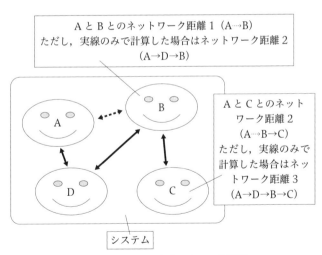

図1-3　システムとネットワーク距離

注）実線は肯定的なコミュニケーションパターンで，話し合いによって問題の解決が期待できる。点線は否定的なコミュニケーションパターンで，話し合いによって問題の悪化が予想される。

策を提示するコミュニケーションパターンであったり，情緒的に親密さを示し合うコミュニケーションパターンであったり，お互いに非難せずに問題を共有できるコミュニケーションパターンであったりします[24]。こういったコミュニケーションパターンは，話し合いをすることによって状況が好転することを期待できますので，有効な資源と言えます[25]。一方，否定的なコミュニケーションパターンとは，お互いに非難するコミュニケーションパターンであったり，話し合いが一方的になってしまったりするコミュニケーションパターンです[26]。こういったコミュニケーションパターンは，話し合いをすることによって問題が悪化してしまうので，資源とは言いません[27]。

　家族療法家のシステムズアプローチというのは，肯定的なコミュニケーションパターンを数珠つなぎのようにして問題を解いていく，ということをおおむね意味しています[28]。例えば，図1-3のような家族を考えた場合，AとBとの間には否定的なコミュニケーションパターンが成立しています（例えば，顔を合わせると喧嘩になる）。この場合，AとBとの意見調整をするために（年末は父方の実家に帰るのか，母方の実家に帰るのか），このAとBとのルートを使用しても，有益な結論が出ないことは容易に予想されます。この場合，AとBの両方と肯定的なコミュニケーションパターンが築けているDを介して，AとBとの意見調整をします。Dの言うことであれば，AとBとはお互い肯定的な意見が出せます。この場合，AとBとの間の意見の食い違いでも，Dを介した方がスムーズに問題解決できると言えます。これがシステムで解くという方法です[6]。

　この考え方は，ネットワーク距離という観点で単純に理解することができます[29]。ネットワーク距離とはAとBとの物理的距離ではなく，AとBとが社会ネットワークをいくつ介して情報伝達ができるかという考え方です。図1-3の場合，AとBとのネットワーク距離は1です。つまり，直接会話することができます。一方，AとCとのネットワーク距離は2です（A→B→C）。つまり，間接的に会話することができます。ここで，肯定的なコミュニケーションパターンのみ（否

定的なコミュニケーションパターンを使わない）でネットワーク距離を再計算した場合のAとBとのネットワーク距離は2になります。家族療法では，この肯定的なコミュニケーションパターンを使用することが多いので，この場合は，否定的なコミュニケーションパターンを使用したネットワーク距離1ではなく，肯定的なコミュニケーションパターンを使用したネットワーク距離2の介入を使うということになります。家族療法では，ネットワーク距離が2による介入を使うことが多いので，そこが他の心理療法と大きく異なるところです（多くの心理療法は治療者もしくは来談者が直接会話できる関係であるネットワーク距離1を扱います）。この点は次節で詳しく見ていきます。

よくある質問1-4：「ある二者関係で，コミュニケーションパターンが複数確認される場合とはどういう状況でしょうか？（一つしか確認できない場合とはどういう状況でしょうか）」

質問への答え：まず，コミュニケーションパターンが一つしか確認できない場合というのは，その二人の接触頻度もしくは接触時間が極端に少ない状況です。例えば，試験監督と受験生という関係は，基本的に1回しか生じませんので，「問題を配る」「問題を受け取る」というコミュニケーションパターンしか生じません。

　一方，この受験生が合格して，偶然この学生の指導教員にこの試験監督者がなった場合，二人は指導教員とゼミ生という関係になります。こうすると接触頻度と時間が増えますので，さまざまなコミュニケーションパターンが生じます。例えば，「メールで質問をする」「返事が来ない」や「対面で同じ質問をする」「答えが返ってくる」などのような例があります。

　家族療法では，接触頻度と時間がある程度確保されている関係を扱いますので，基本的には後者のような関係を扱うことになり，複数のコミュニケーションパターンを持つシステム，と見なしていきます。

よくある質問 1-5：「コミュニケーションパターンが肯定的か否定的かで迷うことはありますか？」

質問への答え：研究上では，肯定的なコミュニケーションパターンの内のどれに該当するかで迷うことはありますし，否定的なコミュニケーションパターンの内のどれに該当するかで迷うことはあります。しかし，肯定的なコミュニケーションパターンと否定的なコミュニケーションパターンとで迷うことはないです。

　同様に，臨床上でも，肯定的なコミュニケーションパターンと否定的なコミュニケーションパターンとで迷うことはないです。治療目標が達成される際は，肯定的なコミュニケーションパターンがよく出てきますし，治療が中断する場合は，否定的なコミュニケーションパターンがよく出てきますので，治療者の成功や失敗と紐づけて，治療者が学習しているのかもしれません。

　肯定的なコミュニケーションパターンの典型例は，支持的なコミュニケーションパターン，代理対処，及びストレス状況に対する会話の３つです [24]。支持的なコミュニケーションパターンとは，ストレス状況に対してパートナー同士で状況改善に役立つような対処をしたり（一緒にそこまで行こうかと言う，など），お互いの気持ちを聞いたり（大丈夫と声をかける，など）するような対処です。代理対処とは，通常はパートナーの一人がやっていることを，ある場面では代わりに別のパートナーがやることです（今日は僕が運転をしようか，など）。ストレス状況に対する会話とは，ストレス状況に対してパートナー同士でお互いに非難せずに話し合うことです（「私はそれを聞いて，こう思ってしまった」「僕はこう感じた」など）。これらはいずれも肯定的なコミュニケーションパターンとされています [21][25][30][31]。

　否定的なコミュニケーションパターンの典型例は，破壊的なコミュニケーションパターン，表層的支持，及び要求 / 回避の３つです [27][32]。破壊的なコミュニケーションパターンは，パートナー同士でお互いを非難することです（「あなたのせいでこうなったんじゃ

ないの」)。また，表層的支持とは，パートナーを表面的には支持しているように見えて，本心では苦痛を感じていることが明らかな状態です（「今日は僕が代わりに料理をするよ」と言いつつも，表情などから明らかに落胆や不満が出ている状態）。最後に，要求／回避とは，パートナーの一人が要求する一方，もう一人はその話し合いを回避しようとすることです（「家事の分担について話し合いたいんだけど」と妻が言うが，夫が「今日は疲れたので別の日に」と言い，これが繰り返される）。これらはいずれも否定的なコミュニケーションパターンとされています[20][26]。

1章4節　嫁姑事例における家族システムへの介入

問 1-2-1

下記の嫁姑事例 1-2 を参考に，家族のコミュニケーションパターンを肯定的なものと否定的なものとに分けて，家族システムを図 1-3 のように図示してください。ただし，この家族は 3 世代ですので，上の世代は上に描き，下の世代は下に描くようにしてください。

架空事例 1-2

来談したカップルに「家族同士ではいつもどのように話されますか？」と聞くと，以下のような内容でした。

同居家族内

妻と夫：「お互いに何でも困っていることは言い合える仲」

妻と息子：「私が横で寝ないと息子は寝てくれない。結構甘えん坊です」

妻と夫の母：「ここ数カ月は夫の母から小言を言われますが，基本的に無視しています」

妻と夫の父：「ほとんど自室にこもっているので，会話がほとんどない」

夫と息子：「私が保育園に迎えに行くとママがよいと言われますが，お風呂は私と一緒がいいみたいです。アヒルのおもちゃで遊んで

あげるからかもしれません」

夫と夫の母：「母は未だに息子扱いすることがありますね。農家の長
　　男なので，町内会に出席してほしいと言われることもあります」

夫と夫の父：「農作業をする時などにたまに手伝ったりしますね。寡
　　黙なのでそんなに話さないですが」

夫の母と夫の父：「以心伝心という感じで，お互いの考えていること
　　が何も言わなくても伝わっているみたいです」

夫の母と息子：「息子を溺愛している」

夫の父と息子：「息子には甘い。お菓子をあげたりする」

別居家族

妻と妻の父：「実家に帰ると喜んでくれます。体調が悪そうですが，
とてもうれしそうです」

　妻と妻の母：「子育ての仕方など教えてくれますし，絵本も送ってく
れました。ただ，最近はあまり話せていないですね」

　問 1-2-1 の回答例

　この場合，図 1-4 が書けていればよいでしょう。ここでのポイント
は，妻と夫方母との関係を否定的なコミュニケーションパターンとし
て特定できていることと，その他の関係はおおむね肯定的なコミュニ
ケーションパターンであるということが分かっていることです。なお，
妻と夫の父：「ほとんど自室にこもっているので，会話がほとんどな
い」というのは，現段階ではどういう関係であるかどうか不明なので，
肯定や否定のコミュニケーションパターンは引いていません。また，
妻方母と妻方夫との関係のように，聞いていない関係についてもコミ
ュニケーションパターンは引いていません。

　では，この図 1-4 を基に具体的な介入を考えていきましょう。図 1-2
の危険因子を減らす，ということでは，「姑の偏見による言語的な嫌
がらせ」を減らす，ということでしたね。ここでは，直接会話する関
係，つまり，ネットワーク距離 1 の観点でまず考えていきましょう。

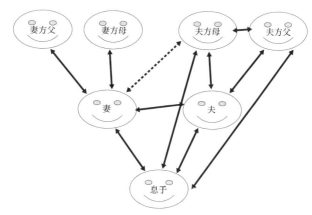

図1-4 嫁姑事例の家族システム

注）実線は肯定的なコミュニケーションパターンで，話し合いによって問題の解決
　　が期待できる。点線は否定的なコミュニケーションパターンで，話し合いによ
　　って問題の悪化が予想される。

問 1-2-2

図 1-4 を用いて，「姑の偏見による言語的な嫌がらせ」を減らす介
入をネットワーク距離 1 の観点で記入してみてください。

問 1-2-2 の回答例

図 1-4 をネットワーク距離 1 のみの観点で見ると，妻と夫方母との
会話を減らすことによって，姑の偏見による妻への言語的な嫌がらせ
は減ることが期待できます（図 1-5）。例えば，妻と夫方母とはしばら
く話をしない関係を続ける，という介入法が考えられます。

これは結構シンプルですね。では，次に肯定的なコミュニケーショ
ンパターンのみを使った間接的な介入を考えてみましょう。つまり，
ネットワーク距離 2 の観点です。これがシステミックな介入と言われ
るもので，理解しにくいですが，大変有力な方法です[6]。

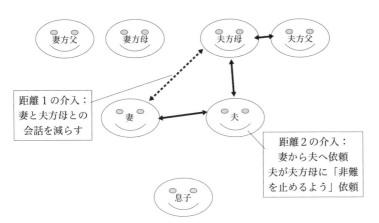

図 1-5　嫁姑事例への介入例（姑から嫁への攻撃を減らす方法）

問 1-2-3

図 1-4 を用いて，「姑の偏見による言語的な嫌がらせ」を減らす介入を，肯定的なコミュニケーションパターンのみを用いたネットワーク距離 2 の観点で考えてみてください。

問 1-2-3 の回答例

ネットワーク距離 2 の観点で見ると，妻と夫方母との意思疎通は直接の関係では難しいと考えられますが，夫を介すと意思疎通ができることが示唆されます（妻と夫との関係は肯定的で，夫と夫方母との関係は肯定的です）。ここから，夫に尽力してもらうことで，姑の偏見による妻への言語的な嫌がらせは減らせそうです。つまり，妻ではなく，夫から夫方母に向かって，「母さん，僕の妻をけなしているようだけど，僕の選んだ人を悪く言わないでほしい」と伝えるということも考えられます。ここでポイントなのは，同じ内容を妻から夫方母に向かって言っても，ほとんど効果はないにもかかわらず，夫から夫方母に向かって言えば，その効果が期待できるという点です。これは図 1-4 を見ればよく分かるように，否定的なコミュニケーションパターンではなく，肯定的なコミュニケーションパターンを使用しているか

ら，と考えると分かりやすいでしょう（図 1-5）。

　上手く解けたでしょうか。さて，図 1-2 を見ると「夫及び実家の母からの社会的受容」を増やすのも効果的な介入と考えられます。ここでもまずは直接会話する関係，つまり，ネットワーク距離 1 の観点から解いてみましょう。

　問 1-2-4
　図 1-4 を用いて，「夫及び実家の母からの社会的受容」を増やす介入をネットワーク距離 1 の観点で記入してみてください。

　問 1-2-4 の回答例
　夫や実家の母からの協力を妻が得やすくする，ということは直接的には，妻が夫と会話をする時間を持ったり，妻が妻方母と会話する時間を持ったり，ということになります。例えば，妻と夫で会話をする時間を持つようにしてみたり，もしくは，妻が実家の母と電話などで連絡を取るようにしてみたり，という方法です。これらはいずれも有効です。ネットワーク距離 1 の考え方になります（図 1-6）。

　では同様に，肯定的なコミュニケーションパターンのみを使用したネットワーク距離 2 の介入も考えてみましょう。

　問 1-2-5
　図 1-5 を用いて，「夫及び実家の母からの社会的受容」を増やす介入を，肯定的なコミュニケーションパターンのみを使用したネットワーク距離 2 の観点で記入してみてください。

　問 1-2-5 の回答例
　ネットワーク距離 2 の考え方でいくと，妻が妻方母と会話をしやすいように，夫にサポートしてもらうというのもあります。例えば，夫

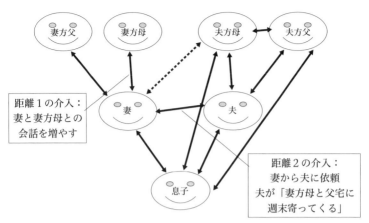

図1-6　嫁姑事例への介入例（実家の母からの社会的受容を増やす方法）

が「あっちの両親（妻方母と父）のところに孫の顔を見せてくる」と言えば，夫方母や夫方父はほとんど反対できないでしょう。一方，同じ内容を妻が夫方母に言えば，「あんた一人だけで行ってきなさい」となるでしょう。ここもポイントは，否定的なコミュニケーションパターンを使用せずに，肯定的なコミュニケーションパターンを使用している，ということになります（図1-6）。

よくある質問1-6：「夫が妻の意図を汲み取って，夫方母に話す，という介入はネットワーク距離1の介入になりませんか？」

質問への答え：そのように考えることも可能ですが，そのように考えると以下の混乱を招きますので，そのような考えを本書では行いません。その考え方の場合，「夫が妻の意図を汲み取って，夫方母に話す」というのと，「妻が自分の意図を夫に伝えて，夫が夫方母に話す」ということとの間の区別がつきません。また，「夫が妻の意図を汲み取って，夫方母に話す」という時に，夫が妻と全く話さずに，妻の意図を汲み取る，というのは設定も不自然です。表情や仕草から意図を読み取っている可能性が高いからです。そのため，「夫

が妻の意図を汲み取って，夫方母に話す」という表現には，夫と妻との間にコミュニケーションパターンが成立しているという前提を考え，「夫が妻と話し合って，その内容を夫が夫方母に話す」と表現し，ネットワーク距離2のように考えます。

　統計学の領域では，新たな変数を加えるのは，その変数を加えた場合に説明可能になる現象（利益）が，それによって説明が難しくなる現象（不利益）よりも多い場合に限られます[33]。今回の場合は，「相手の意図を汲み取る」という新たな変数を加えていますが，それによる利益が不利益よりも低いと考えられましたので，本書では採用しませんでした。

1章5節　嫁姑問題の家族ナラティヴ

　さて，家族療法では，システムと並んで，ナラティヴという観点で介入することも度々あります[34][35]。ここではナラティヴを集団もしくは個人が有用と信じており，それに従う必要があると考えている世界観ということにします。別の言い方をすれば，ある行動様式を正当化するような考え方がナラティヴと言えます。例えば，虐待を受けた方は，「自分には価値がない」と思い込むことが多いですが，これもナラティヴの一種です[36][37]。というのも，虐待が続くことを正当化していますね。また，東アジアの儒教圏では，未だに男尊女卑の考え方が強いですが，これもナラティヴの一種と言えます[38]。これも男性が上位で女性が下位である行動を正当化していますね。

　家族療法でナラティヴを使う場合は，既存のナラティヴを活用する場合と既存のナラティヴを変容する場合の2つに分けられます。例えば，前者の例だと，がんに関心のある21歳の大学生が来談した場合，一般的な事実だけを述べるだけでなく，同じ年齢の大学生がどういった行動をとることによって予防行動ができたかを話すことで，その大学生はより予防行動をとりやすくなることが知られています[39]。この場合は，「21歳の大学生である」という来談者があらかじめ持っているナラティヴをそのまま活かした例と言えます。また，後者の例だ

と，少年兵が「自分は何の価値もない」と思い込んでしまっているナラティヴに対し，果たしてそうだろうかという中立的な疑問を投げかけ続けることで，精神疾患の症状が改善していきます[40]。これは少年兵の既存のナラティヴを変容した例と言えます。

　ここでは，家族の中でもナラティヴの違いによって多数派と少数派ができてしまう，という点を確認しましょう。少数派になると，うつ症状を含めた精神疾患のリスクが高くなるので[41]，周囲の人が少数派の意見をできるだけ尊重していく，というのが主要な介入になります。ここでも具体的に家族ナラティヴへの介入を確認していきましょう。

1章6節　嫁姑事例における家族ナラティヴへの介入

　問 1-3-1

　下記の嫁姑架空事例 1-3 を読み，「布団は妻が干すべき」というナラティヴを持っている人は点線で囲い，「布団は干せる人が干すべき」というナラティヴを持っている人は実線で囲い，家族全員を分類して図示してください。なお，どちらか分からない人は灰色に塗りつぶしてください。

　架空事例 1-3（架空事例 1-2 の続き）
「布団は誰が干すべきと考えていますか」という質問をカップルにすると以下のような応えが返ってきました。
　夫方母：「嫁いできた嫁が午前中に干して，午後になる前には取り込んでおくべき」
　夫方父：「ほとんど話さないけど，恐らく夫方母と同じ意見だと思います」
　妻：「その日手の空いている人がしたらよい」
　夫：「その日手の空いている人がしたらよいと思うけど，夫方母がそれで陰口を言われるというのもなんとなく地域性から分かる」
　妻方母：「女性がするもの」

妻方父：「今の自分ではできないので，妻方母にお願いしている」
息子：「意見はなし」

問 1-3-1 の回答例

　ここでは図 1-7 のような図が描けているとよいです。ここでポイントは，夫がどっちつかずの意見をしているというのがポイントです。つまり，黒白ついた意見ではなく，その中間の灰色の表現をしていることを把握するのがポイントです。夫の表現は，若干妻寄りですが，妻が隣にいる場面での発言と考えれば，妻を支持するようなプレッシャーがかかっている場面でも夫方母の肩もある程度持っているというように把握できます。

　さて，ここで図 1-2 を改めてみてみましょう。そこには「姑の偏見による言語的な嫌がらせ」を減らす，と書いてあります。そして，この偏見というのが，この「布団は妻が干すべき」というナラティヴに

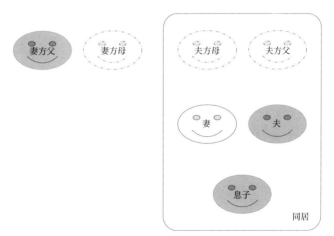

図 1-7　嫁姑事例のナラティヴ

注) 点線のメンバーは，布団を干すのは妻がすべきを支持しているナラティヴ，実線のメンバーは布団を干すのは誰がしてもよいを支持しているナラティヴ，灰色のメンバーは意見がどちらでもない，もしくは，不明。

よって補強されていると考えられます。というのも，夫方母には妻のすべきことというものがいくつか想定されており，それらのいくつかができていないと評価したために，「お母さん（妻の母）がいる時はなんでもできると思ってたけど，あの人がおらんようなったら，あんたは何の家事もできとらん」という発言が出てきたと考えられるからです。つまり，姑は妻役割に関する強い期待と偏見を持っていると想定できます。

　ここで図1-7を見てください。同居する家庭では，この姑の偏見の方が多数派を占めているということが分かります。そして，残念ながら，妻と肯定的なコミュニケーションパターンが取れている妻方母も多数派になっています。この場合，妻は自分が多数派に従わなければならないというプレッシャーを感じてしまい，抑うつ症状が悪化しかねませんので，まずい状況と言えます。そのため，少数派の意見を尊重していくアプローチが必要になってきます。

　問1-3-2
　図1-7のナラティヴを基に，少数派の妻の立場を尊重するために必要な介入を記入してください。

　問1-3-2の回答例
　ナラティヴの観点に従えば，夫が妻側の視点に寄りそう，ということが大事になります。そのため，どっちつかずの意見から，妻側の意見に寄り添ってもらうように話を展開していきます。例えば，「夫は夫方母と夫方父の息子という役割（家族の伝統を引き継ぐ）と，妻の夫という役割（妻を支援する）という役割がありますが，どちらが今優勢ですか？」と聞いたりします。その際どっちつかずの意見を言うことが多いですが，そこで，「現状では妻が少数派で，夫が妻を支援することが妻の症状改善には有益です」と説明します。こういった説明をする中で，夫から夫方母に対して，夫方母からの妻への攻撃は，価値観の押し付けであることを説明し，妻が攻撃にさらされる機会を減ら

していく，という方法を取っていきます（図 1-8）。

　なお，ここでは妻個人の「妻役割に対する内的葛藤状態」は意図的に扱いませんでした。というのも，この事例の場合，妻が偏見や差別を受けている状態が明らかでしたので，まずはその偏見や差別を受けている状態から脱出することが優先されると考えられたからです。もちろん，偏見や差別が消失した後でも妻が「妻役割に対する内的葛藤状態」を経験している場合は，その整理を行いますが，こういった事例の場合，偏見や差別が消失した段階で上記の内的葛藤状態も自然と消失していきます。

よくある質問 1-7：「この事例の場合，息子を妻側の意見に寄り添ってもらって，息子から夫方妻に発言してもらう，というアプローチは可能でしょうか？」

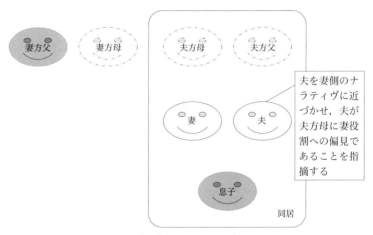

図 1-8　嫁姑事例のナラティヴへの介入
（妻への攻撃を減らし，かつ，夫のサポートを増やす）

注）点線のメンバーは，布団を干すのは妻がすべきを支持しているナラティヴ，実線のメンバーは布団を干すのは誰がしてもよいを支持しているナラティヴ，灰色のメンバーは意見がどちらでもない，もしくは，不明。

質問への答え：もちろん可能ですが，大人同士の葛藤に子どもを定期
　的に巻き込むのはあまりよくありません。というのも，子どもは大
　人同士の葛藤に巻き込まれるだけで，その子どもの社会適応が悪化
　することが報告されているからです[42]。そのため，家族内で長期間
　の葛藤が予想される問題に対しては，子どもを極力巻き込まない方
　がよいです。
　　むしろ，夫が妻と寄り添うことによって，夫と妻との間に肯定的
　なコミュニケーションパターンを構築する方が有用でしょう。とい
　うのも，夫と妻との肯定的なコミュニケーションパターンは，夫や
　妻の個人的な幸福感を高める[43]だけでなく，外部ストレス（姑か
　らの非難）に対しても緩衝効果[44]が期待できるからです。

1章7節　システムズアプローチとナラティヴアプローチに関連する研究

　システムズアプローチの主な理論的基盤は，コミュニケーションア
プローチとミラノ派になります（表1-1）。コミュニケーションアプロー
チでは，現在の問題がコミュニケーションパターンによって構築・
維持される，と設定します[45]。また，ミラノ派は個人の行動や認知が
周囲の行動や認知と連動しており，円環的に循環している，と考えま
す[46]。システムズアプローチの中でメタアナリシスの水準で治療効果
が示されているのは，Multisystemic therapy（マルチシステミック
セラピー）[47]とMulti-dimensional family therapy（多次元家族療
法）[48]になります。前者は，個人と関わりのある家族や友人が個人の
行動に影響を与えていると考えます。後者は，個人を支援する支援者
同士の関係も個人の行動に影響を与えていると考えています。これら
のアプローチは非行領域（破壊的行動や薬物乱用など）で効果が認め
られています。
　ナラティヴアプローチの主な理論的基盤は，ナラティヴセラピー
[49]，リフレクティングチーム[50]，ソリューションフォーカストアプ
ローチ[51]になります。ナラティヴセラピーでは，来談者らがどの

表 1-1　システムズアプローチとナラティヴアプローチに関連する研究

	システムズアプローチ	ナラティヴアプローチ
エビデンスのある治療法	Multisystemic therapy（マルチシステミックセラピー）[47] Multi-dimensional family therapy（多次元家族療法）[48]	Narrative exposure therapy（ナラティヴ暴露療法）[52] Grief therapy（悲嘆療法）[53]
主な理論的基盤	コミュニケーションアプローチ [19] ミラノ派 [46]	ナラティヴセラピー [49] リフレクティングチーム [50] ソリューションフォーカストアプローチ [51]

ように問題を物語として話すかを重視します。リフレクティングチームでは，治療者らの会話と患者らの会話を同等に扱うことで，これらの会話での差異が生まれることを重視します。ソリューションフォーカストアプローチでは，来談者が問題の解決に至る話をすることが強調されます。ナラティヴアプローチの中でメタアナリシスの水準で治療効果が示されているのは，Narrative exposure therapy（ナラティヴ暴露療法）[52] と Grief therapy（悲嘆療法）[53] です。ナラティヴ暴露療法は，戦争などの悲惨な経験を一貫した物語として繰り返し話すことが重視されます。また，悲嘆療法では，遺族が大切な人を亡くしたことによって起きた出来事や感情体験を繰り返し話すことが重視されます。これらは認知行動療法アプローチということもできますが，ナラティヴを繰り返し話すことを治療の中核的な話題に設定している，という観点からここではナラティヴアプローチに含めました。

発展課題 1-1

　図 1-9（[54] を基に作成）では，インドと中国における 0 歳時から 4 歳時までの女性の割合が男性と比べて約 10 ポイント低いことを示しています（2021 年時点）。これには，インドと中国の男性や女性に関するナラティヴが関与していると考えられますが，そのナラティヴとは何でしょうか？

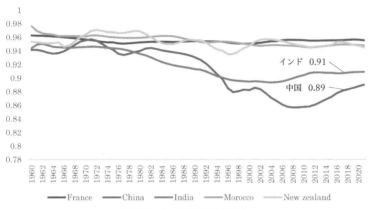

図 1-9　0-4 歳までの男女比

注）スコアが 1 であれば，男性と女性は同数ですが，スコアが低くなるほど，女性の数が少ないことを意味しています。

発展課題 1-2

図 1-10（[55] を基に作成）では，1966 年のみ男女比が 0.93 まで落ち込みますが，これには日本の女性に関するナラティヴが関与していると考えられます。そのナラティヴとは何でしょうか？　なお，1906年も同様の傾向が見れるはずなのですが，データが欠損しているので，その部分はこの図では示されていません。

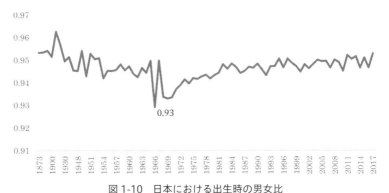

図 1-10　日本における出生時の男女比

注 1）スコアが 1 であれば，男性と女性は同数ですが，スコアが低くなるほど，女性の数が少ないことを意味しています。

注 2）1873 年から 1947 年までは毎年のデータがないので，いくつかの期間は推定値です。

第 2 部

保護者面接編

第2章

虐待する保護者

要　　約

　本章では，被虐待児の精神疾患リスクに関する危険因子・保護因子を保護者から子どもへの soothing（なだめる）機能に基づいてモデル化し（1節），そのモデルを具体的な虐待事例に適用します（2節）。家族システムの観点から，被虐待児の精神疾患リスクを低下させるための適切な介入策を考えて（3節），それらを事例に適用します（4節）。また，家族ナラティヴの観点から，母親の PTSD 症状を低下させるための適切な介入策を考えて（5節），それらを事例に適用します（6節）。最後に，虐待事例の治療に関連する研究を紹介します（7節）。

2章1節　被虐待児の危険因子・保護因子

　子ども虐待（身体的虐待，性的虐待，心理的虐待及びネグレクト）は子どもの人権を侵害しており，被虐待児は虐待を受けていない子どもに比べて，精神疾患の発症リスクが高まります[56]。これは虐待によって被虐待児が慢性的なストレス下に置かれ，被虐待児の海馬の成長を妨げ，それが精神疾患の発症リスクを高めるからです[57]（詳細は次節）。つまり，虐待経験はそれ自体が精神疾患の発症リスクを高める危険因子と言えます（図 2-1）。

　また，虐待の危険因子として，保護者自身が虐待を幼少期に経験していたり[58]，情緒的コントロールが難しかったりすることも挙げられています[59]。被虐待経験があると情緒的コントロールが難しくなるこ

とが知られていますので[60]，虐待は保護者世代から子ども世代に連鎖しているとも言えます（図2-1）。

　一方，被虐待児の精神疾患の発症リスクを抑える保護因子として，安定した対人関係が挙げられています[61]。実際，被虐待経験のある成人でも，周囲からサポートを受けていると感じている人はそうでない人よりも精神疾患の発症リスクが低いことが知られています[62]。ここから，安定した対人関係は精神疾患の発症リスクに関する保護因子ということが言えます（図2-1）。

　この図から，被虐待児に対しては，まず，虐待行為を減らし，かつ，その保護者の怒りのコントロールを高めていくことが有効と考えられます。同様に，被虐待児にとって安定した対人関係を持てるように支援していくことも有効と考えられます。

　図2-1の危険因子と保護因子は，愛着理論の研究からも確かめられています。なお，愛着とは親密な二者関係での情緒的絆のことを示しており，この絆が親子間で安定していると子どもが認識していると，子どもは他者一般に対して信頼関係を保ちやすくなる一方，安定していないと子どもが認識すると，子どもは他者一般に対して不信感を持ちやすくなるとされています[63]。虐待を経験した子どもは他者一般

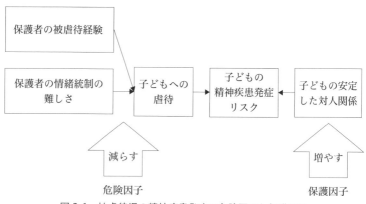

図2-1　被虐待児の精神疾患発症の危険因子と保護因子

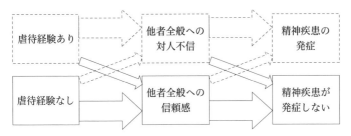

図 2-2　虐待経験とその後のリスクの変遷

注) 矢印の大きさは比喩的な遷移確率の大きさを示す。実線は望ましい経路。点線
は望ましくない経路。

に対して不信感を持ちやすく，それが成人後の精神疾患の発症リスク
を高めていると考えられているのですが，虐待を経験した子どもの中
にも他者一般に対して信頼関係を持つようになるグループが存在する
ことが指摘されています [64][65]。このグループは親子関係では不遇な
環境だったと言えますが，クラスメイトや学校の教師に恵まれた結果，
他者と信頼関係を築きやすくなり，精神疾患の発症リスクが減ったと
考えられています [61][62]（図 2-2）。つまり，虐待環境によって被虐待
児が一時的に他者全般に対して不信感を持ったとしても，その後の良
好な人間関係によって他者全般に対する信頼感を取り戻し，それが精
神疾患の発症リスクを下げると言えます。

　これらの図から，被虐待児への支援というのは，精神疾患の発症リ
スクが高い被虐待児に対して，安定した対人関係を提供し続けること
によって，その発症リスクを覆していくこと，と要約することができ
ます（図 2-3）。これを "kill the prediction"（予想を覆す）と言っ
たりします。ここでも，具体的な被虐待児の事例から危険因子と保護
因子を特定してみましょう。

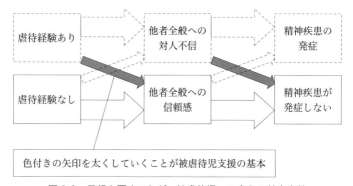

図 2-3　予想を覆すことが，被虐待児への介入の基本方針

注）矢印の大きさは比喩的な遷移確率の大きさを示す。実線は望ましい経路。点線は望ましくない経路。

2章2節　虐待事例における危険因子・保護因子の特定

問 2-1

被虐待児の架空事例 2-1 を読み，図 2-1 に基づいて，この子どもの精神疾患発症を高める危険因子と保護因子を図示してください。

架空事例 2-1 （一部参照 [66]）

X 年 10 月に児童相談所に保護された子ども（男，2 歳 0 カ月）。

保護された経緯：母親（20 歳）とその恋人（男，26 歳であり，当該子どもと血縁関係はない）とが自宅で口論になり，恋人が母親の顔を殴り，母親の顔から血が出ているのを見て，子どもが自宅内で泣き叫んだため，近隣住民が警察に通報し，警察が恋人の身柄を拘束した。子どもの体にいくつかのあざがあったことが確認された結果，子どもは児童相談所の一時保護所に保護された。なお，恋人の尿から覚醒剤使用の薬物反応が出たため，すぐに逮捕された。過去の逮捕歴に伴い，恋人は今後刑務所に入所する予定である。母親は恋人からの暴力被害者とされたため，一時的にシェルターに避難しており，現在は母子生活支援施設に入所している。

　母親への個別の聞き取り：母親はこの子どもを高校在学中に出産しており，妊娠が発覚した後高校は退学となり，実家からは勘当され，頼りの父親である同級生の男もしばらくすると蒸発してしまい，母親一人で，この子どもを育ててきた。現在は託児所付きの寮に住みながら風俗店で働いている。仕事や育児のストレスが溜まると子どもを置いて飲みに行ってしまう。そこで意気投合した男性と仲良くなり，自宅に入れるが，ほとんどの男性は子どもを毛嫌いし，彼女の稼ぎに頼って働かなくなるため，長続きしない。今回同居していた男性は子どもを嫌うことなく接してくれたが，ささいなことで激昂し，子どもや彼女に手を挙げた。男性が仕事などでいなくなると寂しくなり，それでも子どもが泣き叫んでいると，彼女自身も子どもに手を上げることがしばしばあった。男が家に帰ってくると，寂しくはなくなるが，また暴力を振るわれるのではないかという恐怖に襲われることがしばしばある。最近はイライラしてどうしようもなくなり，お酒を飲んで，二日酔いになることがたびたびあった。

　児童相談所のプレイルームで治療者と同席のもと，子どもと母親が2週間ぶりに再会したが，子どもは無表情であり，母親に気づいていないようだった。治療者が子どもに「こんにちは。○○（子ども名）君」と話しかけても，気にしている様子はなく，聞こえていないようであった（子どもの聴覚に異常はない）。プレイルーム内のおもちゃにも全く興味を示さず，子どもは所在なく歩き回っていたが，しばらくすると急に大声で「ウォ，ウォ，キィー」と叫び始めた。母親は子どもを落ち着かせようと子どもに近づき，プレイルーム内にある人形を子どもに渡したが，子どもはその人形を受け取るとすぐに下に叩きつけた。母親は子どもに「ちょっと，○○（子ども名），何してくれてんのよ！」と怒りながら話すが，子どもは「キィー，ウォキィー」と叫び続けており，母親と全く視線が合わない。そうすると，母親は突然不安そうな表情になり，治療者に向かい，「○○（子ども名）はいつもこうなんです。もうどうしたらいいか分からない」と言い，目もうつろになって，窓の外を見るようになった。治療者が「確かにどうした

らいいか分からなくなりますね」と母親に言うが，母親が話を聞いている様子はない。そこで，治療者は子どもに向かって，「おーい」とゆっくり話しかけてみたが，子どもは同じように「キィキィ」言っており，全く効果がなかった。そこで治療者は「〇〇（子ども名）君，ここは安全だし，危ないことは何も起こりませんよ」とゆっくりと伝えた。それから，子どもの「ウォウォキィー」という発声のリズムに合わせて，治療者は近くのタンバリンで，リズムを取り始めた。3 分くらいリズムを取ってみたが，子どもは叫び続けている。母親は窓の外を見ながら，「もうこんな声を聴くのはうんざりなんです。もうここにいたくない」と独り言のように呟いている。そこで，治療者が「確かにタンバリンだと上手くいかないですね」と言い，おもちゃのピアノで子どもの音とリズムに合わせて，「ド，ミ，ソ」と弾いてみた。こうしてしばらく弾いていると，子どもの叫び声が小さくなり，しばらくすると叫ばなくなった。それから治療者はピアノを弾きながら，母親に向かって，「今は何が起きていると思いますか？」と聞いた。母親はうつろな表情で，「私は何でもやったんです。けど，何にも上手くいかないんです」と言った。子どもが落ち着いてきていることに気づいていないようなので，治療者が，「お母さん，「ソ」のところを弾いてもらえますか？」と言い，治療者が「ド，ミ」を弾き，母親が「ソ」を弾くようにしてもらった。そうすると，子どももゆっくりと首を前後し始めた。それから治療者は「ド，ミ，ソと弾いてみてください」と言い，母親だけがピアノを弾くようにした。子どもはゆっくりと首を前後し続けており，叫ばなかったので，「お母さんがピアノを弾くことで，〇〇（子ども名）も一緒に首を動かして，落ち着いているみたいですね」と伝えた。

　問 2-1 の回答例
　ここでは，図 2-4 のような図が描けているとよいでしょう。まず，危険因子ですが，「私自身も子どもに手を上げることがしばしばあった」という発言から，母親が子どもを虐待していることに着目します。

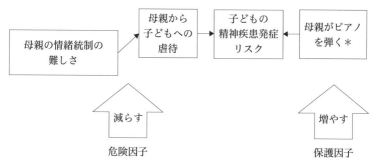

図 2-4　被虐待児事例の精神疾患発症の危険因子と保護因子
（ケースフォーミュレーション）

＊　母親が子どものリズムに合わせてピアノを弾くことによって，母子間に安定した対人関係を構築している，という意味です。

また，「最近はイライラしてどうしようもなくなり，お酒を飲んで二日酔いになることが何度もあった」という発言もあるところから，母親はイライラすると，お酒や薬を使ってしまうことがあると伺われます。これは怒りのコントロールの弱い方の特徴なので [67]，情緒統制が難しいと捉えてもよいでしょう。次に，保護因子ですが，これはなかなか出てきません。ただ，面接の終盤で，ピアノを弾く場面になると，子どもが落ち着いているのが分かります。ここから，母親が子どもに合わせて，ピアノを弾く，というのが子どもを落ち着かせる糸口と言えます。ただ，この部分は未だ定型化したコミュニケーションパターンではないため，可能性程度に捉えておけばよいでしょう。

よくある質問 2-1：「実家から勘当される，というのは危険因子ですか？」

質問への答え：もちろん「実家から勘当される」ことによって，母親がソーシャルサポートを得られない状態になり，それが虐待行為及び子どもの精神疾患リスクの発症に影響する，という意味では危険因子です。しかし，その情報は治療目標の達成（虐待の防止や被虐待児の精神疾患リスクの低下）にほとんど関わらないので，その危

険因子をケースフォーミュレーション（図 2-4）に組み入れること
はしません。

　経営学でよく言われることですが[68]，目標の達成に関わる情報と
いうのは，1. その情報を追加することによって目標への進捗状況が
分かるか，2. その情報を追加することによって，現在の介入方法が
変わるか，という 2 点です。まず，初めの 1 点目ですが，実家から
勘当されている状態は数年前から続いている状態と言えますので，
目標の進捗とはほぼ無関係です。また，2 点目ですが，実家から勘
当されていることが分かったところで，治療アプローチは変わりま
せん。もちろん，この実家が急に態度を変えて，この母親を支援し
てくれる，ということになったり，別の家族がサポートしてくれる，
ということになったりしていれば，話は別ですが，1 点目の状態か
ら，それを期待することはほとんどできません。

　治療時間は有限ですし，虐待が人権侵害状態であることを考える
と，できるだけ早く虐待を止める必要があります。そのため，こう
いった事例では治療目標に関わる情報を最優先にしてケースフォー
ミュレーションを行い，一日でも早く虐待を止めていくことになり
ます。もちろん，初めに集めた情報だけでは虐待が止まらない場合
は，初めに着目しなかった情報を集めて，再度ケースフォーミュレー
ションを行うことはありますが，初めの段階で治療目標と関わら
ない情報に時間を割くのは，治療目標の達成を妨げている，という
意味でまずいと言えます。

よくある質問 2-2：「『おもちゃのピアノで子どもの音とリズムに合わ
　　せて，「ド，ミ，ソ」と弾いてみた。』という介入のアイディアはど
　　こから出てきたのでしょうか？（リズムを合わせるというのは安定
　　した対人関係という保護因子を体現したものでしょうか？）」
質問への答え：これは臨床でよく使うのですが，子どもとの言語的な
　　やりとりが難しい場合は，その子どもの非言語的な行動に対して調
　　子を合わせます。これは，子どもの声や動きに治療者が時間差で同

期（シンクロ）している，と考えると分かりやすいです。

　というのも，人間は同期している相手に対して親近感を持ちやすく，信頼関係を築きやすくなるからです[69]-[72]。実際，子どもと保護者との同期の程度によって，子どもと保護者間の安定した対人関係が測れるという研究もあるくらいです[73]。

　そのため，ここで治療者が子どもとリズムを合わせるというのは，治療者と子どもとの安定した対人関係を作ろうとするアプローチと言えますし，それを母親と子どもとの間で再現することにより，母親と子どもとの間で安定した対人関係を作ろうとしたアプローチと言えます。

2章3節　被虐待児とそうでない子どもとの家族システムの比較

　ここでは，被虐待児とそうでない子どもの家族システムを比較します。まず，被虐待児は虐待によって慢性的に強いストレスにさらされます。このストレスにさらされると，視床下部−下垂体−副腎軸が活性化され，その結果としてコルチゾールというホルモンが生成・蓄積されます。コルチゾールは炎症反応を抑える効果があり，短期的には有効なのですが，長期的に蓄積されると海馬に損傷を与えることが知られています。この海馬の損傷が認知能力の低下及び抑うつ症状の悪化と関連します[74]。これをまとめると図2-5A-1になります。図2-5A-1の経路を介して，被虐待児の精神疾患の発症リスクが高くなることが広く指摘されています[57]。これらの知見から，虐待が精神疾患の危険因子になることは，神経学的レベルで確認されていると言えます。

　また，図2-5A-2は虐待を受けることによって，情緒統制が難しくなり，ストレス状況に上手く対処できなくなることも示唆しています。というのも，ストレスにさらされると，被虐待児はホルモンが過剰に反応・生成されますので，身体的な負荷が高く，自律神経の調整が上手くいかないと考えられるからです[75]。言い換えれば，被虐待児は，ストレスにさらされた際に，身体的コストの高い原始的な方法で対処

A　被虐待児の家族システムとその影響

A-1. 養育環境

A-2. ストレス状況

B　虐待を受けていない子どもの家族システムとその影響

B-1. 養育環境

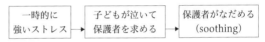

B-2. ストレス状況

図 2-5　被虐待児とそうでない子どもでの家族システムの違い
注）実線は望ましい経路。点線は望ましくない経路。

しようとしてしまうために，ストレスへの反応が過剰になりがちで，上手く対処しにくいと言えます[76]。

　一方，虐待のない家族システムでは図 2-5 B-1 の経路を通ることが知られています。子どもが一時的に強いストレスにさらされた（例えば，歩いている途中に転んで頭をぶつけた）場合，子どもは保護者に泣いて保護を求めます。この時に保護者がよしよしとなだめること（soothing）で，子どもは泣き止むことが知られています。また，保

護者に適切になだめられる機会の多い子どもは，そういった機会の少ない子どもに比べて，夜泣きの回数や泣く時間数が減ることが知られています[77]。また，子どもの場合，なだめられることによって，コルチゾールが減っていないことも報告されています[78]。これは，親のなだめるという手法が，子どものコルチゾールという生理的な水準で変化を及ぼさないが，子どもの認知的な水準で変化を及ぼしており，それが子どもの夜泣きの回数や泣く時間数を減らしていると考えられます。

　これは，保護者が「痛いの痛いの飛んでいけー」と子どもに言って，子どもが泣き止んでいる場面を考えると分かりやすいです。この時，「痛いの痛いの飛んでいけー」と保護者が言ったからと言って，子どもの頭への衝撃に伴う内出血などの炎症反応やその炎症反応を抑えるためのコルチゾール分泌が実質的に減るわけではありません。つまり，生理的変化はほぼ期待できません。一方，子どもは「痛いの痛いの飛んでいけー」と言われて，「飛んでいった気がする」という認知をすることで泣き止んでいきます。つまり，子どもは一時的なストレス状況において，生理的な炎症反応があったとしても，認知的な手法によって上手く対処していると言えます。

　ここから，虐待を受けていない子どもは，ストレスにさらされた時に，保護者になだめてもらう，という身体的な負荷の少ない，認知的な手法を用いて，ストレス反応に対処していると言えます（図 2-5B-2）。そのため，虐待を経験していない子どもは，ストレス負荷時や否定的な感情体験をしても，身体的に負荷のかからない形で効率よく対処していくことが知られています[79][80]。もちろん，この認知的な手法を子どもが使っているという理解は仮説レベルですので今後検証していく必要があります。

　これらの知見に基づいて，虐待のある家族システムに介入する際は，虐待のない家族システムになっていくように支援していきます（図2-6）。つまり，保護者からの虐待行為を減らし，かつ，子どもがストレス負荷を経験した時は，保護者を頼って，保護者からのなだめる行

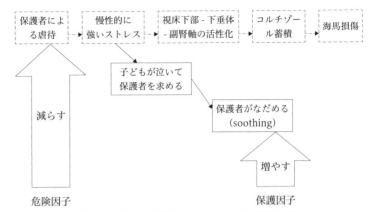

図 2-6　虐待する家族システムへの介入の基本方針
注）実線は望ましい経路。点線は望ましくない経路。

為（soothing）によって，落ち着いていくようにしていきます。被虐待児の家族システムへの介入については，効果的な介入法がいくつも提案されていますが，この基本方針は全てに共通しています[66][81][82]。そのため，保護者から子どもへの虐待は減らしながら，保護者から子どもへのなだめる行為を増やす，というのが治療の基本方針になります。

2 章 4 節　虐待事例における家族システムへの介入

問 2-2-1

架空事例 2-2 を見て，母親と子どもとの間で肯定的なコミュニケーションパターンと否定的なコミュニケーションパターンを特定して図示してください。なお，事例では典型的なコミュニケーションにはならなくても，そのパターンの一部が見えただけでも，そういったコミュニケーションパターンがある，と想定してみてください。

架空事例 2-2（一部参照[66]）

初回面接後，母親は毎週子どもとプレイルームで一緒に時間を過ご

すようになった。2回目の面接では，治療者が簡単なフレーズを弾いた後に，母親がそのフレーズをピアノで繰り返すことで，子どもは落ち着くようになっていった。3回目の面接では，子どもはピアノの近くに行くようになった。4回目では，ピアノを弾いている母親を子どもが見ることもあった。

　しかし，5回目の時，母親がピアノを弾いていても，子どもは落ち着かず，ついに泣き出してしまった。そうすると母親はピアノをやめて，目をかっと見開き，「泣いてても分から……」と子どもに向かって強く言いかけようとしたが，途中でやめた。治療者は「今怒りたくなったと思われたのですが，途中で上手くやめられましたね。お見事です」と伝えた。それから母親はピアノを弾き続けたが，子どもはぐずっていたので，母親はまたピアノをやめて，「ちょっと退室してもいいですか」と治療者に聞いた。治療者は「この時間は子どもと一緒にいるようにしてください」と伝えた。それからしばらく一緒にいると，子どもは再び叫ぶようになり，「ウォウォキィー」と金切り声を上げるようになった。すると，母親は心配そうな表情になり，ドアの方に後ずさりした。そうすると，子どもの方も「ウォウォキィ」とさらに大声かつ高音で叫ぶようになった。治療者は「○○（子ども名）は今不安に感じているかもしれないので，○○（子ども名）を安心させるために，お母さんが近くに座ってもらえますか」と言い，子どもの近くに椅子を置き，そこに母親が座った。しばらく治療者がピアノを弾いて，母親が座り続けていると，だんだんと子どもの金切り声が止んでいった。

　「今お母さんはどう思いましたか？」と治療者が聞くと，「金切り声を上げられるとどうしたらいいか分からないんです」と言った。「そうですね。多分今不安だったのだと思いますね。そこで，お母さんが離れてしまうと，ますます不安になってしまいますので，何もしなくていいですから近くに座るようにしてくれますか」と伝えた。母親は「子どもが泣き叫んでいるのを見ると自分の過去を思い出すようで，つらくて見てられないんです」と言った。そこで，次回は母親のみの個

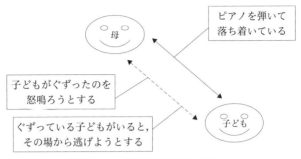

図 2-7　被虐待事例の家族システム

別のセッションを別途持つようにした。

　問 2-2-1 の回答例

　ここでは，図 2-7 が描けているとよいです。まず，肯定的なコミュニケーションパターンとして，「3 回目の面接では，子どもはピアノの近くに行くようになり，4 回目では，ピアノを弾いている母親を子どもが見ることもあった」という点を拾って，母親と子どもがピアノの演奏で落ち着いて時間を過ごしている，というのを特定してください。会話がほとんどなかったとしても，お互いに非難せずに時間を過ごしているので，これは肯定的なコミュニケーションパターンとみることができます[83]。

　次に，否定的なコミュニケーションパターンとして，「子どもは泣き出してしまった。そうすると母親は目をかっと見開き，『泣いてても分から……』と子どもに向かって強く言いかけようとした」という例がありましたね。これは，ぐずっている子どもを見て，怒鳴ろうとしているので，否定的なコミュニケーションパターンになります。怒りの感情をそのまま出している場合は否定的なコミュニケーションパターンと捉えて問題ありません[32]。また，ぐずっている子どもを見かねて，その場から去ろうともしています。子どものぐずりが，ある種の主張であると考えた場合，この行動は要求 / 回避パターンとも見えますので，やはり否定的なコミュニケーションパターンと考えられます[26]。

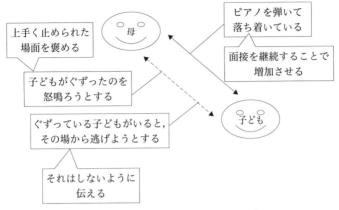

図 2-8　被虐待事例の家族システムへの介入

問 2-2-2
　問 2-2-1 の答えを基に，治療者がどのようにして，母子間の肯定的なコミュニケーションパターンを増加させようとし，母子間の否定的なコミュニケーションパターンを減少させようとしているのかを図示してください。

問 2-2-2 の答え
　図 2-8 のような図が描けているとよいです。まず，母子間の肯定的なコミュニケーションパターンを増加させるために，プレイルームで母子が共同で過ごす時間を増やしていますね。また，子どもがぐずっている場面で母親が怒ろうとしましたが，それを途中でやめていますね。このやめている場面に対して，「今怒りたくなったと思われたのですが，途中で上手くやめられましたね。お見事です」と賞賛しています。このようにすることで，途中で怒るのをやめるのが推奨されていますね。このように否定的なコミュニケーションパターンに関しては，否定的なコミュニケーションパターンが自然と上手く止まった時に，その止めた行為を増やす，ということを家族療法ではよくやります[81]。また，母親が部屋を出ようとした場面ですが，これは治療者が

直接止めていますね。面接構造を理由に，母親の否定的なコミュニケーションパターンを止める方法も時折使用されます。

　ここでのポイントは，治療者は意図的に肯定的なコミュニケーションパターンを増やそうとし，否定的なコミュニケーションパターンを減らしている，ということに着目することです。被虐待児の家族システムは放置しておくと，図 2-5A のようになるので，意図的にそうならないように積極的に介入していく必要があります。

2 章 5 節　虐待の家族ナラティヴ

　虐待を経験すると，被虐待児はその場から逃れる方法がないために，「何をやっても無駄だ」「（虐待されるのは）自分に価値がないからだ」と思い込んでしまったりします [84]。これらはいずれも被虐待児のナラティヴとなっており，成人後の抑うつ症状につながっていきます [85]。また，成人期の抑うつ症状は情緒的統制の取りにくさとも関連するため [86]，抑うつ症状を抱えた保護者は子どもに対して虐待行為を行いやすくなります [87]。

　「何をやっても無駄だ」というナラティヴを持っていると，心理療法中の新たな課題への動機づけが低くなることは想定できますし，そういった動機づけの低さが心理療法の中断や治療の失敗につながっていくと考えられます [88]。そのため，保護者が虐待経験をしており，自分の価値を否定するナラティヴを持っている場合，そういったナラティヴとは異なったナラティヴを形成していく必要があります。

　こういった自分を否定するナラティヴと密接に関連しているのがPTSD（Posttraumatic Stress Disorder：心的外傷後ストレス障害）です。PTSD とは，自分や親しい人の命や尊厳が危機にさらされるような出来事に巻き込まれた後に，その出来事を自分の意図とは関係なくフラッシュバックのように思い出したり（侵入記憶），出来事を想起させるような状況を回避したり（回避），特定のことを思い出せなくなったり（健忘），寝つくのが難しくなったり（過覚醒）する状態です [89]。被虐待経験は自分の命や尊厳が危機にさらされる出来事です

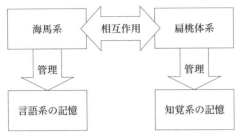

図 2-9 記憶の二重表現理論

ので, PTSD の発症リスクを高めますし[90], 自分を否定するナラティヴを持っている人は事件・事故後の PTSD の発症リスクが高くなります[91]。また, PTSD の治療を通して, 自分を否定するナラティヴが改善されていくことも示されています[92]。そのため, PTSD の治療は自分を否定するナラティヴの改善と関連すると言えるでしょう。

　ここでは, 記憶の二重表現理論を用いて, PTSD への介入方法を説明していきます[93]。まず, この理論では記憶を言語系の記憶 (Verbally Accessible Memory) と知覚系の記憶 (Situationally Accessible Memory＊意訳しています) に分類します (図 2-9)。言語系の記憶, というのは, 自分に関するエピソード記憶のことであり, 言語で記憶していて, 意図的な想起が可能で, 長期的な記憶保持が可能なものです。例えば, 従妹の名前を思い出す場合などは, この言語系の記憶が使用されます。この記憶は脳の海馬系がコントロールしていると考えられています。一方, 知覚系の記憶とは, 自分の感覚に関するバラバラの記憶で, 音やイメージで記憶しており, 意図的な想起が難しく (言語でラベル付けされていないので), 短期間しか記憶されないものです。例えば, 今朝の朝食での 3 口目の味, というのは知覚系の記憶に該当します。知覚系の記憶は本来短期にしか保持されませんが, 自分にとって脅威であると判定された場合に長期間記憶されます。この記憶は脳の扁桃体系がコントロールしていると考えられます。もちろん, これらは相互に独立というわけではなく, 相互に作用しあっています[94]。

　さて, 慢性的に強いストレス状況下では, 海馬系の機能が弱くなり,

相対的に扁桃体系の記憶が高まることが知られています[95]。その結果，被虐待経験は，海馬系の言語的な記憶ではなく，扁桃体系の記憶である知覚系の記憶として貯蔵されやすいです[96]（図 2-10）。この知覚系の記憶は意図的に思い出すことが難しいので，侵入記憶や健忘という PTSD の症状とよく合致します[97][98]。つまり，被虐待経験が知覚系の記憶として貯蔵されているため，意図せずに過去の苦しかった経験を現在感じていることとして思い出してしまう一方，バラバラに記憶が貯蔵されているため，いくつかの重要な特徴を全く思い出せないということになります。

　この理論に基づけば，被虐待経験による知覚系の記憶を言語系の記憶に「再構成する」ことによって，侵入記憶やフラッシュバックや健忘症状という PTSD の症状は改善されていくと言えます（図 2-11）。実際，PTSD の元となった記憶を何度も繰り返し話し続けることで，バラバラになった知覚系の記憶ではなく，一つの一貫した物語という言語系の記憶として話すことができるようになり，症状が改善することが多くの無作為化統制実験で報告されています[52][99]。ここから，被虐待経験に基づいたナラティヴを変容するためには，来談者に何度もその話を繰り返し言語化してもらうことがポイントだと言えます。例えば，ある被虐待経験者は，「小学校高学年から高校生までずっと虐待を受けていた」と初めは話していましたが，話を繰り返す中で，実際の虐待は「小学校 3 年時と高校 2 年時の時だけだった」と時系列が明確になることがあります。また，同様に，話し初めは，加害者の名前を出すだけでも強い憎しみの感情が出ていたのですが，話を繰り返す中で，加害者に対しては今でも嫌悪感を持っているがそれほど強くなくなったと言ったりし，フラッシュバックの頻度が減っていったりします。

　もちろん，来談者が安全な場所で安心している状態というのがこういった話をする前提ですので，治療者は来談者が安全な場所にいることを確認し，かつ，面接場面が安心できるように，支持的に関わっていく必要があります[100]。

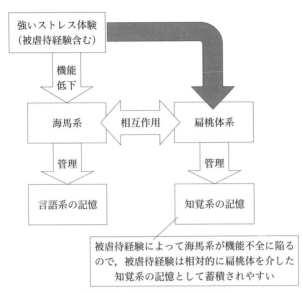

図 2-10　被虐待経験の記憶経路

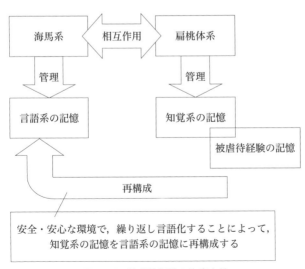

図 2-11　被虐待経験の治療方針

２章６節　虐待事例における家族ナラティヴへの介入

問 2-3

虐待架空事例 2-3 を読み，この母親が覚えている箇所を実線の四角で示し，健忘している箇所を点線の四角で示してください。また，母親の健忘している箇所に関して，治療者はどのようにして，言語的に想起させようとしているか明記してください。

架空事例 2-3

母親と個別面談していると，母親自身が虐待を受けていた過去が話された。母親は小学校 5 年生の時から，5 つ上の兄から，性的虐待を受けていた。両親がいない昼間や両親が寝ている夜中に行われていたため，両親は全く気づかなかった。中学校 1 年生の時に，母親に意を決してそのことを伝えると，「お兄ちゃんがそんなことするはずないでしょ」と逆に怒られた。その日のうちに父親にも伝わり，「お兄ちゃんを馬鹿にするな！」「お兄ちゃんに謝りなさい」と言われた。

兄は中学校の頃から生徒会長をしており，成績も優秀だったため，周囲からは「立派なお兄さんね」と言われていた。兄は実際外面は良かったが，小さいころから両親が見ていないところで彼女のことをこっそり殴ったり，蹴ったりすることがあった。

両親に言っても，全く認められなかったことで彼女は絶望した。それから中学 2 年生の時にリストカットをして自殺未遂を図った。その時は流石の両親も心配して入院先の病院内で「どうしてそんなことをしたの？」と言ってきたので，再び兄が自分にしたことを話すと，「人前で嘘をつくのはよしなさい」とたしなめられた。

「そういった大変な経験をされている中で，中学校には通い続けていたのですか？」と治療者が聞くが，「中学とか高校は学校に行っていたか，行っていなかったのか全く覚えていない」と言う。「中学 3 年生の頃とかは何か覚えていますか？」と聞くと，「ほとんど覚えていない」と言う。「修学旅行とか行きました？」と聞くと，「……，行ったのか。

あ，そういえば，修学旅行は行った気がする。どこに行ったかは覚えていないけど。あ，〇〇を見たので，C県だと思う」と言う。「修学旅行後はどうですか？」と聞くと，「中学校の授業を受けていたのかどうかも覚えていない」と言う。「卒業式はどうですか？」と聞くと，「卒業式は出た」と言い，そこから高校の頃を思い出したようで，以下の内容を話し出す。

　両親の勧めに反抗して，高校は地元の底辺高校を受けた。そうすると，両親との仲はますます悪化し，「あんな高校に身内が行っているなんて，恥ずかしい。お兄さんは〇〇大学なのに」と毒づかれた。それからは家に帰るのが嫌になり，家に帰らずに，同級生と夜中にたむろするようになった。当時は，色んな人の家に寝泊まりしており，色んな人と付き合っていたが，そのうちの一人の子どもを妊娠した。

問 2-3 の回答例
　この回答では図 2-12 が描けているとよいでしょう。ここでのポイントは，鮮明に覚えている箇所と覚えていない箇所とを把握しながら，覚えていない時期にあったと思われる具体的な出来事を治療者が例にして，記憶を意図的に想起してもらうようにしている点です。こういった意図的な想起を促していくと，この例のようにクライエントが高

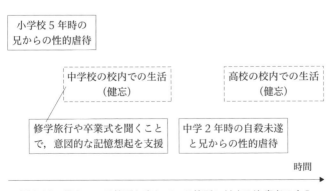

図 2-12　覚えている箇所と忘れている箇所に対する治療者の介入

校時代のことも想起していきます。こういった想起を繰り返すことで，来談者が自らの経験を時系列通りに話せるように支援していきます。

　こういった介入を続けると，どの介入でも共通しますが，被虐待経験での記憶が徐々に鮮明でなくなっていき，その主観的な感情体験の強度も下がっていきます[101]。例えば，被害を受けた場面をそれほど鮮明に思い出さなくなったり，その場面を思い出しても以前ほど強い嫌悪を感じなくなったりします。また，面接を続ける中で，否定的な感情だけでなく，肯定的な感情も語られるようになっていきます[102]。面接前は，バラバラで否定的な感情のみのエピソードだけだったのが，面接後は多様で一貫したエピソードも出てきます。上手くいく面接では，面接を繰り返すうちに，来談者が環境に対して無力ではなく，自力で対処できている，というナラティヴ（自信）を話していくようになっていきます[103]。

よくある質問 2-3：「もしこの事例で修学旅行や卒業式を覚えていなかったらどうするんですか？」

質問への答え：その場合は，この方が覚えている記憶まで遡れば問題ありません。例えば，小学校 5 年生の時の記憶はありますので，小学校 5 年生の時の仲の良い同級生や担任の先生を聞くことで，記憶を思い出せる可能性は十分にあるでしょう。もしそこで思い出せれば，次に，小学校 6 年生の時にクラス替えがあったか，担任の先生が変わったかを聞いていくことで，小学校 6 年生の記憶が出てきやすくなります。また，いくつかのことを全く思い出せなかったとしても，言語で質問をするだけで，言語的な想起を促すことになりますので，それだけでも有意義です。実際，その時は思い出せなくても，10 分後に思い出したり，次の面接時に思い出したりする，というのはよくあります。

よくある質問 2-4：「過去の嫌なことを思い出すことによって症状が悪化する人がいる気がするのですが，どうなのでしょうか？」

質問への答え：この質問は治療者もよく持つ誤解で，「PTSDと他の精神疾患が併存している場合，暴露療法をすると悪化するのでは？」という誤解や疑問をよく持ちます。結論から言うと，そんなことはありません。

　例えば，PTSDと併発する症状として，解離症状，境界性パーソナリティ障害，統合失調症，自殺行為，自傷行為，薬物依存症，及び抑うつがありますが，こういった症状を併発した方々に対して暴露療法を実施した場合，PTSDの症状が改善される一方，これらの諸症状は悪化しないとされています[104]。特にNarrative Exposure Therapy（ナラティヴ暴露療法[NET]）では治療中に解離症状の悪化が見られなかったことが報告されています[105]。実際，薬物依存症，境界性パーソナリティ障害，自殺行為，自傷行為に関しては，これらの症状も含めた暴露療法が開発されていますので，これらの症状に配慮しながら暴露療法を行えば問題ないと言えます[106]。

　「症状が悪化してしまうかもしれない」というのは治療者の不安ですが，その不安自体に対して治療者自らが暴露される（ありのまま理解する）必要があります。実際に暴露療法を実施すれば，来談者のPTSD症状が改善され，他の症状の悪化はみられませんので，治療者の不安が過剰であったということに気づくことができます。

2章7節　虐待の治療に関連する研究

　さて，ここでは子ども虐待についてsoothingの観点からケースフォーミュレーションを行い，仮説を設定しました。この仮説を検証する介入としてシステムズアプローチを用い，Child-Parent Psychotherapy（子ども-親心理療法）を用いました。このアプローチは子どもの破壊的行動や母親の負担感についてはエビデンスがありますが[107]，虐待行為を直接減らした報告はありません。無作為化統制実験の水準で虐待行為を直接減らした報告のある治療法は親子相互交流療法とIncredible years parenting program（驚異の年月：子育てプログラム）です（表2-1）。例えば，親子相互交流療法では，子ど

表 2-1　虐待の治療に関してエビデンスが確立されている心理療法

	心理療法の種類
虐待を行う家族システムへの介入	Parent-Child Interaction Therapy（親子相互交流療法）[107] Incredible years parenting program（驚異の年月：子育てプログラム）[114]
被虐待経験によるPTSDへの介入	Narrative Exposure Therapy（ナラティヴ暴露療法 [NET]）[52] Trauma-focused Cognitive Behavior Therapy（トラウマ焦点化認知行動療法 [TF-CBT]）[115] Prolonged Exposure Therapy（PE 療法）[112] EMDR[116]

もが主体的に行動し，それに保護者が追従する，という期間を初めに設定し，親子間の信頼関係を築きやすいようにします[81]。このアプローチでは子どもの破壊的行動だけでなく，親の感じるストレスも低下し得ることが報告されています[108]。Incredible years parenting program（驚異の年月：子育てプログラム）では，複数の保護者を集めて集団療法の形式を取ることが多く，子どもの反抗的行動に対して効果が出やすいです[109]。

　なお，虐待行為を直接減らした報告は未だないですが，その他にも有名なアプローチは Triple P（3つのP）と Attachment and Biobehavioral Catch-up（愛着と生物行動的キャッチアップ）です。Triple P は Positive Parenting Program の略で，保護者による肯定的な養育行動を増やすことを目的にしており，子どもの情緒的問題が解決しやすく，かつ，保護者の満足度が高いです[110]。Attachment and Biobehavioral Catch-up（愛着と生物行動的キャッチアップ）は，自宅内で実施されることが多く，保護者と子どもとの愛着関係の改善に焦点が置かれ，児童福祉施設が関与するような子どもに対して特に効果が出やすいです[82]。この2つと Child-Parent Psychotherapy（子ども‐親心理療法）は今後虐待行為を減らした報告が出るかもしれません。

　また，PTSD の 治療 と して，本研究 では Narrative Exposure Therapy（ナラティヴ暴露療法 [NET]）を用いました。これはメタアナリシスの水準でエビデンスがありますが [52]，他にもメタアナリシスの水準でエビデンスがある治療法はあります（表 2-1）。Trauma-focused Cognitive Behavior Therapy（トラウマ焦点化認知行動療法 [TF-CBT]）では，子どもに対する<u>心理教育</u>や感情調節，及び認知<u>コーピング</u>技術と共に親への養育支援及び親子間の合同面接も行われるのが特徴で [37]，日本でも効果が確認されています [111]。なお，TF-CBT では，参加する保護者が非加害者に限定されています。また，Prolonged Exposure Therapy（持続暴露療法 [PE 療法]）[112] では，暴露療法の考え方を用いて，トラウマとなった出来事を来談者に長時間（30 分から 60 分間）想起してもらい，その記憶に慣れていくと同時に来談者が回避している場面を回避せずに直視することで，過剰に恐怖し過ぎていたことに気づいてもらうようにします [113]。EMDR（Eye Movement Desensitization and Reprocessing：眼球運動による脱感作と再処理法）は，来談者がトラウマになった出来事を想起しながら，目を左右に繰り返し動かす治療法です（この際，来談者が目を左右に動かしやすい様に，治療者が指を左右に振っており，その指を目で追ってもらうようにします）。こちらも日本 EMDR 学会という学会があるほど，日本でも盛んに行われています。

　発展課題 2-1

　ニューヨークに住む母親で 19 歳以下，初産，貧困のいずれかに該当する家庭が統制群と実験群にランダムに分けられた場合の虐待発生率の差を図 2-13 に示しています（[117] を基に作成）。統制群は妊婦期（妊娠期間中）のみ保健師が訪問（約 9 回）し，実験群は妊婦期と乳幼児期（妊娠期間中から第二子出産まで）に保健師が訪問（約 9 回 +23 回）しています。その結果，実験群の虐待率は 32％ となっており，有意に虐待リスクが下がることが示されています。保健師が乳幼児期の子どもを持つ家庭を訪問することによって，親子間のシステムやナラ

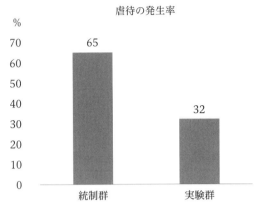

図 2-13　乳幼児期に保健師の訪問を受けた実験群と受けなかった統制群での
子どもの虐待発生率

ティヴがどのように変化したかを記入してください。

発展課題 2-2

保健師による乳幼児期の家庭訪問が虐待防止に役立つことは世界中で報告されていますが [118]，日本では実施されていません。乳幼児期の家庭訪問を阻んでいる社会のナラティヴとシステムを記入してみてください。なお，待機児童の問題及び保育士の低い給与なども同様のナラティヴとシステムが阻んでいます。

統合失調症の保護者

要　　約

　本章では，統合失調症の再発リスクに関する危険因子・保護因子を
ストレス脆弱性モデルに基づいてモデル化し（1節），そのモデルを具
体的な統合失調症事例に適用します（2節）。家族システムの観点か
ら，統合失調症者の再発リスクを低下させるための適切な介入策を考
えて（3節），それらを事例に適用します（4節）。また，家族ナラティ
ヴの観点から，統合失調症者の再発リスクを低下させるための適切
な介入策を考えて（5節），それらを事例に適用します（6節）。最後
に，統合失調症の治療に関連する研究を紹介します（7節）。

3章1節　統合失調症の危険因子・保護因子

　統合失調症とは陽性症状（幻覚，妄想，まとまりのない発語，ひど
くまとまりのない行動）と陰性症状（情動表出の減少，意欲欠如）で
主に構成される精神障害[89]で，陽性症状は中脳辺縁系のドーパミン
が過剰なために生じ，陰性症状は中脳皮質系のドーパミンが過少なた
めに生じていると考えられています[119]。また，黒質線条体のドーパ
ミンが少ない場合は，寡動や振戦と関連しやすいです[119]。なお，この
他に感情症状，認知症状，攻撃症状を含める考え方もありますが[119]，
内容が分かりにくくなるため本章では扱いません。

　統合失調症は前駆期，急性期，回復期に分けて考えられます[120]。前
駆期では，快楽が消失し，社会的にひきこもるようになり陰性症状が
見られます。急性期では幻覚や妄想などの陽性症状が多くみられ，統

合失調症の発症時期とみられます。回復期ではこういった陽性症状は減っていきますが，意欲の欠如や情動表出の減少といった症状が残っているので，こういった陰性症状が相対的に目立ってきます。

ここでは，統合失調症の危険因子と保護因子のモデルとして，ストレス脆弱性モデル[121]を使用します（図 3-1）。このモデルは，統合失調症者の遺伝的素因を認めつつ，その発症や再発には心理社会的要因が影響する，と考えています。特に，心理社会的要因の危険因子として有名なのが，同居する家族から統合失調症者への非難です。この非難が多いほど，統合失調症の再発率が高くなります[122]。20 年間の追跡調査でもこの傾向は確認されています[123]。一方，保護因子としては家族が統合失調症者をサポートすることになります。統合失調症者の同居家族を治療に組み入れて，非難をせずに，サポートをするように促すことによって，統合失調症の再発率が 20 ％下がることが多くの研究で確かめられています[124]。また，生理的要因の危険因子としてはアルコールや薬物の乱用も指摘されています[125]。一方，生理的要因の保護因子として抗精神病薬があります。実際，7 カ月間から1 年間抗精神病薬を受け続けることにより，再発率が低下することも

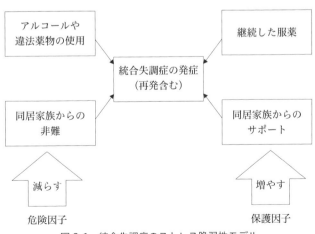

図 3-1　統合失調症のストレス脆弱性モデル

報告されています[126]。ただし，4.5 年以上の長期間の服薬については，効果がないとする研究もあるため[127]，長期間の服薬継続については今でも明確な結論は出ていません。なお，2020 年の段階では抗精神病薬の減量もしくは断薬が，回復期の統合失調症者一般または 1 回しか発症エピソードがない統合失調症者に対しては推奨されています（ただし，複数回の発症エピソードがある統合失調症者には減量や断薬は推奨されていません）[128]。

3 章 2 節　統合失調症事例における危険因子・保護因子の特定

問 3-1

統合失調症の架空事例 3-1 を読み，図 3-1 に基づいて，この青年の統合失調症の発症を高めた危険因子と保護因子を図示してください。

架空事例 3-1 （一部参照[129]）

X 年 12 月に医療機関に来談した母親のケース。母親は 40 代後半で美容師として店を自営している。なお，父親は A が 3 歳の時に離婚しており，その後の詳細は分からない。なお，母親の両親は母親が 10 代の時に亡くなっており，周囲に頼れる人はいない。

A は 19 歳の男性で，高校生までは四国の地方都市で問題なく過ごしていたが，関西の有名私立大学に入学してから，調子を崩し，6 月頃に統合失調症の急性期の症状が現れたために，大学を休学し，X 年 9 月から地元に戻ってきている。

A は自宅に戻ってからひきこもるようになり，医療機関に行くことを拒否し，「自分はどこも悪くない」「おかしいのは母親の方だ」と言うようになっていた。当初は母親も優しく接していたが，2 ～ 3 カ月過ぎてもこの調子が続くので，母親もやり返すようになり，「あんたの入学費用と授業料にいくらかかったと思ってんの！」と言ったりしていた。

母親が A を連れ出そうとすればするほど，A は頑なに拒絶していた。

そのため，母親が地元の精神科に電話をして，母親のみで相談しに行った。初回面接を担当した精神科医は，母親の話を丁寧に聞いていたが，「A自身が来ないことには，診断もできないし，薬も出せないし，何も助けられない。どうにかしてAをこの病院に連れてきてください」と言った。母親は現状に関する支援が全くないことを知り，途方に暮れた。

　母親が家に帰ると，Aが自宅にこもって，ゲームをしていた。ゲームの音を聞いていると，母親はだんだんと怒りがこみあげて来て，「あんたは，一体私をどれだけ困らせれば気が済むのよ！」と激昂してしまい，母子関係はさらに悪化してしまった。その後，Aは「カーテンの隙間から監視されている」と言い，窓を段ボールで覆うようになり，近所の家のインターホンを片っ端から鳴らし，「勝手に監視するのはやめろ」と怒鳴るようになった。最終的に近所の家から警察に通報され，Aは医療保護入院することになった。

問 3-1 の回答例

　ここでは，図 3-2 のような図が描けているとよいでしょう。ここでポイントは，母親の非難が統合失調症の発症リスクを高めている，というところと，精神科に入院することによって，継続服薬が期待できるため，発症リスクが低下する，というところです。

　統合失調症の最大の危険因子は，遺伝です。双生児研究の結果では統合失調症の発症の 81％ [73%-90%] は遺伝子の影響であり，生育環境による影響は 11％ [3-19%] とされています[130]。ただ，成人している方の遺伝子を変えることは技術的にも倫理的にも難しいですね。そのため，ここでは「現在治療で扱いやすい」危険因子・保護因子として，「母親の非難」と「継続服薬」を挙げている，ということに注意してください。この部分は 1 章のよく聞かれる質問 1-1 の答えをご参照ください。

　また，現在ではこの方の遺伝子を「現在治療で扱いやすい」危険因子として入れることはありませんが，今後個人の遺伝子に応じて，服

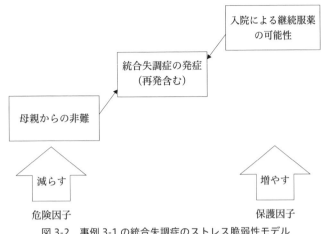

図 3-2　事例 3-1 の統合失調症のストレス脆弱性モデル
（ケースフォーミュレーション）

薬内容が変わってきた場合 [131]，この方の遺伝子は「現在治療で扱い
やすい」保護因子に入る可能性があります。というのも，この場合は，
その遺伝子の査定によって，服薬内容（介入方法）が変わり得るから
です。

　なお，この事例を読んで，この青年は医療保護入院という形式でし
か入院できなかったのが残念な点でもあります。事前に母親が精神科
医に相談に行っていますが，ここで精神科に上手くつながらなかった
例は日本だけでなく多くの先進国で見られます [129]。

よくある質問 3-1：「どうして相談に行っているのに，相談先につなが
　　らないのですか？」
質問への答え：最も多いのは，治療者の利益が来談者の利益よりも優
　　先されてしまうからです。これを治療者の「我が出る」と言ったり
　　します。例えば，事例 3-1 ですと，初回面接時に，母親への家族心
　　理教育は提供できたはずですが，その場合，治療の主役は，精神科
　　医ではなく，心理職になってしまいます。主役が自分ではなく，別

の業種，というのがこの精神科医にとっては面白くなかった可能性があります。そのため，この精神科医は自分が治療者として主役になる薬物療法の適用可能性は検討しますが，他の治療方法についてはほとんど説明せず，支援を打ち切ります。

　なお，この例は精神科医の「我が出る」場合ですが，心理職に「我が出る」こともよくあります。例えば，抑うつの来談者が心理相談室に来た場合，その方に心理療法の効果は説明しますが，薬物療法の効果を説明しない，ということはよくあります。もっとひどいと，自分の学派の効果は説明するが，別の学派の効果は説明しない，というのもあります。例えば，家族療法の効果は説明するが，認知行動療法の効果は説明しない，というものです。このように治療者の「我が出る」ことで，来談者の利益になることはありません。

　こういったことを予防するには，治療者は専門家としての自尊心（我）を持つのと同程度に，他の専門家（他）へ敬意を払うことが重要と言えます。実際，専門家同士が協働する場合は，目標の共有と同程度に，他職種への敬意が重要とされています[132]。

3章3節　統合失調症の家族システム

　ここでは，統合失調症者の家族がどのようなコミュニケーションパターンを持ちやすいのかを確認してみましょう。まず，統合失調症者の陽性症状が出ると，その対応に保護者は追われ，保護者の負担が増加します[133]（図3-3）。またこういった負担が増加する過程で，保護者は自分の責任でこうなってしまった（taking responsibility）という誤った考え方を持ちやすく，それが保護者の負担感を増します[134]。また，保護者がこういった誤った責任感を持つと，家族だけでなんとかしようとし，医療機関につながりにくくなります[135]。こういった対応で上手くいくとよいのですが，保護者の負担はなかなか減らないため[133]，怒りの感情が湧いてしまいます[135]。子どもがこうなったのは自分の責任と思っており，いろいろやってみるが，なかなか上手くいかずに怒りの感情がある状況に追い込まれてしまうために，保護

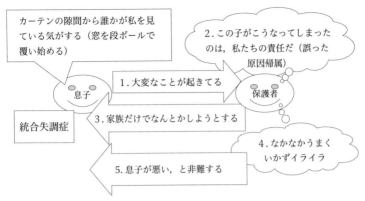

図 3-3　保護者が統合失調症者を非難するまでの典型的な
コミュニケーションパターン

者は子どもを非難すること（「あんたさえいなければ」）につながって
いきます[136]。

　これらのコミュニケーションパターンを前提にすると，治療者が保
護者に対応する際のポイントは以下の 2 点です（図 3-4）。まずは，保
護者が対応をやってきたのだけれども，上手くいかないために生じて
いる否定的な感情や認知を承認することです。もちろん，保護者の非
難行動は改善していく必要があるのですが，そういった非難行動に至
ってしまった経緯を尊重した上で，なかなか上手くいかないために怒
ったり，自責的・他責的になっている保護者の現状を承認することが
最も重要です[137][138]。この情緒的な承認によって，保護者の来談意欲
が増加し，心理教育の効果が高まることが指摘されています[139]。そ
のため，保護者の感情や認知を承認するというのが心理教育の効果を
高める上で最も大事です。

　次に，その上で現在行っている行動の一部を意図的に変容してい
く，ということをします。この場合，具体的な場面を設定して，その
場面で有効な介入方法を考えていくことが望ましいです[140]。一般的
には，個別の場面での，日常的な問題を解決する方法や肯定的なコミ
ュニケーションパターンを取る方法などが話し合われることが多いで

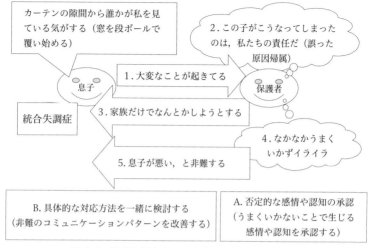

図 3-4　統合失調症者への家族心理教育のポイント

す[141]。

　これらのアプローチは全て家族心理教育で説明できます。実際，統合失調症者の家族には家族心理教育を受けることが推奨されています[124]。家族心理教育を受けた群はそうでない群に比べて，統合失調症の再発率が有意に低く，就労状況や社会的機能が優れています[142]。また，家族心理教育を受けた群は，そうでない群に比べて，その保護者の負担も少なくなることが知られています[143]。ここから家族心理教育が統合失調症者の予後を改善する，と言えます。

3章4節　統合失調症事例における家族システムへの介入

　問 3-2-1

　架空事例 3-2 を読んで，母子間の否定的なコミュニケーションパターンを，図 1-2 のように図示してください。

　問 3-2-2

　架空事例 3-2 を読んで，「*******」という治療者の発言の中身を埋

めてください。
　ただし，その中身には「否定的な感情や認知の承認」と「否定的な行動の変容」を含むようにしてください。

　架空事例 3-2（架空事例 3-1 の続き）
　医療保護入院の後に，地元の別の精神科を紹介され，Ａはそちらに通うようになった。日本では珍しく，その病院は家族心理教室をやっていたので，母親はそのグループに母親個人で参加した。
　そこで息子のことを話すことになったので，一通り話した後に，「やっと大学に入ったので，これで少しは楽になると思った矢先に，息子は家に戻ってきて，毎日ゲームばかりやっている。本当にだらしないったらありゃしない」
　治療者が「息子さんがゲームしているのを見ると，Ａさんはどういう風に話しかけていますか？」と聞くと，「あんた，ゲームなんかやめなさいよ。少しはお帰りとか言ったらどうなのと言っています」。
　治療者「そうすると，息子さんはどんな反応されますか」
　母親「私の言うことは全く聞かず。しばらくしたらまたゲームやってる」
　治療者「＊＊＊＊＊＊＊＊＊＊＊＊＊＊＊」

　問 3-2-1 の回答例
　図 3-5 が描けているとよいでしょう。母親の声掛けは非難ですし，それに対して，その息子は無反応の状態なので，これは否定的なコミュニケーションパターンと言えます。これは図 3-1 に基づくと，危険因子と考えられますので，減少させる必要があります。

　問 3-2-2 の回答例
　ここでは以下の２つが入っているとよいでしょう。
　「そうですよね。年頃の息子さんがゲームしているのを見てたら，やめなさい，と言いたくなりますよね」「ただ，やめなさいって怒って

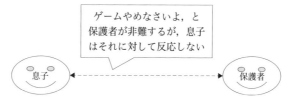

図 3-5　事例 3-2 の否定的なコミュニケーションパターン

しまうと，本人もイライラしちゃうし，お母さんもイライラしちゃう
し，あまりよくないんですよね。ゲームしているのを見たら，そこで
は本人に特に何も言わず，この面接中に『ゲームやめろー』と言って
もらえませんか？」

　前半が否定的な感情や認知の承認で，後半が否定的な行動の変容を
意図しています。ここでは順番が大事で，まずは感情の承認をするの
がポイントです。

よくある質問 3-2：「保護者への家族心理教育はいつ頃から行えばよい
　のでしょうか？」
質問への答え：一般的には，急性期を終えた回復期にすることが推奨
　されています [144]。急性期だと，子どもの陽性症状の激しさに圧倒
　されてしまい，保護者もなかなか落ち着いて話がしにくいからで
　す [145]。

よくある質問 3-3：「統合失調症者自身も家族心理教育に参加してもよ
　いのでしょうか？」
質問への答え：基本的には同席しても構いません。ただし，60 分くら
　い続きますので，統合失調症の方がその面接時間に耐えられる，と
　いうのが必要条件です。また，保護者と統合失調症者の方同士で激
　しい非難が起こりそうな場合は，同席させない方がよいです [145]。

3 章 5 節　統合失調症の家族ナラティヴ

さて，先ほどの事例 3-2 でもありましたが，保護者の非難には保護

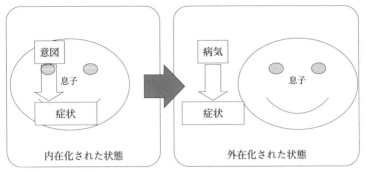

図 3-6　統合失調症者の症状を外在化

者の偏見や誤解が紐づいていることが多いです。例えば，保護者は息子が統合失調症の症状を意図的にコントロールできる，と誤って考えている場合，保護者が息子を非難しやすくなります（図 3-6）[136]。もちろん，統合失調症は中脳辺縁系及び中脳皮質系のドーパミン経路が関与する精神疾患[119]ですので，自分でコントロールすることはできません。これは風邪の症状（せきや熱）が出た時に，自力でせきや熱をコントロールすることができないのと同じです。

　こういった偏見や誤解が出てきた場合は，その折ごとに正確な知識を伝えていく必要があります。この事例で言うと，症状や病気というのが，息子という存在の中ではなく，外に存在するということを理解してもらうことにあります。これを症状や病気の「外在化」と言います（図 3-6）[146]。例えば，風邪で寝込んでいる息子が「せきや熱」を仮病だ（自分でコントロールできる）と考えている保護者は息子への非難が多くなりやすいですが，これは風邪の症状で，ゆっくり休む必要がある，と理解すれば，保護者からの非難は減りやすいですね。これと同じ考え方を統合失調症者の保護者に適用します。

　統合失調症者の保護者が持ちやすい典型的な誤ったナラティヴは主に以下の 3 点です。まず，服薬の効果と副作用について誤解が起きやすいです。この誤ったナラティヴは，薬の内容を説明することで改善することができます。例えば，統合失調症の薬は，第一世代［定型］

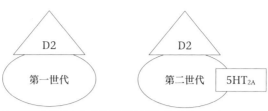

図 3-7　第一世代（定型）と第二世代（非定型）の抗精神病薬の違い
注）D2 は D2 受容体の遮断効果を示し，陽性症状の軽減に効果がある。5HT2A は
　セロトニン受容体の遮断効果を示し，副作用（錐体外路症状：手足の震え，動
　作の鈍さ，目が上向きになる，舌が出る，口がとがる，足がむずむずする，じ
　っとしていられないなどの運動機能障害）の軽減に効果がある。

（クロルプロマジンなど）と第二世代［非定型］（オランザピンなど）
の薬があります（図 3-7）。第一世代はドーパミンの D2 受容体を遮断
する効果があり，これによって陽性症状も改善されるのですが，黒質
線条体の D2 受容体も遮断してしまうために，錐体外路症状（手足が
震えるなど）が出やすくなってしまいました。第二世代は D2 受容体
に加えて，5HT2A というセロトニン受容体も遮断します。このセロト
ニン受容体の遮断によって，黒質線条体の D2 受容体の遮断が起こり
にくくなるため，陽性症状を抑えつつ，錐体外路症状も出にくくなる
とされます。そのため，第二世代の方が副作用の出にくい抗精神病薬

と言えます。また，第二世代は陰性症状に対しても効果が報告されているため[147]，第二世代が治療の第一選択肢となります。

　次によく話されるのが「完治」という話です。このナラティヴに対しては，「病が治る」というナラティヴではなく，「病と付き合う」というナラティヴに変容していく必要があります。というのも，統合失調症の原因はまだ不明瞭なものが多く，そのため，「原因を除去する」という意味ではそもそも完治が定義できないからです。また，統合失調症者は回復期でも陰性症状が残っていることから[120]，症状が完全になくなる，という意味の完治も現段階ではあまり期待できません。そのため，この点については，病と付き合っていく，という視点を持つようにすることが重要です。つまり，陰性症状（例えば，情動表出の乏しさ）が一部あったとしても，それが日常生活に支障を来さないように回復を目指していく，ということです[147]。

　最後に，就労の話もよく出ます。これはデータに基づいて説明します。統合失調症の方の就労率はヨーロッパでは 10-20％になります[149]。日本では，平成 26 年（2014）患者調査[150, p. 2]（統合失調症の患者数：773,000）と平成 30 年度障害者雇用実態調査[151]（統合失調症の雇用者数：62,400）に基づけば，8％となり，ヨーロッパよりも少ないことが考えられます。また，業種としては卸売業・小売業が多く（図 3-8），労働時間が 20-30 時間と比較的少ない（図 3-9）点から，スーパーやコンビニの店員として時短勤務をしていることが示唆されます。ただ，障害者雇用実態調査では 5 人以上の会社しか調査していないため，家族経営などの 5 人未満の会社を含めるともう少し高くなる可能性もあります。さらに，これらの職種には YouTuber などのネット上での職種が入っておらず，こういった職種で統合失調症者が活躍している例もあるところから[152]，就労率や就労時間の数字は過少評価されている可能性があります。

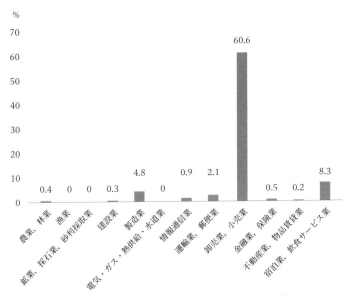

図 3-8　日本における統合失調症者の業種別雇用状況
（平成 30 年度障害者雇用実態調査）

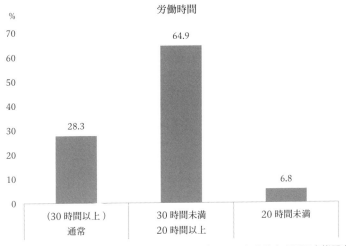

図 3-9　日本における統合失調症者の労働時間数（平成 30 年度障害者雇用実態調査）

3 章 6 節　統合失調症事例における家族ナラティヴへの介入

さて，ここまでの節で基本的な知識が整いましたので，これらの知識を活かして，以下の問題に答えていってみましょう。

問 3-3-1
架空事例 3-3-1 を読んで，「*******」という治療者の発言の中身を埋めてください。ただし，その中身には「否定的な感情や認知の承認」と「ナラティヴの変容」を含むようにしてください。

架空事例 3-3-1
家族心理教室に出席するようになって，母親自身のことを話す機会があったので，母親は下記のように話した。
母親「私の育て方が良くなかったと思ってるんです。こういうことになってしまったのも，小さいころ一度息子をたたいてしまったことがあって，それでこうなってしまったのかなって思うんです。私も離婚していますし」
治療者「***************」

問 3-3-1 の回答例
以下の 2 点が書けているとよいでしょう。
「統合失調症者のお母さんは皆さん自分のせいにされるんですよね。何か自分の子育てが悪かったのかもと自分のせいにされるんですよ」
「ただ，お子さんが統合失調症になったのは，お母さんのせいでは全くありません。というのも，統合失調症は複雑な要因が絡んだ病気ですので，単独の要因だけで説明する，というのは基本的に無理なんです。むしろ，こうして保護者会に参加しているということは，成人した子どものことを心配している，という意味で素晴らしい母親だと思います」
　前半は自責的な認知の承認で，後半はナラティヴの変容です。この

方が「自分はダメな母親」というナラティヴを出された場合は，この後半のように「あなたは素晴らしい母親」という異なったナラティヴを提示するのがポイントです。

問 3-3-2

架空事例 3-3-2 を読んで，「*******」という治療者の発言の中身を埋めてください。ただし，その中身にはドーパミンという用語を用いて，症状を外在化するようにし，「否定的な感情や認知の承認」と「ナラティヴの変容」を含むようにしてください。

架空事例 3-3-2

母親「この子はいきなり，自分が天皇の子どもだって言い出すんです。本当に驚きましたよ。何言ってんの，あんたはあたしの子どもだって言うんだけども，全然聞いてくれないんです。それで，天皇の子どもとして扱えとか言ってきたりするんです。本当にわがままな子だなと思います」

治療者「***************」

問 3-3-2 の回答例

以下の 2 点が書けているとよいでしょう。

「天皇の子と言われたら確かにびっくりしますね。私も自分の息子がそう言ったら確かに驚いてしまいます」

「ただ，これは病気の陽性症状なんです。これは脳のドーパミンが過剰なために生じる症状です。この症状は薬によって良くなりますので，数カ月ほど様子を見てください。もし数カ月経っても落ち着かない場合は，薬の内容について先生（精神科医）と話してみてください」

前半は「驚いた」という感情の承認で，後半はナラティヴの変容です。この方が「わがまま」という表現で「陽性症状」と個人の人格を紐づけているので，後半のナラティヴで「病気」と「陽性症状」という紐づけに変更するように試みています（図 3-6）。

問 3-3-3

架空事例 3-3-3 を読んで,「*******」という治療者の発言の中身を埋めてください。ただし,その中身には統合失調症の生起メカニズムで説明し,「否定的な感情や認知の承認」と「ナラティヴの変容」を含むようにしてください。

架空事例 3-3-3

母親「この子は最近家で寝てばかりいるんです。学校にも行かないし,家の中でじっとして,ごはんだけは食べに来るんですけど,若い子がこんなに昼間から寝ているのはうんざりします。こういうさぼり癖みたいなのはどうしたらいいんでしょうか?」

治療者「***************」

問 3-3-3 の回答例

以下の 2 点が書けているとよいでしょう。

「そうですね。寝てばかりいるとうんざりしますね。特に子育ての中で苦労されてきたことを考えると,なおさらそう感じてしまいますね」

「ただ,これは病気の陰性症状で,回復期の症状なんです。これは脳のドーパミンが少ないために生じることで,だから,さぼっているわけではないんです。これは本人にとってはとてもつらい状態ですので,ゆっくり休ませてあげてください」

前半は「うんざりする」という感情の承認で,後半はナラティヴの変容です。「さぼり癖」という表現で「陰性症状」と個人の人格を紐づけているので,後半のナラティヴで「病気」と「陰性症状」という紐づけに変更するように試みています(図 3-6)。

問 3-3-4

架空事例 3-3-4 を読んで,「*******」という治療者の発言の中身を埋めてください。ただし,その中身には薬の効果と副作用を説明し,

「否定的な感情や認知の承認」と「ナラティヴの変容」を含むようにしてください。

　架空事例 3-3-4
　母親「病院で「エビリファイ」という薬をもらったんです。それで，それを毎日飲んで，「前みたいに天皇の子どもだ」ということはなくなったんですけど，なんだか口が渇くみたいで，すごい水を飲むんです。あと，なんか口が自然ととんがっていくみたいで，本人は気づいていないんですけど，気になっちゃって。これって何ですか？」
　治療者「＊＊＊＊＊＊＊＊＊＊＊＊＊＊＊」

　問 3-3-4 の回答例
　以下の 2 点が書けているとよいでしょう。
　「息子さんが沢山の水を飲んだり，口がとんがったりすると確かに気になりますね。頻繁になると薬のせいかな，と思いますよね」
　「おそらく，これらは薬の副作用と考えられます。一方，『天皇の子どもだ』というのがなくなってきたので，この薬は効いていると思います。薬をやめると，口がとんがったりするのがなくなるかもしれませんが，『天皇の子どもだ』というのがまた出てくる可能性もあります」
　前半は「気になる」という感情の承認で，後半はナラティヴの変容です。ここでポイントは，できるだけ来談者が言った表現をそのまま使う，というところです。専門用語はできるだけ使わないようにすることで，来談者にも理解してもらいやすくなります。

　問 3-3-5
　架空事例 3-3-5 を読んで，「＊＊＊＊＊＊＊」という治療者の発言の中身を埋めてください。
　ただし，その中身には統合失調症の予後データに基づいて説明し，「否定的な感情や認知の承認」と「ナラティヴの変容」を含むようにし

てください。

架空事例 3-3-5
　母親「この前，病院で診てもらったら「統合失調症」という診断名だったんです。それで，ネットで調べたら，原因不明の精神病で，完治しないと書かれているんです。息子はこのまま家にひきこもってしまうんでしょうか。私らの老後の蓄えとかも考えると本当に不安なんです」
　治療者「＊＊＊＊＊＊＊＊＊＊＊＊＊＊＊」

問 3-3-5 の回答例
　以下の２点が書けているとよいでしょう。
　「そうですよね。息子さんが統合失調症，という診断名だと不安になりますよね。この教室に参加されている方の多くがそのように仰います」
　「ただ，統合失調症の方でも仕事をされている方はいらっしゃって，日本だと 50 人に 4 人は就労しています。また，統合失調症は完治というよりも，付き合うという風に考えてもらった方がよいかもしれません。例えば，高齢で腰痛持ちの方っていらっしゃいますよね。そういった方は激しいスポーツは難しいかもしれませんが，多少痛みはあっても，旅行や趣味を楽しんでいらっしゃいますよね。こういった方と同じで，統合失調症の方も症状が一部あったとしても，仕事をしたり，趣味をしたりすることは可能です」
　前半は「不安」という感情の承認で，後半はナラティヴの変容です。身近な例で分かりやすく説明するのがポイントです。

3章7節　統合失調症の心理療法に関連する研究

　本章では，ストレス脆弱性モデルに基づいて，統合失調症の保護因子・危険因子を特定し，家族心理教育をベースにシステムズアプローチとナラティヴアプローチを説明しました。家族心理教育が統合失調

表 3-1　メタアナリシスの水準で統合失調症の発症を下げる
効果が確認されている心理療法

	心理療法の種類
前駆期	認知行動療法 [154]
急性期	メタアナリシスの水準ではまだない
回復期	家族心理教育 [153]

症者の回復期における再発リスクを低下させるエビデンスは20年以上前から全世界で蓄積されており[140]，メタアナリシスの水準でエビデンスは明確です[153]（表 3-1）。また，日本でも無作為化統制実験を基に効果は確認されています[141]。家族心理教育が日本の家族にも適用されることが今後期待されます。

　なお，統合失調症者の前駆期，つまり，発症リスクが高い時期に認知行動療法を行うと，統合失調症の発症が予防されるということも2019年のメタアナリシスで報告されています[154]。急性期に関しては，こういった治療エビデンスは乏しく，認知行動療法が無作為化統制実験で症状の治療に効果があったという報告が20年前にあっただけで，エビデンスは未だ乏しいと言えます[155]。

　発展課題3
　図 3-10 に2000年から2019年までの精神科病床数を示しています（図は[156]を基に作成）。日本の精神科病床数は諸外国と比べても桁違いに多く，人口千人当たりの病床数が2.59もあります。諸外国は精神科の脱施設化をしているので，もっと低いです。

　発展課題3-1
　図 3-10 より，日本でのみ精神科病床数が高止まりしています。この高止まりを維持している日本の家族のナラティヴとシステムを説明してください。

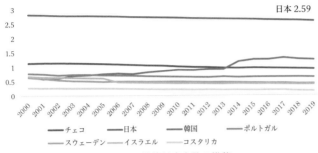

図 3-10　精神科病床数の推移

注）神科病床数が最も多いのが日本を示しています。

発展課題 3-2

図 3-10 より，日本でのみ精神科病床数が高止まりしています。この高止まりを維持している日本の精神科病院のナラティヴとシステムを説明してください。

発展課題 3-3

仮に統合失調症者の家族心理教育が保険点数化されていて，日本全国で 2010 年から 10 年間行われ続けた場合，精神科病床数は 2019 年の時点で現在の精神科病床数よりも増加するでしょうか？　減少するでしょうか？　それとも変わらないでしょうか？　3 つの内のいずれかを選択し，その理由を説明してください。

■ 第4章

保護者面接の制約と対処法

要　　約

　本章では，保護者面接の面接構造に起因する制約とその対処法を説明します。まず，動機づけの低さ，中断リスクの高さ，情報量の少なさという制約を説明し（1節），その対処法を事例に基づいて示します（2節）。次に来談者数の変わりやすさという制約を説明し（3節），その対処法を事例に基づいて示します（4節）。また，経済的合理性の高さという制約を説明し（5節），その対処法を事例に基づいて説明します（6節）。最後に保護者面接に関連する研究を紹介します（7節）。

4章1節　動機づけの低さ，中断リスクの高さ，情報量の少なさ

　さて，これまでの2章と3章で保護者面接を問題別に分けて説明してきましたが，ここでは保護者面接の構造に起因する制約を説明します。専門家でも，この構造的制約を考慮せずに，個人面接と同じ枠組みで保護者面接を実施しようとすると大抵失敗します。本章ではその構造的制約とその対処方法を伝えます。

　まず，個人面接と保護者面接の違いは，来談者と問題を抱えている人が同じか，異なるか，という点です。例えば，抑うつ状態でその抑うつ気分を改善するために来談した人の場合，来談者と問題を抱えている人は一緒です（図4-1左）。この場合，その問題を最もよく知る人物がその問題を解決しに来ている，と言えます。つまり，来談者の動機づけも高く，沢山の情報が得やすい，と言えます。一方，保護者面

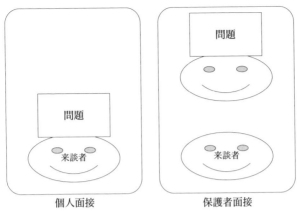

図 4-1　保護者面接と個人面接の構造的な違い

接の場合，来談者と問題を抱えている人は別々のことが多いです（図4-1 右）。例えば，不登校の子どもに悩む保護者が来談した場合，問題を抱えているのは不登校児ですが，来談者は保護者なので，問題を抱えている人と来談者は別々と言えます。この場合，その問題を解決しに来ている人はその問題についてよく分からない，という点が構造的な制約です。この構造的な制約がさまざまな違いを生み出しており，それに気づかずに面接をしていると失敗してしまいます。

　例えば，スクールカウンセラーが不登校児の保護者と面接している時に，「不登校児の当人と会わないと分からないので，不登校児を連れてきてください」という提案を保護者への配慮もなしにすることが誤りなのは容易に分かりますね。というのも，学校に来ないから不登校児なのであって，もし保護者がその子どもを学校に連れてくることができたのであれば，不登校状態を保護者が自力で解決できている状態を意味します。もし，保護者が自力で解決できている場合はスクールカウンセラーにそもそも相談しないわけですから，そもそも来談していないはずです。裏を返せば，相談室に来談している，ということは不登校児をこれまで登校させることができなかった，ということを前提にしているのですから，そういう保護者に対して「不登校児を連れ

てきてください（登校させてください）」という提案を配慮もなしにすることは，保護者と不登校児の状態を全く適切に把握していない，という意味で保護者に伝わりかねず，誤解されやすいですね。もちろん，不登校児が来てくれれば，さまざまなエビデンスに基づいた介入[157]ができ，面接がやりやすくなるので，治療者の気持ちも分からなくはないですが，そういった提案をする場合は，少なくとも上記のような誤解を生まないために来談者に対する相当な配慮が必要と言えるでしょう。

　また，図4-1の構造から，保護者面接と個人面接とでは問題への捉え方や動機づけが異なる，と言えます。実際，保護者がその問題をどの程度自分事として捉えているかで動機づけが異なってきます（図4-2）[158]。例えば，保護者が不登校児の問題を自分の養育の問題と捉えている場合は，自分事として捉えているので，動機づけは高くなりやすいです（図4-2A）。一方，不登校児の問題を，一緒に通学する友人の問題と捉えている場合は，自分は多少知っているけども，詳しく

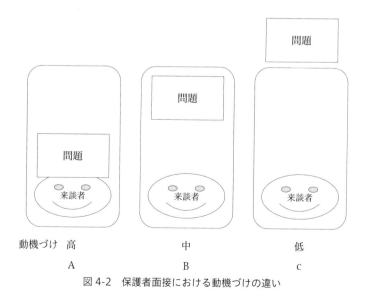

図4-2　保護者面接における動機づけの違い

は分からないので，動機づけは低くなります（図4-2B）。さらに，この保護者が不登校児の問題は，教師の指導力不足と捉えている場合は，自分とは関係がないと考えているので，動機づけはとても低くなりやすいです（図4-2C）。図4-2Aに該当する保護者の場合，面接への動機づけは，個人面接と同程度と言えますが，図4-2Bや図4-2Cに該当する場合は，保護者の動機づけは個人面接よりも低いと言えます。

　ここで保護者面接の構造（図4-1）を考えた場合，子どもは家族の一員だが，親とは別人格なので保護者面接の多くは図4-2Bで始まる，と想定できます。そのため，保護者面接開始時における保護者の動機づけは一般的な個人面接よりも低い，と言えます。動機づけが低い場合に起こりやすいことは，面接が中断しやすいことです。例えば，多くの研究で来談者の動機づけが低い場合は，面接を中断しやすいことが報告されています[159]。保護者面接の場合，来談者の動機づけが低い状態で始まることが構造から推察できますので，中断のリスクが高いと言えます。

　ここで治療者がその意図とは反対に中断リスクを高めてしまうことは，子どもの問題を保護者の問題として捉えなおそうとすることです。例えば，不登校児の問題の場合に，保護者にも問題意識を持ってもらおうと思って，「現在の不登校の問題はお父さん（お母さん）の育て方にも関係ありませんか？」などと質問した場合，保護者は自分の対応がまずいと責められている，と理解してしまいます。というのも，東アジアの保護者は子どもの問題を保護者の問題として受け止める文化的風土があるからです[160]。保護者が治療者に叱責されていると受け取った場合，保護者は異議を唱えることが広く知られていますし[161]，こういった異議を唱える行動が多いほど，中断リスクが高くなると考えられています[162]。そのため，保護者面接で保護者に子どもの問題を自分事として捉えてもらうように関わろうとすると，中断しやすいです。

　では，どのようにして中断リスクを下げるか，というと，保護者の問題理解（図4-2B）の枠組みを面接中に維持しながら，その問題理解

の枠組みでも面接を継続したくなるような話題で話を進めるということになります。一般的には，子どもの問題がどの程度の時間をかければ，どの程度問題が解決し得るのか，という点を示せば，多くの保護者はその回数分は面接に来ようとします。

　また，図 4-1 の構造からも示唆されるのですが，保護者面接は本人面接に比べて情報量が少ない，という特徴があります。図 4-3 で示すように，保護者面接では，問題を抱えている人の思考や感情といった内部状態を取得することができない，という限界があります。例えば，個人面接だと，問題を抱えている本人がどういう気持ちやどういう考えで今の状態を捉えているのかというのを把握しやすいです。問題を抱えている本人の気持ちや考えは，問題解決の糸口になることが多々ありますので，こういった情報は面接上重要です [6]。

　しかし，保護者面接では子どもの気持ちや考えを直接知ることは極めて難しいです。特に子どもが思春期になるにつれて，子どもは同級

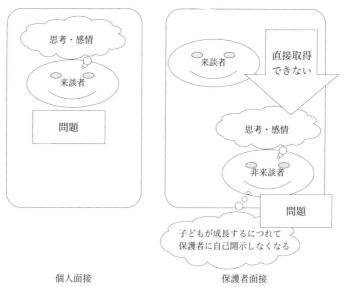

個人面接　　　　　　　　　　　保護者面接

図 4-3　保護者面接における情報量の少なさ

生に自己開示する量が増える一方で[165]，子どもから保護者に自己開示する情報量は減っていきます[166]。そのため，保護者は子どもが放課後に何をしていて，どこにいるのかということを知ることも苦労するようになります[167][168]。こういった基本的な日常生活を知るのも苦労するわけですから，日々何を感じ，何を考えているか，という子どもの内面を保護者が知るのは極めて難しいと言えます。

　さて，治療者が保護者面接で，問題を抱えている本人の気持ちや考えに焦点を当てたくなる気持ちはよく分かります。気持ち[7]や考え[169]に焦点を当てた心理療法で治療効果が認められているものは多くあり，保護者面接でもそのような心理療法を使用したくなるのも無理はありません。しかし，実際に保護者面接で子どもの気持ちや考えに焦点を当てても，ほとんど期待した応えが返ってきません。というのも図 4-3 に示されているように，保護者が子どもの気持ちや考えを知ることは極めて難しいからです。ここで治療者が保護者自身の気持ちや考えを聞こうとした場合は，問題を保護者個人に帰属しているような誤解を与えてしまい[160]，中断リスクが上がってしまいます。

　そのため，ここでのポイントは，問題を抱えている本人の気持ちや考えが直接入手できなくても，問題の危険因子や保護因子を特定して，支持的に関わる，ということになります。これはスーパービジョン（院生が担当する事例を大学教員が指導する場合の，大学教員と院生の関係）やコンサルテーション（中学校教員が担当する事例に大学教員が助言をする場合の，大学教員と中学校教員の関係）[170]の考え方に近いです。スーパービジョンやコンサルテーションでは，担当者は直接問題を抱えている人と会うことはなく，その人と会っている院生や専門家と会います。実際，スーパービジョンで，院生や専門家に情報開示をさせようとし過ぎると，スーパービジョンの効果が乏しくなることが報告されています[171]。一方，知識を提供したり，支持的に関わったりすることで，スーパービジョンの効果が上がることも報告されています[171]。

　これらの知見に基づけば，保護者面接では，情報量が少なくても，

その少ない情報に基づいて支持的に関わる，ということが重要です。実際，保護者面接と教師面接のみでも不登校児への介入に効果があることは指摘されていますので[172]，子どもが来ない場合はこの枠組みで面接を実施していけばよいでしょう。

4章2節　動機づけの低さ，中断リスクの高さ，情報量の少なさへの対応

問 4-1-1

架空事例 4-1 を読み，＊以下の治療者の発言の何がまずいかを指摘してください。

問 4-1-2

架空事例 4-1 の＊以下の治療者の発言をどのように変えれば，母親が再来談したと思いますか？　＊以下の発言を書き換えてみてください。

架空事例 4-1（まずい面接）

X 年 12 月に母親のみ学校に来談し，スクールカウンセラーと面談する。

母親は 30 代後半で大手の化粧品メーカーに勤務している。父親も 30 代後半で同じ化粧品メーカーに勤めている。二人とも部署は異なるが化粧品の開発部署に所属している。

A は小学校 5 年生の不登校女児（10 歳）であり，小学校 4 年時にクラス替えがあってから，小学校に行かなくなった。

A は小学校 4 年生の 1 学期の始業式に来たのみで，それ以降は全く来ていない。幼少期から人見知りが強く，保育園の時もなかなか母子分離ができず，小学校 1 年生でも 1 学期の間は父親が主に学校の近くまで送迎して，登校できるようにしていた。小学校 2 年生でも時折行き渋りがあった。勉強についていくのは支障なく，美術や夏休みの自由課題を作成するのが苦手という程度である。

　小学校 3 年生の頃になると好きな担任もでき，クラスメイトとも仲良くなったようで，小学校にスムーズに行くようになった。

　しかし，小学校 4 年生になって，男の担任の先生になり，好きなクラスメイトとも離れてしまってから，学校に行くのが難しくなってしまった。

　50 分の面接の後，母親に抑うつ症状の質問紙を記入してもらうと，軽度の抑うつ症状と判断された。

　＊そこで，治療者は「A さんのことも気になりますが，お母さんの抑うつ症状も気になります。次回はお母さんの考え方のくせについて聞かせていただこうと思います」と伝えた。

　次回の面接の予約をしたが，仕事が忙しいとのことで予約が前日にキャンセルとなり，面接は中断となった。

　問 4-1-1 の回答例
　ここでの回答例として治療者が子どもの問題ではなく，母親の抑うつ症状を主訴にすり替えている，というところが問題です。母親の主訴は不登校の子どもですので，不登校の子どもへの対応について，話を継続していく，という手法を取った方がよいでしょう。

　問 4-1-2 の回答例
　「A さんの登校ですが，この面接を 8 回続ける中で，1 回でも学校に来ることを目標にするということはいかがでしょうか？　これまでの研究で上手くいくことが報告されていますので [172]，A さんの登校にも効果があると期待できます。いきなり教室に入るのは難しいかもしれませんので，保健室登校でもよい，という方針でしたら一緒にやれると思います」

　上記のように，回数を明示して，達成し得る目標を提示することがポイントです。なお，このアプローチは先行研究に倣った介入 [172] で，不登校児当人は来なくても，保護者と教師のみに介入をすることで，

子どもの登校を促すアプローチです。

よくある質問 4-1：「8回やっても，目標が達成されなかった場合はどうするんですか？」

質問への答え：これは率直に保護者に謝ります。上手くいかない場合はすぐ分かりますが（上手くいくパターンに乗らないので），その場合もすぐ謝ります。また，その場合はそれに代わる案を提示することが大事です。ただ，その場合の代替案は先行研究でエビデンスが蓄積されていないものも含まれるので，そういった点も明示し，面接を継続するかどうかを改めて伺うようにします。保護者面接では特にこういったインフォームドコンセント（情報提供した上での同意）が重要になり，これらが不十分だと，面接が中断するリスクが高くなります。

問 4-2-1
架空事例 4-2 を読み，治療者の発言のまずい点を指摘してください。

問 4-2-2
架空事例 4-2 を読み，どのような点に着目して質問していけば，母親が「分かりません」という発言ではなく，母親が分かる範囲で答えたと思いますか？　母親が答えやすい質問を列挙してみてください。

架空事例 4-2（まずい面接）
母親とスクールカウンセラーが2回目の面接をする際に，スクールカウンセラーはAの気持ちや考えを知るように心がけた。
治療者「Aは小学校についてどういう考えを持っているんですか？」と聞くと，
母親「Aは小学校の話をすると嫌がるので，できるだけその話はしないようにしているんです。だから，正直何を考えているのか分からないんです」

治療者「Aは小学校で仲良しのお友達はいるんでしょうか？」

母親「確か，Bちゃんとは仲良しだったと思います。ただ，クラスが変わってからほとんど話もしなくなったし，1年前のことだから，今仲良しな人はいないと思います」

治療者「Aは今の状態のままでよいと感じているんでしょうか？それとも変わりたいと考えているんでしょうか？」

母親「本当のところ，よく分からないんです。私としてはもちろん学校に行ってほしいんです」

治療者「いえ，お母さんのお気持ちではなく，Aのお気持ちが知りたいんです」

母親「それは分かりません」

問 4-2-1 の回答例

　これは，母親が容易に知り得ない情報のみに焦点を当てている，というのが誤りです。これでは面接の継続が難しくなります。

問 4-2-2 の回答例

　母親が子どもを観察できる立場にいる，という点に着目すれば，さまざまな質問が出せます。例えば，「子どもは普段，何時に起きますか？」「普段と違って，早く起きる時はありますか？」などです。ここでのポイントは，保護者が「子どもはいつもと同じで変わらない」という思い込みがある場合，実際に違いがあっても，それに気づかれずに，その違いが報告されない，ということです。子どもは人間ですので，毎日全く同じ生活リズムで活動することは基本的に不可能です。言い換えれば，子どもの生活リズムには常に「ゆらぎ」が含まれていると言えます。実際，保護者と子どもとの関係や保護者同士（カップル）の関係は相互に密接に関連することが知られており，毎日揺らいでいます[173]。同様に，保護者の気分や考えと保護者から子どもへの養育行動も関連し，これらも毎日揺らいでいます[174]。治療者の目標は，こういったゆらぎの中で，登校を促すようなゆらぎを見つけ，そ

れを拡張することになります [175]。例えば，夫と妻がたまに仲良く話していると，なぜか子どもが宿題をし始める，というのは登校を促すゆらぎ，と言えます。こういうのが見つかると，夫と妻が仲良く話すようにしてみてください，という介入をしたりします。

よくある質問 4-2：「この目標のためのゆらぎが見つけられない場合，治療者はどうしたらよいのでしょうか？」

質問への答え：この事例に即していえば，目標のためのゆらぎを見つけるために，8 回の面接中に粘り続ける，ということになります。まず，ゆらぎを見つけるステップとして，保護者にゆらぎがあることを自覚してもらいます。次にそのゆらぎによって同居する子どもに影響していることにも気づいてもらいます。最後に，保護者の行動によって子どもに良い影響を与えるゆらぎを見つけていきます。先行研究から，ゆらぎがあることは間違いないので [173][174]，その中で目標達成に役立つゆらぎを見つける，という治療者の課題になります。普段は起きそうなことが起こらなかった場面や，普段は起こらなそうなことが起こった場面，つまり例外的な場面を聞いて，この良いゆらぎを見つけにいきます [176]。

　別の観点から言えば，治療者が「ゆらぎが見つからない」と諦めた時点で，仮に目標に役立つゆらぎがあったとしても，そのゆらぎを見つけることはできません。というのは，ゆらぎというのは文字通り日常的に揺らいでいるので，注意していないとすぐに見逃してしまう性質のものだからです。

4 章 3 節　来談者数の変わりやすさ

　保護者面接の特徴として，来談者数が変わりやすい，という点もあります（図 4-4）。というのも保護者というのは一人ではなく（例：母親），複数いることも考えられるからです（例：父親，祖母，祖父など）。一人の保護者と面接を継続していると，別の保護者がその面接に関心を持ち，面接に参加を希望することはよくあります。また，家族

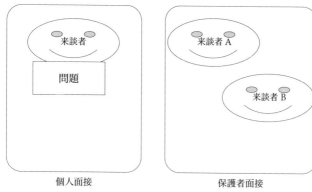

図 4-4　保護者面接による人数の増加しやすさ

が車を共有している場合，別の保護者が送迎をしていることはよくあり，送迎の過程で，面接に参加を希望することはあります。

　ここで来談者数が増える場合の対応ですが，治療目標の達成に役立つかどうか，という観点で検討するとよいです。多くの場合，保護者同士で問題に関する考え方は異なりますし，その対応も異なります。例えば，父親と母親で子どもへの考え方や接し方が異なることは一般的です[177]。この保護者間の差異が新たな情報を生む可能性は十分にあります。例えば，子どものことについて母親は知っているが，父親は知らないということは頻繁にあります[178]。また，保護者間で子どもへの介入効果が異なるということも十分考えられます。例えば，母親の言うことは聞かないが，父親が同じことを言った場合は聞く，ということは十分ありえます[179]。実際，母親だけが面接に来ているグループよりも父親と母親が共に参加しているグループの方が子どもの予後が良いという報告が数多くあり，父親の面接参加が推奨されています[180]。これらの先行研究に基づけば，複数の保護者の参加によって子どもの問題解決（治療目標の達成）が促される，と考えられます。そのため，治療目標の達成が明らかに妨害される，という条件を除けば，保護者の参加を受け入れていくことが推奨されます[180]。

4 章 4 節　来談者数の変わりやすさへの対応

問 4-3-1

架空事例 4-3 を読み，＊以下の治療者の発言のまずい点を指摘してください。

問 4-3-2

架空事例 4-3 の＊以下の治療者の発言をどのように変えれば，父親（夫）が再来談したと思いますか？　＊以下の発言を書き換えてみてください。

架空事例 4-3（まずい面接）

ある日の面接終了後に，母親が「そういえばお父さん（夫）も面接に来たい，て言ってたんですけど，一緒に来てもよいですか？」と聞いてきました。

＊治療者は，「今はお母さんと私との 50 分の面接を毎週していますので，この構造は変更しない方がよいと思います。もちろん，お父さんと私が全く別の時間に面接をするなら可能ですが，お父さんが面接室で言われた内容をお母さんに伝えることはできませんし，お母さんが言われた内容をお父さんに伝えることもできません」

問 4-3-1 の回答例

ここでは，治療者が理由もなく，両親の合同面接を断っているところが問題です。基本的に，父親の面接参加は子どもの予後に肯定的な影響を与えますので[180]，よほどの理由でない限り，断るべきではありません。

また，この断り方も，母親と父親に対して別々の個人面接をしている，という風に伝わるので，まずいです。この母親と父親の要望は，不登校の子どものことを話したいのであって，母親自身や父親自身のことを話したいわけではないと推察できるからです。

問 4-3-2 の回答例

「是非いらっしゃってください。お父さんの視点と言うのも大事ですから」などと書いていればよいです。

よくある質問 4-3：「お父さんがいたら，お母さんが話しにくくなってしまうのでは？」

質問への答え：もちろんその可能性はあります。カップルセラピーでは面接中の話題の種類が少なくなってしまいますので（7章6節），それは十分起こり得ます。ここでポイントは，お父さんを来談させずにお母さんだけで面接した場合に治療効果として期待される便益と，お父さんとお母さんで面接した場合に治療効果として期待される便益を比較するということです。

　まず，お母さんがこれまで話していた内容が次の面接で追加されたとして，それが治療効果にどのような影響を与えるかを示す必要があります。架空事例 4-3 までの事例でほとんど情報が得られていませんので，追加の情報で治療効果に与える影響がある，というのは言えませんね。

　一方，お父さんが参加することで，子どもの適応が改善される，というエビデンスは沢山あります[179]。これはお母さんとお父さんでは，子どもに関する情報も違うし[178]，子どもの反応も違う[179]，ということを考えると，妥当な推論です。

　そのため，この場合は，治療効果に影響を与えるか分からない情報（母親との個人面談）と治療効果に肯定的な影響を与える情報（父親を交えた面談）のいずれかを選択する，ということで理解できます。このように考えると，父親を交えた面談を選ぶ方が，治療効果があり，より妥当な選択と考えられますね。

　実際，グループセラピーに慣れていない治療者は，意見の異なる来談者に対応することが難しいと考え，来談者数が増えることを拒みやすいです。しかし，これは治療者の技量不足に起因することであり，治療目標の達成とは無関係です。

よくある質問 4-4：「実際に来談者を増やすことをしてから（父が来談），元の面談形式（母のみ来談）に戻すということは可能ですか？その場合，父に不信感を与えてしまうでしょうか？」

質問への答え：面接構造を変更することは可能ですが，この事例の場合，元の面談形式に戻すことのメリットがあまりありません。むしろ，父親からの情報提供や父親からの介入というところを失うので，元に戻すデメリットの方が大きいかもしれません。実際の面接では，父親に継続して来談してもらうことの方が大変ですので[181]，父親の来談意欲を高めるような面接の枠組みを工夫することの方が多いです[182]。

　もちろん，母親が個人的な話をしたいということを提案された場合，その形式での面接をしていくことは可能ですし，そのことをあらかじめ父親に伝えていれば，不信感は起こりにくいでしょう。

4章5節　経済的合理性の高さ

　さて，最後の保護者面接の特徴は経済的合理性の高さです（図 4-5）。うつ状態で困っている方への個人面接をしている場合，来談者は，考えが上手くまとまらなかったり[183]，失業などで社会的地位が保たれていなかったり[184]する場合があります。この場合は，来談者自身の立場を主張することが難しくなることも多いですし，話を聞いてくれる治療者への期待もありますので，経済的合理性の観点から話を進めることはさほど多くありません。

　一方，保護者面接の場合，子どもは不適応状態かもしれませんが，保護者自身は不適応状態でないため，はっきりと主張されることが多いです。特に，心理療法というサービスに対して，費用対効果の観点から質問をされることが多いです。これは子どもへの養育費を払っている保護者からすれば，当然の観点とも言えます。

　ここで失敗するポイントとして，治療法についての費用対効果を治療者が説明できないことが挙げられます。というのも，費用対効果の

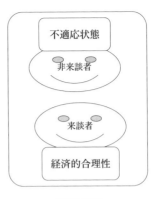

<table>
<tr><td>個人面接</td><td>保護者面接</td></tr>
</table>

図 4-5　保護者面接と個人面接の不適応状態が及ぼす経済的合理性への影響

話で保護者が納得しない限り，子どもへの心理療法サービスはもちろん，保護者自身の面接も継続しないと考えられるからです。実際，専門職は保護者への適切な説明を適宜行い，その同意を得る必要があり，これらがない場合は，いかなるサービスも子どもが受けることは難しくなります[185]。そのため，治療者による保護者への適切な説明は，現代の治療者の基本的な技術と言えます。

４章６節　経済的合理性の高さへの対応

問 4-4-1
架空事例 4-4 を読み，治療者の発言のまずい点を指摘してください。

問 4-4-2
架空事例 4-4 の治療者の発言をどのように変えれば，母親が再来談したと思いますか？　母親が再来談したくなるような発言を記入してみてください。

架空事例 4-4（まずい面接）
数回の面接が終わった後，母親が「ここに来て，３回経ちましたけ

ど，この後どれくらい来たら，娘の不登校は改善されるのでしょうか？」と聞いてきました。

　＊治療者は「娘さんの不登校は簡単に改善できるものではないと思います。生育歴上からも不登校傾向がありますので，仮に登校したとしてもしばらくは面接に通っていただく必要があると思います」

　　母親「じゃあ，先生はあと何回くらい必要と考えておられるんですか？」

　　治療者「回数ではないですが，しばらく来ていただく必要があります」

　　母親「他の人のケースだとだいたい何回くらいなんですか？」

　　治療者「人によってさまざまですが，私の場合だと，最低でも2年はかかると思います」

　　母親「2年通ったら，治るんですか？」

　　治療者「治るという意味次第なのですが，2年は目安で，治ることもあれば，治らないこともあります」

　　母親は「じゃあ，今日で終わりで結構です」と言い，面接は終結となった。

　問 4-4-1 の回答例

　治療者が保護者の質問に答えていない，という点が問題です。このように質問をはぐらかされると，保護者の来談意欲は低下していきます。

　問 4-4-2 の回答例

　ここでの回答例は問 4-1-2 と同じ回答になります。

　「Aさんの登校ですが，この面接を8回続ける中で，1回でも学校に来ることを目標にするということはいかがでしょうか？　これまでの研究で上手くいくことが報告されていますので[172]，Aさんの登校にも効果があると期待できます。いきなり教室に入るのは難しいかもしれませんので，保健室登校でもよい，という方針でしたら一緒にやれ

ると思います」

　つまり，面接の開始当初から，治療目標を設定し，その費用対効果を保護者に説明する，というのが，保護者面接で求められている技術になります。

4章7節　保護者面接に関連する研究

　保護者面接の有効性はさまざまな領域で確認されています（表4-1）。メタアナリシスの水準で効果が確認されているのは，子どもの言語発達[186]，子どもの破壊的行動[187]，子どものADHD症状[188]，及び，保護者による子どもへの虐待行為[118]です。まず，乳幼児期の子どもは主に保護者の話し言葉を聞いて育ちますので，保護者面接で，子どもの発話した内容に（「ブーブー」），保護者が追加するようにすれば（「ブーブー，走ってるね」），子どもの語彙が自然と追加されやすくなり（「走ってるね」が追加），言語発達に肯定的な影響を与えます[189]。つまり，上記のような介入を保護者面接時に行えば，言語発達が促されると言えます[186]。

　また，保護者の非難行動と子どものADHD症状と破壊的行動（disruptive behavior）は関連しやすいことが知られています[190]。保護者の非難行動が多いと，子どもの注意が散漫になっていきますし[191]，保護者の非難行動を学習して，その子どもが自分のきょうだいに非難行動をすることはあり得ます[192]。つまり，保護者の非難行動がADHD症状や破壊的行動の危険因子と言えます。そのため，保護者の非難行動を減らすような介入を保護者面接ですれば，ADHD症状と破壊的行動は減っていきます[188][187]。

　最後に保護者による子どもへの虐待行為ですが，保護者がしつけと称して行う虐待行為は，子どもの破壊的行動とつながりやすく[193]，その破壊的行動は部分的に保護者の虐待行為を生みやすくします[194]。虐待を行う保護者は子どもの破壊的行動を過剰に評価しやすいので[195]，虐待行為がより生じやすくなると考えられます。つまり，保護者の虐待行為がさらなる虐待行為を生んでしまう悪循環に入

表 4-1　メタアナリシスの水準で効果が確認されている保護者面接の効果

	効果の現れやすい領域
子ども	言語発達[186]
	ADHD 症状[188]
	破壊的行動[187]
保護者	子どもへの虐待行為[118]

っていると言えます。そのため，保護者面接では，保護者が虐待行為に替わる適切な育児方法を学習し，実践できるようにしていくことで[107]，虐待行為が止まっていくことが知られています[118]（詳細は2章）。

ケースフォーミュレーションの限界

　ケースフォーミュレーションは治療者が心理療法を提供する上で必須の技術と言えます[13]。ただ，ケースフォーミュレーションの図を見ると分かる通り（図1-2，図2-4，図3-2），全て一般化線形モデルに基づいていますので，変数同士が線形の関係しか扱えません。言い換えれば，保護因子や危険因子の増減が常に問題に対して同程度の効果がある，という前提に立っており，保護因子や危険因子の増減によって，その効果が逆転するということは想定されていません。

　多くの心理現象は非線形の関係を含みますので，ケースフォーミュレーションでは上手く表現できないことが十分起こり得ます。例えば，適度な運動は抑うつに対する保護因子ですが，過度な運動は抑うつに関する危険因子であることが知られています[196]。この場合，抑うつと運動との関係を表すと，U字型の関係になると言えます。このU字型の関係はケースフォーミュレーションで上手く表現することができません。もちろん，閾値を設けて，適度な運動と過度な運動に分ければ，表現できなくはないですが，それはU字型の関係だったからで，W型やその他の関係になると，さらに難しくなります。

　ここから，ケースフォーミュレーションというのは，特定の領域と時間に範囲を限定した上で，問題と要因の関係を局所的に抽出して，線形モデルで説明している手法と言えます[197]。言い換えれば，ケースフォーミュレーションは時間と場所を限定した場合に説明力が高くなりますが，時間と場所が広がった場合は，その説明力が低下すると考えられます。例えば，ライフステージのような10-20年のスパンに対してケースフォーミュレーションをすることは難しいと言えます。こういった場合は，1-2年のスパンに細かくして，そのスパン毎にケースフォーミュレーションをしていく必要があります。

第 3 部

カップルセラピー編

乳がんの妻とその配偶者

要　　約

　本章では，精神疾患発症リスクに関する危険因子・保護因子をカップル間ストレスコーピングモデルに基づいてモデル化し（1節），そのモデルを具体的な乳がんカップルの事例に適用します（2節）。家族システムの観点から，乳がんカップルの精神疾患発症リスクを低下させるための適切な介入策を考えて（3節），それらを事例に適用します（4節）。また，家族ナラティヴの観点から，乳がんカップルの子どもの不適応リスクを低下させるための適切な介入策を考えて（5節），それらを事例に適用します（6節）。最後に，乳がん患者の QOL 向上に関連する研究を紹介します（7節）。

5章1節　乳がんカップルの危険因子・保護因子

　乳がんは最も女性がかかりやすいがんで，40 代から 60 代に発症リスクが高まります [198]。乳がんの治療法は，他のがんの治療法と同じく，手術療法，薬物療法（化学療法，内分泌療法，分子標的治療など），放射線療法があります。手術療法ではがんの病巣を除去しますが，乳腺切除の切除範囲により，乳房温存手術と乳房切除手術（全摘術）に分けられます。名前の通り，前者は乳房を温存したまま病巣を除去しますが，後者は病巣を除去する際に乳房を切除します。乳房切除手術を受けた女性は乳房温存手術を受けた女性よりも，ボディイメージが悪化することが指摘されています [199]。一方，乳房温存手術を受けた女性は，乳房切除手術を受けた女性よりも，がんの再発に関する恐怖

心が高くなることが指摘されています[200]。これらの知見は，乳がんの発見によって，その女性が強いストレス状況下にさらされていることを示しています[201]。

　実際，乳がんの発見後3カ月以内に，20.1％の女性がPTSDの症状を発症することが知られています[202]。というのも，PTSDの前提条件である心的外傷経験（トラウマ）は個人の生命及び尊厳が危機に瀕する状態と定義されますが[89]，乳がんはその人の生命や尊厳（ボディイメージの毀損）を共に危険に晒している，という点で定義に合致するからです。また，将来の展望が描きにくくなり，絶望的な気分になりやすいために乳がんの女性は抑うつになりやすいです[203]。さらに，ボディイメージの毀損とパートナーとの性的関係の変容は関連するのです（ボディイメージが悪くなったのでパートナーの前でも裸になりたくない，など）が，そういったことを話す場が日本では十分に提供されないため，日本の乳がんの女性は苦しい状況にいると言えます[204]。また，妻の乳がんの発見によって，その夫も抑うつ的になることが知られています[205]。というのも，妻の今後について見通しが立たなかったり，現状への対処が困難になったり，妻との関係性が変化したり，など複合的な要因で気分が落ち込みやすいからです。

　一見すると，乳がんの進行段階が早い人ほど，また，乳房切除手術を受けた人ほど，精神的な健康状態が悪化しやすい，と思いがちなのですが，これまでの研究はそういった関連を支持していません[205][206]。つまり，乳がんの進行段階や乳房切除手術というのは，客観的に強いストレスなのですが，それだけでは妻や夫の精神的健康状態を十分に予測できません。むしろ，そういったストレスに対して，乳がんの女性がどのように対処し，その女性の対処に配偶者の夫がどのように対応するか，という個人[207]及びカップル間のコーピング技術[208]の方が精神的健康状態と関連すると考えられています。実際，こういったコーピング技術の改善トレーニングを受けたカップル（乳がんの妻とその夫）もしくは個人で受けたグループはそうでないカップルや個人よりも生活全般に対する満足度（Quality of Life; QOL 生活の質とい

う意味で，生きがいなどの精神的満足度が含まれる指標）が高く[209]，抑うつ症状や不安症状が低くなることが報告されています[210]。

　これらをまとめると，乳がん患者の妻の危険因子と保護因子は図5-1になります。ここで妻個人のストレスには乳がんの治療方法が入りますが，精神疾患の危険因子としてはこれらよりも妻個人がそのストレスにどのように対処し（個人コーピング），カップル間でそのストレスにどのように対処している（カップルコーピング）かが重要になります[209][210]。同様に乳がん患者を持つ夫の危険因子と保護因子は図5-2になります。ここで，妻の乳がんの診断が，夫のストレスになっているということがポイントです（もちろん，ほとんどの夫は同時期に乳がんにかかっているわけではありません）[14]。これはカップルが子育てをしている例を考えると分かりやすいです。例えば，共働きのカップルが8歳の娘と5歳の息子を育てている時に，妻が乳がんと診断されたとしましょう。そうすると，夫は妻の治療への付き添いに加えて，妻が入院中は，8歳と5歳の子どもの世話を一人で見なけれ

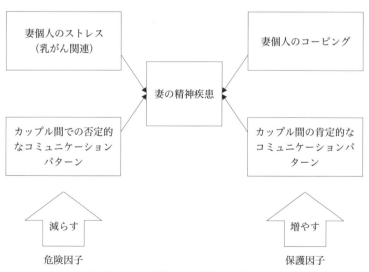

図 5-1　乳がんの妻の精神疾患に関する危険因子と保護因子

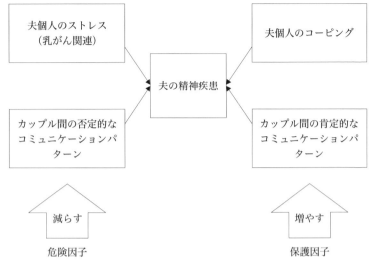

図 5-2　乳がんの妻を持つ夫の精神疾患に関する危険因子と保護因子

ばならなくなります。また，妻が亡くなったことを考えると，経済的
な点だけでなく，一緒に過ごしていくパートナーを失ったという喪失
感を想像してしまい，抑うつ状態になります。つまり，妻の乳がんは
妻だけでなく，同居する夫にとってもストレスになり得ます [15]。

　また，乳がんのストレスコーピングとして最も不適切な方略は，妻
や夫が乳がんのことを極力考えないようにする，ということです。こ
の方略は短期的にはストレスを回避できるのですが，結局対処しなけ
ればならないことが蓄積していき，精神疾患のリスクを高めます [209]。
同様に妻や夫が乳がんのことを極力話さないようにすることも，精神
疾患のリスクを高めます [213]。つまり，これらはその意図とは裏腹に
危険因子と言えます。一方，典型的な保護因子として，妻や夫が乳が
んのことを考えるというコーピング方略があります [209]。これは，乳
がんを通して，新たな気づきを得ようとする試みで（例えば，仕事以
外のことを考える時間ができた，人生で大切なことに気づくことがで
きた，など），こういった試みがあるほど，精神疾患のリスクは低くな

ります。また，カップル間でお互いの立場を尊重しながら話し合うことでも精神疾患のリスクが低くなります[30]。要約すると，カップルが乳がんの話題を回避する方略はカップルの精神疾患の危険因子になりやすい一方，カップルが乳がんを積極的に話し合う方略はカップルの精神疾患の保護因子になりやすいと言えます。もちろん，実際のカップルは，回避する方略と積極的に話し合う方略を行ったり来たりして揺れ動いていますので，そういう揺れ動きがあることも治療者は理解しておく必要があります。

5章2節　乳がんカップル事例における危険因子・保護因子の特定

問 5-1-1

架空事例 5-1 を読み，妻の精神疾患の危険因子と保護因子を特定してください。

問 5-1-2

架空事例 5-1 を読み，夫の精神疾患の危険因子と保護因子を特定してください。

架空事例 5-1（一部参照[214]）

　X年12月初旬に面談（治療者は病院内の緩和ケアチームに所属している。スイスに留学経験のある乳がん治療の主治医から，Aは入院中もほとんど寝ていないようで，術前に不安定にならないように様子を見に行って話してほしいという依頼で，面接を実施。手術前の質問紙で「手術にまつわる家族関係の不安」にチェックが入っており，訪問時に夫と面会中だったので，夫も同席のまま面接を実施する）。

　妻A（女性）とその夫は共に40歳で，5歳6カ月になる長男がいる。カップルともに大手企業の総合職であるが，妻の方が夫よりも昇進が早く，夫は妻の間接的な部下に該当する。Aが腋の下のしこりが動くのが気になり，X年10月に乳がん検診と精密検査を受けた結果，

X年11月に6cmのがんが乳房の外側上部に確認され，ステージⅢと診断された。治療法としては，12月中に早期の手術（乳房切除）が必要とされた。当初の入院期間は3日程度と考えられたが，手術前の精密検査で異常が見つかり，手術の時期が延びていた。Aは会社をしばらく病休することになり，12月には病院に入院していたため，息子の送迎などは同じ会社の夫が行うことになった。なお，妻も夫もこれまで大病を患ったことはなく，今回が妻にとって初めての大病経験であった。

　なお，長男は国立の小学校を受験する予定であり，翌年の1月に受験を控えていることもあり，11月に乳がんの診断を受けた後も，Aの乳がんについてはカップルでほとんど話すこともなく，家の中でもその話はほとんどしなかった。

　初回面接の折，治療者が乳がんのことについて懸念事項がないかどうかを聞くと，Aは手術によって乳房が切除されることや，その後の化学療法によって脱毛することを気にしていると言った。治療者が「〇〇（妻の名前）さんはこのように仰っていますが，□□（夫の名前）さんはどのようにお考えですか？」と聞く。すると，夫は「仕事，家事，育児をやりながらで，もう毎日やることが多過ぎて，ストレスだらけで，そこまで頭が回らない」と言った。そうするとAが呼応するように「夫には私のことはいいから，長男が小学校に無事合格してくれるように，長男の受験の準備に時間を割いてほしいし，私のことで煩わしたくない」と言った。

　治療者が「お二人で乳がんのことで最近話されることはあるんですか？」と聞くと，Aは，「ほとんどない。けど，それは喧嘩しているわけじゃなくて，夫は息子に集中してほしいし，私は治療に集中したい，という意味で分業しているの」と言った。また，Aは「私ってこれまで何でもできてきたし，結構強い女なのよ」というと，夫が「そうなんです。妻は本当に強いんです」と言う。Aは「この話し合いって何か意味があるの？」と治療者に聞いてきた。

問 5-1-1 の回答例

　図 5-3 が描けているとよいでしょう。ここでのポイントは，妻の乳がんについては，夫の反応が乏しく，否定的なコミュニケーションパターンになっている反面，息子の学校生活についてはカップル間の分業ができており，肯定的なコミュニケーションパターンが想定し得る，という点です。これらはそれぞれ危険因子・保護因子です。また，手術のストレスとそれを言語化して話す妻のコーピングはそれぞれ危険因子と保護因子と言えます。

問 5-1-2 の回答例

　図 5-4 が描けているとよいでしょう。ここでのポイントは，妻側と同様に，息子の学校生活についてはカップル間の分業ができており，肯定的なコミュニケーションパターンが想定し得ますが，妻の乳がんについては，夫の反応が乏しく，否定的なコミュニケーションパターンになっているという点を見つけることです。これらはそれぞれ保護

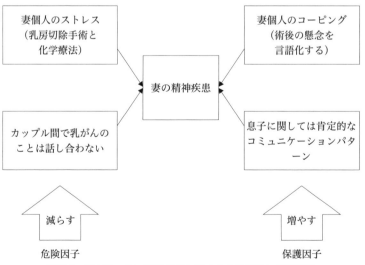

図 5-3　乳がんの妻の精神疾患に関する危険因子と保護因子

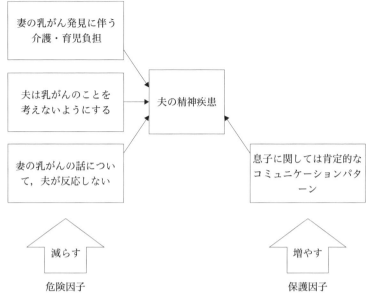

図 5-4　乳がんの妻を持つ夫の精神疾患に関する危険因子と保護因子

因子・危険因子と言えます。

　また，妻が乳がんになることによって介護や育児のストレスが増加したこと，及びその乳がんについて考えないようにしている夫のコーピング方略は共に夫の精神疾患のリスクを高めているので，危険因子と考えられます。

5章3節　乳がんカップルのカップルシステム

　さて，妻の乳がんが夫や妻のストレスとなり，精神症状を悪化させていくことを説明しましたが，これをカップルシステムで説明すると，図 5-5 のようになります[215]。つまり，乳がんによってさまざまなストレスが夫や妻に降りかかります[201]。この時，妻はストレス過多の状態になって，否定的な情動表出（将来への心配や不安）を夫に示すことが多いですが，この時の夫の反応が乏しいと，妻としては自分の情

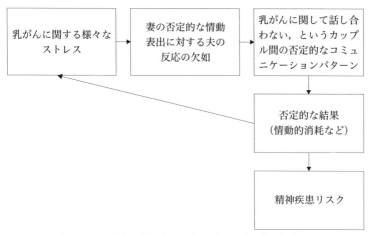

図 5-5　乳がんの経験が PTSD や抑うつを生むプロセス

動が無視されたと感じてしまい，否定的な情動を表出しにくくなって
しまいます [216]。その結果，乳がんに関して互いに話し合わないとい
う否定的なコミュニケーションパターンが形成されてしまいます [30]。
否定的なコミュニケーションパターンは情緒的消耗などの否定的な結
果を生み，これが新たなストレスにつながったり，精神疾患のリスク
につながったりします。

　一方，一部のカップルは乳がんの経験を話し合うことで互いに成長
していくことが知られており [217]，図 5-6 のように描けます。こうい
ったカップルでは，妻の否定的な情動表出に対して夫が適切に対応し
ていることが挙げられます [218]。夫の対応としては，妻の否定的な情
動表出を否定せずに，そのままその情動を受容する，ということにな
ります。この時，夫自身も問題焦点型（ストレスの原因となる問題を
直接解決しようとする対応。例えば，妻が将来の不安を話した時に，
客観的なデータでその不安を鎮めようとする）ではなく，情動焦点型
（ストレスを受けることによって生じる感情を理解しようとする対応。
例えば，妻が将来の不安を話した時に，不安や悲しみなどの情動を理
解しようとする対応）のコーピングを行うとなおよいと考えられてい

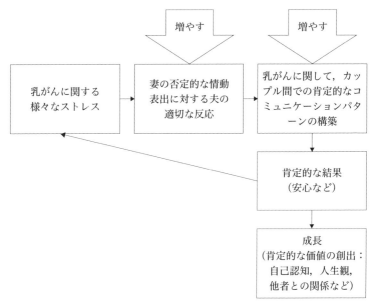

図 5-6　乳がんの経験が PTG を生むプロセス

ます[219]。その結果，乳がんに関してお互いに話し合える，という肯定的なコミュニケーションパターンが形成されます。肯定的なコミュニケーションパターンは安心感などの肯定的な産物を生み，これが自己認知や人生観についての肯定的な価値創出に役立つと考えられています[215][220]。

　つまり，乳がんカップルに介入する際は，否定的なコミュニケーションパターンを減らし，肯定的なコミュニケーションパターンを増やしていけばよい，ということになります。また，乳がんに罹患するというトラウマ的な出来事があっても，それを糧にして個人やカップルが成長していく過程を心的外傷後成長（Posttraumatic Growth; PTG）と言ったりします[220]。

5章4節　乳がんカップル事例におけるカップルシステムへの介入

問 5-2-1

架空事例 5-2 を読み，否定的なコミュニケーションパターンと肯定的なコミュニケーションパターンを図示してください。

問 5-2-2

問 5-2-1 の答えを基に，治療者は否定的なコミュニケーションパターンをどのように減少させ，かつ，肯定的なコミュニケーションパターンをどのように増加させているのかを説明してください。

架空事例 5-2（架空事例 5-1 の続き）

そこで，治療者は「話し役」と「聞き役」に分けて，自分の思っていることを「話す役」とそれを否定せずに「聞く役（話し手の情動を推定する）」というロールプレイを提案し，5分間は妻が話し役で，5分間は夫が話し役になるようにした。妻の話の内容は，息子の進学のことであり，夫の話の内容は仕事と家事の両立の難しさであった。夫は妻の話を聞いて，「妻が心配になるのはもっともだ」と言い，妻は夫の話を聞いて，「大変そうだ」と言った。

次に治療者は「話し手」が今まで個人的には心配していたが，お互いに共有したことのないことを話す，という設定を加えて，他は同様の設定で「話し手」と「聞き手」のロールプレイをするように提案した。すると，夫も妻も動揺しながら，「共有していないことはないです」と言った。

それでも話し手役と聞き手役のロールプレイをすると，妻Aはしばらく沈黙した後に，「手術が始まる前に，あなたと息子で一緒に写真を撮っておきたいと思うの。病院の玄関でもいいから。念のため」と伝えた。夫は「念のためってどういうことだ！　縁起でもない」と怒ったので，治療者が「聞き役ですので，〇〇（妻の名前）さんの気持ち

を伺ってください」と伝えると，夫は深呼吸をしてから，「そんなに良くないのか？」と聞いたので，Ａは「実は主治医から手術の内容と化学療法の副作用の話を聞いて，今までのような容姿ではいられないんじゃないかと思ってるの。それで今の私の姿を撮っておきたいの」と言った。夫は長い沈黙をした後に，「確かにそうだよな。分かった。息子とまた来るよ」とぽつりと言った。

　今度は夫が話し役だったので，夫が「実は，仕事の異動願を出そうかと思ってるんだ。今の職場ではたまたま理解があるけど，もともとは残業のある職場だし，このままでは病院に来る時間を取るのも大変そうな気がしてるんだ。上司に今度言おうか迷ってるんだ」と言った。Ａが「そういう異動願ってあなたの今後の昇進に響かないの？　これからの息子の教育費とか考えると，それはオブジェクション（反対）よ」と言い始めたので，治療者が「今は聞き役ですので，□□（夫の名前）さんの気持ちを伺ってください」と伝えると，Ａは「そうだったわね。そうね。大変だものね。けど，ちょっとこれは私にも考える時間を頂戴。私の復帰もいつになるか分からないし」と伝えた。夫は「そうね。言うタイミングがなくてこんな時に言ってすまない」というと，Ａが「私も気づかなくてごめんね」と言った。

　問 5-2-1 の回答例

　ここでは図 5-7A と B が描けているとよいでしょう。妻が話し手の時に，夫が怒り出す，というのは否定的なコミュニケーションパターンと言えます（図 5-7A）。その後，夫が妻の話を聞く，という立場になったので，これは肯定的なコミュニケーションパターンと言えます。同様に夫が話し手の時に，妻が提案を即座に拒否しているのは否定的なコミュニケーションパターンと言えます（図 5-7B）。その後，妻が夫の話を聞く，という立場になったので，これは肯定的なコミュニケーションパターンと言えます。

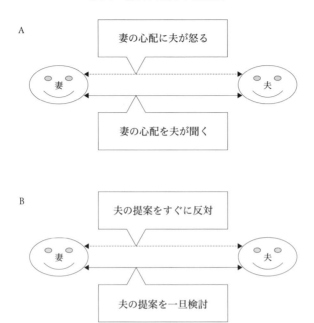

図 5-7　乳がんの妻と夫との間での否定的なコミュニケーションパターンと
　　　　肯定的なコミュニケーションパターン

問 5-2-2 の回答例

　治療者の介入は，否定的なコミュニケーションパターンが現れた時に，すぐに話し方を変えるようにしています。例えば，「聞き役」の夫が怒った後や「聞き役」の妻が反対を表明した後にすぐに介入しています。この介入によって，否定的なコミュニケーションパターンが出たとしても少なくなるようにし，肯定的なコミュニケーションパターンが出やすい環境を作っています。

よくある質問 5-1：「架空事例 5-2 のように架空事例 5-1 から素早く
　　切り替えて，こういった場面を設定するのが自分では難しいのです
　　が，どうしたらいいですか？」
質問への答え：ケースフォーミュレーションをやり続けていると，どう

いった場面設定をしたらよいのか，というのは自然と分かるように
なってきます。あとは実践あるのみです。なお，事例5-2の場面設
定は有益ですが，他にもいろいろな場面設定が考えられます。例え
ば，このカップルの精神疾患リスクの保護因子は，息子に関する肯
定的なコミュニケーションパターンがあります（図5-3と図5-4）。
これを使用して，息子に関する話題に持っていってから，乳がんに
関する否定的なコミュニケーションパターンを変えていく方法もあ
ります。例えば，「お子さんはお母さんの病気のことは知っているん
ですか？」「お子さんはお母さんが急にいなくなったことをどう理解
しているんですか？」という質問をすると，このカップルはどちら
の質問にも「分からない」と応える可能性が高いです。その応えに
対して，「子どもは一方の保護者が急に（入院などで）いなくなる
と，もう片方の保護者も急にいなくなるのではないかという不安を
抱えることもあり，それが子どもの将来の適応に悪影響を及ぼすと
いうことが心理学では知られています [221]。ですので，お子さんの
将来のためにも，お母さんのご病気のことをお子さんに伝えられた
方がよいと思います」と伝えます。こうすると，このカップルは子
どものことについて肯定的なコミュニケーションパターンがあるの
で，「カップルで病気についてどのように伝えるか」という話題が設
定できますので，この設定に基づいてカップルでがんについて話し
合うことができるようになります。

5章5節　乳がんカップルの家族ナラティヴ

さて，乳がんカップルには子どもがいることも多く，乳がんカップ
ルの中で過ごす子どもにもストレスがかかることが知られています。
ただし，保護者が乳がんになったからといって，その子どもの適応が
悪くなるわけではありません [222]。また，母親の手術の種類によって
子どもの適応が悪くなるという報告もありません [223]。むしろ，乳が
んの治療の過程で，家族関係が疎遠になったり，家族内での会話が乏
しくなったり，母親が抑うつになったりすることが子どもの適応を悪

くすると言われています [222][223]。つまり, 乳がんによって直接生じる
ストレスではなく, カップルのコーピング方略によって, その子ども
の適応が変わってくると言えます。そのため, カップル間のコーピン
グ方略は子どもの適応にとっても重要と言えます。

　また, がんで保護者を亡くした子どもには, ストレスが多くかかる
ことも知られていますが, 保護者をがんで亡くしたからといって, 子
どもが抑うつ状態や不安状態になるわけではありません [224]。むしろ,
そのことについて, 家族・友人・専門家とほとんど話し合えていない,
ということがその後の自傷行為のリスクと関連することが知られてい
ます [224]。この場合も, 保護者が亡くなったということよりも, それ
までに十分に保護者と話し合ったか, もしくは, 保護者が亡くなった
後にそのことを話し合える人がいるかということの方が重要であるこ
とを示唆しています [225][226]。実際, がん患者の遺族が家族内で肯定的
なコミュニケーションパターンを取るように介入を受けた群の方が,
それらを受けない群よりも 13 カ月後の遺族の抑うつ症状が改善され
ることが報告されています [227]。一方, 遺族内で非難のような否定的
なコミュニケーションパターンがある場合は, 遺族の抑うつ症状が改
善されなかったとされています [227]。ここから, 乳がんの妻だけでな
く, その夫のコーピング方略も子どもにとっては重要と言えます。

　特に子どもは一方の保護者を病気や離婚などで急になくすと, もう
一方の保護者も急にいなくなるかもしれない, という「保護者に捨て
られるかもしれない」のような誤った考えを持ちやすいことが知られ
ており (図 5-8), この考えが子どもの抑うつ状態や破壊的行動を促し
てしまうと考えられています [221]。そのため, こういった考えを持た
せないためにも, 家族内でのオープンなコミュニケーションが重要と
考えられます。

　具体的には, 子どもに対しても, 保護者から正確な情報を伝えるこ
とが重要であると指摘されています [228]。保護者からがんという病名
を示し, その原因が身体疾患であり, 子どもの行動とは全く関係ない
ということを明示することが推奨されています。また, 子どもの質問

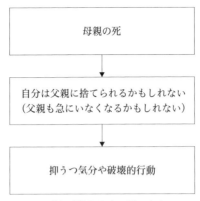

図5-8　子どもが持ちやすい誤ったナラティヴ

については，保護者の知る限り正確な情報を子どもに分かるように伝えることが重視されています。実際このように親子間でできるだけコミュニケーションを確保することによって，子どもの予後が良くなることが報告されています[229]。

5章6節　乳がんカップル事例における家族ナラティヴへの介入

問 5-3-1
事例 5-3 で，カップルは子どもに何を明示していますか。

問 5-3-2
カップルが子どもに明示することによって子どものどういったナラティヴを予防しようとしているのかを図示してください。

架空事例 5-3（架空事例 5-2 の続き）
　2回目の面接で，夫が子ども B を病院に連れてきた（1回目の面接で子ども B を手術前に連れてくることを提案しており，その折に B に伝える内容を話し合っている）。初めは B は病室に慣れない様子で，あちらこちらを見ていたが，母親を見つけると，「ママー」と言って走り

寄っていった。しばらく親子で話をした後に，妻が話し始めた。

　妻「B ね。実はね。お母さんはがんという重い病気で，それは命に
　　係わる病気なの」

　B「お母さん，死んじゃうの」

　妻「お母さんは強いから，死なないつもり。お医者さんも頑張って
　　くれるし，私は死なない。あんたを置いて死ぬわけないじゃない
　　（涙）」

　夫「そうだ。お母さんは死ぬわけない」

　妻「けどね，がんという病気は重い病気で，手術も 100％成功って
　　いうのはあり得ないの。……」といって，B を抱きしめる。B も
　　涙ぐんでいる。

　夫「あと，原因も」

　妻「あと，この病気は B とは全く関係ないから。B がお母さんの言
　　うことを聞かなかったから，お母さんががんになったわけでもな
　　いの。だから，B はそのことは気にしなくていいからね。私が家
　　に帰るまで，ちゃんとお父さんの言うことを聞いてね」

　B はしくしく泣きながら母親に抱き着いている。

問 5-3-1 の回答例

　ここでは，がんという病名を明示し，その原因は息子と関係ない，
ということを明示しています。原因の明示がないと，子どもは「母親
ががんになったのは，自分のせいなんだ」と誤って思い込んでしまう
可能性があるので，原因の明示は大事です[228]。

問 5-3-2 の回答例

　これは図 5-9 が描けているとよいでしょう。まず，子どもは母親と
突然会えなくなった理由が分かっておらず，そうすると父親とも突然
会えなくなってしまうかもしれない，という誤ったナラティヴを持ち
やすくなり，それが抑うつ気分に影響します[221]。そのため，母親が
会えなくなった理由は「がん」という病気のためである，ということ

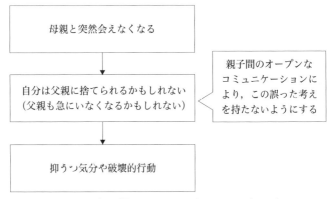

図 5-9　子どもが持ちやすい誤ったナラティヴへの介入

を明示し，会えなくなった理由が子どものせいではないことを説明しています。また，父親と一緒にがんのことを共有することで，父親から捨てられるかもしれない，という誤ったナラティヴを持たないようにしています。

よくある質問 5-2：「この事例の場合は，夫が協力的でしたが，離婚を考えている夫である場合やそもそも夫のいないシングルマザーのような場合はどうするのでしょうか？」

質問への答え：非協力的な夫については，協力を頼むことは避けた方がよいです。というのも，乳がんの手術後に傷ついている妻に対して，傷つく表現を夫がする可能性が考えられ，こういった場合は，妻の精神疾患リスクを高めてしまうので，このような夫に頼るのは良くありません。

　カップルとしてのパートナーがいない場合は，その方が頼れる人を頼ればよい，と言えます。というのも，このように頼れる人がいる方は，そうでない方に比べて，ストレスが低くなりやすいからです [230]。また，手術前に頼れる人がいる方は，そうでない方に比べて，術後に抑うつになりにくいことも分かっています [231]。この例でいえば，この方の母親，父親，もしくは友人に手術前に面会に来

てもらって，頼ってもらうことを意味します。こういった母親や友人ができる範囲で，手術前にサポートすることによって，乳がんの方の精神疾患リスクが低下すると考えられます。

　なお，こういった友人や親族がいらっしゃらない場合は，オンラインでの乳がんの<u>自助グループ</u>に参加することも勧めます。というのも，こういった自助グループで話しているだけでも，乳がんに関する心配が減っていくとされているからです[232]。社会的なサポートを得られるほど，乳がんの方の個人的なコーピング方略も効果的であるとされているので[233]，乳がんの方には，手術前から，何らかの形で社会的なサポートを得られるように配慮していくことが望ましいです。

5 章 7 節　乳がん患者の QOL 向上に関連する研究

　乳がんの方の QOL を改善する介入法は数多く指摘されており，メタアナリシスのレベルで実証されています（表 5-1）。本章では，社会的な介入を行うアプローチとして，カップルセラピーを紹介しましたが[209]，その他にも有名なものを紹介します。まず，言語を介した介入としては，心理教育[234]や認知行動療法[235]があります。これらでは主に言語を用いて，適切なコーピング方略を話し合っていきます。適切なコーピング方略によって，乳がん患者の精神疾患リスクは減っていく，ということが多く知られていますので[207]，心理教育[234]や認知行動療法[235]がこの適切なコーピング方略を増やしていくアプロ

表 5-1　乳がん患者の QOL 向上に関連する研究

	主なアプローチ
社会的な介入	カップルセラピー[209]
言語的な介入	心理教育[234]，認知行動療法[235]
運動的な介入	運動療法[236]，太極拳[237]
言語と運動の両方による介入	マインドフルネスに基づいた認知行動療法[239]

ーチと考えると，分かりやすいですね。次に，運動を介した介入としては，運動療法[236]と太極拳[237]があります。乳がんの方は治療過程でどうしても体力が低下していきます。運動療法は，適切な運動を乳がんの方にしてもらうことで，身体能力を高め，疲労感を和らげることが知られています[238]。最後に，言語と運動の両方を用いた介入としては，マインドフルネスに基づいた認知行動療法があります[239]。このアプローチでは，ヨガなどの運動を実施しながらも，適切なコーピング方略を話し合いながら検討していきますので，言語と運動の良い所を活かしたアプローチであると言えます。どのアプローチもエビデンスは十分ですので，日本でも乳がんの方の術前や術後に実施すると，乳がんの方のQOLが向上すると期待できます。

発展課題5

図5-10AとB（[240]の「患者が求めるがん対策」より作成）はそれぞれがん患者の方々がご自身の経験を基に治療過程で不満を持った割合（図5-10A）とその中で精神面のサポートがないことに不満を持った割合（図5-10B）を示しています。また，図5-10C（[241]の「Ⅵ．サイコオンコロジーの動向と現状」より作成）は実際に精神面のサポートが受けられる確率を常勤心理職の有無に基づいて推定した値です。

発展課題5-1

日本の乳がんの患者数が92,300人とした場合，精神面のサポートを受けられないために乳がん治療に不満を持つ患者数はどのくらいの人数になるのか推定してください。

発展課題5-2

日本の乳がんの患者92,300人ががん診療連携拠点病院のみに通院・入院した経験があると想定した場合，常勤の心理職から精神面のサポートを受けられない人数は，どのくらいになるか推定してください。

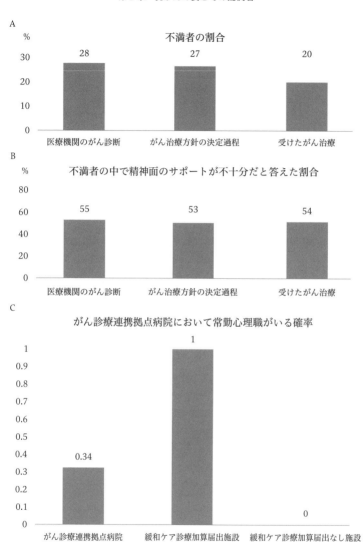

図 5-10　日本のがん治療における不満と心理サービスの提供状況

注）緩和ケア診療加算届出施設は 80，届出なし施設は 153 を基にがん診療連携拠
　点の心理職の割合を推定しています。

第6章

抑うつの夫とその配偶者

要　　約

　本章では，カップルにおける抑うつリスクに関する危険因子・保護因子をカップル間ストレスコーピングモデルに基づいてモデル化し（1節），そのモデルを具体的な抑うつカップルの事例に適用します（2節）。次に，介護負担システムの観点から，抑うつカップルの抑うつリスクを低下させるための適切な介入策を考えて（3節），それらを事例に適用します（4節）。また，介護負担ナラティヴの観点から，抑うつカップルの抑うつリスクを低下させるための適切な介入策を考えて（5節），それらを事例に適用します（6節）。最後に，抑うつカップルに関連する研究を紹介します（7節）。

6章1節　抑うつカップルの危険因子・保護因子

　抑うつ症状は多くの人に見られ，日本では成人女性の4.31%，成人男性の6.90%が生涯の内に一度は大うつ病にかかると推定されています[242]。また，大うつ病エピソードを経験した人は自殺リスクが上がると考えられており，抑うつ症状に対する治療が必要であることを示しています[243]。

　この抑うつ症状に対して，カップル関係は危険因子にも保護因子にもなり得ます。例えば，カップル間の否定的なコミュニケーションパターンを経験すると，夫や妻のコルチゾールが上がると報告されています[244][245]。コルチゾールはストレス状況下で放出されるホルモンですので，カップル間のストレスが上がっていると考えられます。実

際，カップル間の否定的なコミュニケーションパターンとカップル間の抑うつ症状は関連します[246]。つまり，カップル間の否定的なコミュニケーションパターンは夫もしくは妻の抑うつ症状の危険因子と言えます。

　一方，カップル間の肯定的なコミュニケーションパターンは夫もしくは妻の抑うつ症状の保護因子にもなります。例えば，肯定的なコミュニケーションパターンが日常的にあるカップルは，否定的なコミュニケーションパターンを経験するとコルチゾールが上がるのですが，そうでないカップルに比べて，その下がりが早いことが知られています[247]。また，性的な話題についてカップル間で肯定的なコミュニケーションパターンがあると，オキシトシンが上がります[248]。さらにオキシトシンを鼻から注入してもカップル間の肯定的なコミュニケーションパターンが上昇するため[31]，オキシトシンとカップル間の肯定的なコミュニケーションパターンには正のフィードバックが働いていると考えられます[249]。また，オキシトシンは非抑うつ者の方が抑うつ者よりも多いので，オキシトシンと抑うつ症状とは負の関係があると考えられます[250]。これらの研究から，カップル間の肯定的なコミュニケーションパターンは，夫もしくは妻の抑うつ症状の保護因子であることが示唆されます。

　また，こういったカップル間のコミュニケーションパターンだけでなく，夫や妻が個人的に抱えるストレスは抑うつ症状の危険因子になりますし，夫や妻が個人的に持っているコーピング技術も抑うつ症状の保護因子になります[251]。個人的なストレスはコルチゾールレベルを上げ，それが抑うつ症状の危険因子になると考えられています[252]。また，ストレス状況になったとしても個人的なコーピング技術の高い人はストレスを感じにくいため，コルチゾールが上がらず，抑うつ症状を示しにくいです[253]。

　これらをまとめると，夫の抑うつ症状の危険因子と保護因子は図6-1のようにまとめられます。つまり，夫個人のストレスとコーピング技術がそれぞれ危険因子と保護因子になります。また，カップル間

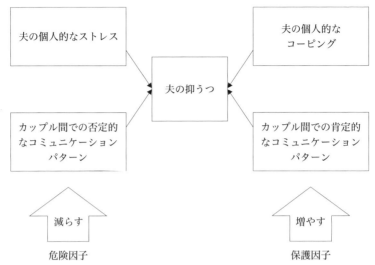

図 6-1　カップル間ストレスコーピングモデルに基づく夫の抑うつ症状

の否定的なコミュニケーションパターンと肯定的なコミュニケーションパターンがそれぞれ危険因子と保護因子になります。実際，このモデルを使用して，カップル間の否定的なコミュニケーションパターンを減らし，肯定的なコミュニケーションパターンを増やすことによって，夫もしくは妻の抑うつ症状が軽減されることが数多く報告されています[254]。次の節では具体的な事例を基に，抑うつ症状の保護因子と危険因子を特定してみましょう。

6 章 2 節　抑うつカップル事例における危険因子・保護因子の特定

問 6-1-1

架空事例 6-1 を読み，A（夫）の抑うつ症状の保護因子と危険因子を図示してください。

問 6-1-2

架空事例 6-1 を読み，妻の抑うつ症状の保護因子と危険因子を図示
してください。

架空事例 6-1

X 年 4 月に来談

現在の症状：60 代の男性 A とその妻（60 代）が抑うつ気味という
ことで来談した。A は大手の会社の管理職であり，妻は専業主婦であ
る。抑うつの質問紙を取ると，一週間の抑うつ症状は二人ともに中程
度の抑うつと判定された。なお，妻は現在個人病院で個人カウンセリ
ングを受けている。妻曰く「そこで話を聞いてもらうとスッとする」
とのこと。

家族歴：住民票上は，A は妻と A 方の母（90 代）の三人で実家に暮
らしているが，X − 3 年から妻は妻方姉（近隣に住んでいる）のとこ
ろに度々寝泊まりしているためほぼ別居状態である。A 方の父はすで
に亡くなっており，妻方の両親は健在であるが，遠方のため，正月程
度しか会う機会はない。長女（30 代）は介護職として独立して一人暮
らしをしており，時折実家に帰ってくる。A 方の母は若干認知症が入
っているようであり，要介護 1 の認定を受けている。しかし，介護サ
ービスは受けていない。A という名字はこの地方では昔からの大地主
であることを示し，A 方の母は沢山の土地を持っている。なお，妻及
び A 方の母以外に精神疾患などの治療を受けている者は家族内にはい
ない。

現病歴：X − 3 年 4 月に，A が A と妻及び A 方母の三人で快適に過
ごせるように現在の実家を壊して，その土地に新築の家を建てようと
提案したところ，妻が猛反対したあたりから，A の調子が悪くなって
きた。この話をするたびに妻の機嫌は悪くなり，「そんな話をするな
ら，一緒に住めません」と言われ，実際 X − 3 年の 10 月から妻は妻
方姉の家に住むようになってしまった。確かに同居していたころは挨
拶も交わさず，顔を合わせば不平不満を言うだけの関係だったので，

会わなくなってすっきりしたこともある。ただ，Aは現在，仕事から帰った後に，食事を用意し，そのあとに，A方母の入浴介助をしていて，毎日疲労が溜まってしまう。A方母は自分を頼りにしているようで，それはやらなければならないとは思っている。ただ，妻がいるとそのあたりは妻がやってくれていたのだが，今はそれもできず，大変だ。妻に助けを求めてもキンキンと責められるばかりで，つらい。最近はもう無視されている状態だ。X－3年から一人でしばらくやっていたが，かなり厳しかったので，X－1年から，長女に助けに入ってもらって，助かっている。ただ，長女も仕事で忙しいので，週末程度しか入ってもらえず，平日は本当に忙しい。

　妻に激昂した理由を聞くと，妻は「私は義母さん（A方母）とさほど仲良くもないのに，介護をX－5年からずっと続けて，風呂に毎日入れたりしてきました。風呂に入れるのを毎回したせいで，私も腰痛が出てきたので，お風呂に入れるのを2日に一回にしてもらえないかと提案すると，『嫁のくせに親の世話も見られんのか！』と怒鳴られた。これまでお礼を一度も言われたことはないのに，非難や怒鳴られたことはもう何度もある（涙をためる）」と言う。「夫に夫方母が介護サービスを受けるように提案してもらったが，夫方母は嫌だの一点張りで，全く言うことを聞いてくれない。夫は結局『母親も年で頑固になっているから（妻が）我慢してくれ』と言うようになり，全く頼りにならないので，最近は姉の家に寝泊まりしている。幸い，姉の家は大きく，私はそこだと安心して暮らせる。もし，新築の家を建てたら，また私が入浴介助をしなければならなくなるので，そこははっきりと断っています。『私も腰痛持ちなので，もう入浴介助はできませんし，義母さんと一緒に住むことはお断りです』」

　「私が姉の家に住んでから，夫は私に家に帰ってきてほしいと毎回電話を寄越してきましたが，夫は私がなぜ姉の家に住まなければならなくなったのか，という本当の理由を全く分かっていないと思い，もう腹立たしいばかりです。最近は，メールで言ってきますが，私の意図を理解していないようなので，無視しています。義母さんにどこか

別のところに住んでもらってというのなら，考えますが，もうあの人（義母）の顔も見たくありません」

問 6-1-1 の回答例
　図 6-2 が描けているとよいでしょう。夫の抑うつ症状の危険因子として実母への介護（「A 方母の入浴介助をしていて，毎日疲労が溜まってしまう」）及びカップル間の否定的なコミュニケーションパターンがあります（「最近は，メールで言ってきますが，私の意図を理解していないようなので，最近は無視しています」）。一方，抑うつ症状の保護因子として，長女からのサポートがあります（「X － 1 年から，長女に助けに入ってもらって，助かっている」）。

問 6-1-2 の回答例
　図 6-3 が描けているとよいでしょう。妻の抑うつ症状の危険因子として義母の介護，義母からの非難及び義母の介護に伴う腰痛（「風呂に

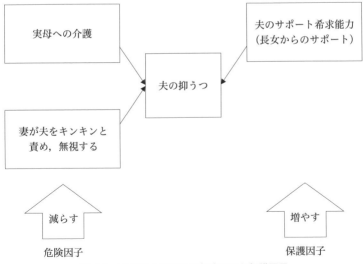

図 6-2　夫の抑うつ症状の危険因子と保護因子

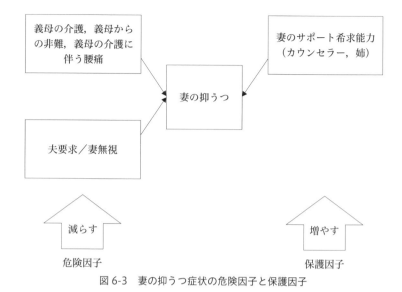

図6-3　妻の抑うつ症状の危険因子と保護因子

入れるのを毎回したせいで，私も腰痛が出てきた」）及びカップル間の
否定的なコミュニケーションパターン（「最近は，メールで言ってき
ますが，私の意図を理解していないようなので，最近は無視していま
す」）があります。一方，抑うつ症状の保護因子として，個人カウンセ
ラーとの面談（「そこで話を聞いてもらうとスッとする」）や姉からの
ソーシャルサポート（「姉の家は大きく，私はそこだと安心して暮らせ
る」）があります。

　図6-2と図6-3を見比べると分かる通り，夫も妻も実母（義母）の
介護が抑うつ症状の危険因子となっていると言えます。お二人の年齢
からこの事例は数年以内に老老介護の課題になるとも言えます。

よくある質問6-1：「夫の管理職は，夫の精神疾患の危険因子になりま
　すか？」
質問への答え：この段階では何とも言えません。この夫が，管理職業

務にストレスを感じているのであれば，それは危険因子になります。一方，この夫が，管理職という立場のために，自分の時間が取りやすくなって，余暇活動をしやすくなっているのであれば，それは保護因子になります。その人の職業や職種だけでなく，その人が現状に対してどのような意味づけをしているか，ということを考えること[255]が，危険因子や保護因子を考える際には重要です。

よくある質問 6-2：「長女と妻との関係について，把握する必要はないですか？」

質問への答え：もちろん，把握しておいた方が望ましいです。実際，この事例では，この関係が効いてきますので。

6 章 3 節　抑うつカップルの介護負担システム

　ここでは，家族内の介護負担を構成するコミュニケーションパターン，つまり，介護負担システムを確認しておきましょう。まず，日本では平均寿命が延びたことによって，親と子どもの寿命が延びていきます。そのため，65 歳以上の高齢の子ども世代が親世代の介護をすることが起こり得，これが老老介護の問題となり，介護者のさまざまな負担感と関連します[256]。

　まず，高齢になればなるほど，要介護認定率は増加していきます（図 6-4：[257]-[259] を基に作成）。ここで，要介護認定率というのは，要介護 1 以上に認定される方の割合を示しています。要介護 1 の方は歩行が不安定だったり，認知力が低下していたりするために，手段的日常生活動作（買い物・金銭管理・内服薬管理・電話利用）でどれか一つ毎日介助が必要となります。また，日常生活動作（食事・排泄・入浴・掃除）においても，一部介助が必要になります[260]。要介護は 1 から 5 までありますが，数字が上がるほど，介護負担は大きくなります[261]。図 6-4 からも分かる通り，高齢になるほど，日常的な場面で他者からの介護支援が必要になってくると言えます。

　介護を主に担当する方（以下，主介護者）への調査では，要介護 1

A

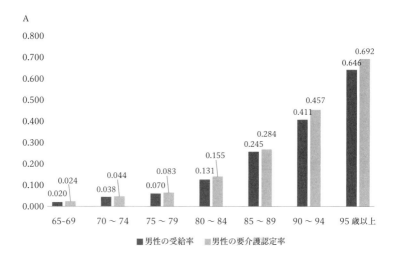

0.800
0.700
0.600
0.500
0.400
0.300
0.200
0.100
0.000

0.692
0.646
0.457
0.411
0.284
0.245
0.155
0.131
0.083
0.070
0.044
0.038
0.024
0.020

65-69　　70〜74　　75〜79　　80〜84　　85〜89　　90〜94　　95歳以上

■男性の受給率　　■男性の要介護認定率

B

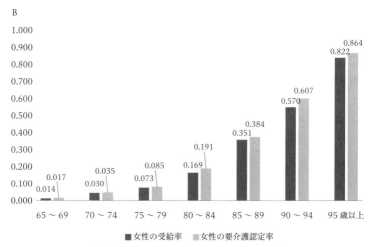

1.000
0.900
0.800
0.700
0.600
0.500
0.400
0.300
0.200
0.100
0.000

0.864
0.822
0.607
0.570
0.384
0.351
0.191
0.169
0.085
0.073
0.035
0.030
0.017
0.014

65〜69　　70〜74　　75〜79　　80〜84　　85〜89　　90〜94　　95歳以上

■女性の受給率　　■女性の要介護認定率

図6-4　要介護認定率と介護サービス受給率

の介護をする場合，毎日2-3時間以上の支援が必要と答えた方が31.
8％いますし，要介護の水準が上がるにつれて，その割合は増えてい
きます（図6-5：[262]を基に作成）。ここで2-3時間以上といっても，

最低でも一日2-3時間必要と答えた主介護者の割合

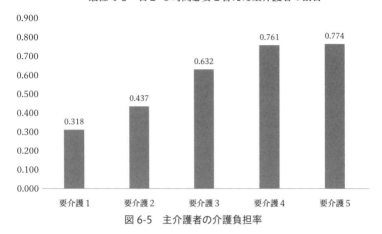

図 6-5　主介護者の介護負担率

不安障害・気分障害のリスク群が含まれる割合

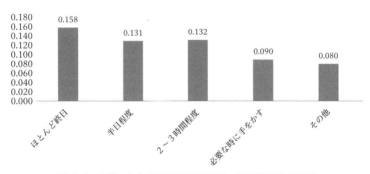

図 6-6　介護にかかる時間と不安障害・気分障害との関連

まとまって2-3時間ではなく，細切れで2-3時間が必要な場合もあります。例えば，排泄と食事に介護が必要な場合，それぞれ朝，昼，夜などと細切れになることは十分に考えられます。そのため，主介護者が自分の時間を取れなくなり，ストレスを抱えやすくなります。実際，介護の時間数が増えれば増えるほど，抑うつ症状が現れるリスクは増加します（図 6-6：[262] を基に作成）。

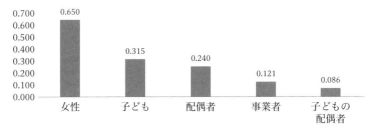

図 6-7　主介護者の性別と続柄の割合

　こういった主介護を誰が行っているのかというと，その多くは女性であり，続柄としては子ども，配偶者，事業者，子どもの配偶者の順になります（図 6-7：[262]を基に作成）。つまり，日本における介護負担システムとは，高齢になった親世代の介護を，家族の子ども世代（主に女性）に負担をさせ，その子ども世代の精神状態を悪化させている状態と言えます。主介護者が事業者であることが12％ということはそれ以外のほとんどを家族に頼っているということを示しています（図6-7）。特に，要介護認定を受けていても介護サービスを受けていない方々は一定数おられ（図6-4A及びB），その場合は子ども世代の介護による負担がより高くなるため，子ども世代が抑うつ状態になるリスクが高くなることは十分考えられます。

　これらの介護負担を考慮に入れると，この家族の介護負担システムは図 6-8 のように推移してきたことが分かります。まず，X－5年からX－3年までは，主介護者は妻で妻に負担がかかっていました。次にX－3年からX－1年までは，妻が別居したために，主介護者が夫になり，夫に負担がかかっていました。そして，X－1年からX年までは主介護者は夫ですが，娘も週末の介護者になってくれている状態です。X－3年に，夫が新築の同居生活を提案した際，妻側はX－5年の状態が継続することを懸念して拒絶したとも理解できます。そのため，この家族にとっては90代の母親からの介護負担をどのように軽減するのか，というのが主題になります。この介護負担を減らすことで，夫と妻の抑うつの危険因子も減るため，主訴にも合致した主題

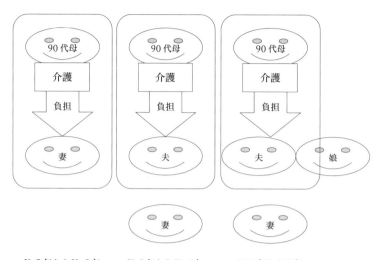

図 6-8　事例 6 における介護負担の経過

と言えます（図 6-2 と図 6-3）。

6 章 4 節　抑うつカップル事例における介護負担システムへの介入

問 6-2-1
架空事例 6-1 と 6-2 を読んで，この家族内の介護負担を減らすコミュニケーションパターンを示してください。

問 6-2-2
問 6-2-1 の回答をもとに，家族内の介護負担を減らす方法を記入してください。

架空事例 6-2（架空事例 6-1 の続き）
月 1 回の面接を実施して 4 回目の面接時：夫と妻が同席
当初はカップルともにほとんど目を合わさなかったが，最近は目を

合わすようになり，「最近は寒いね」「そうだね」などのカップル間の日常会話も面接開始前にするようになった。

　面接中に，〈長女の方はA（夫）と話されますか？〉と治療者が聞くと，「ええ，話はしますね。結構手伝ってくれるので助かります」〈長女の方は（妻）と話されますか？〉と治療者が聞くと，「ええ，仲いいですよ。温泉に二人で行ったりもします」〈長女がおばあさん（A方母）を介護される時はどんな感じなのですか〉と治療者が聞くと，夫も「やっぱり手際がよいですね。プロですから。あと，結構はっきり言いますね」「A方母も（私よりも）長女にやってもらいたいようです」この前長女が来れなくなって，入浴介助ができなかったんですね。それからしばらくして，A方母が「あの時，私がおぼれたらどうするんだ！」と言ったんですね。私は黙ってしまったんですけど，長女は「そんときはそんときだ」て言い返したんです。「だいたい家族に頼るのが間違ってんだー」というと，A方母も黙ってしまって。それからしばらくして，A方母が入浴介助だけでもデイケアに通うと言い出した。

　妻は驚いて，「え，義母さん（A方母），デイケアに通い始めたの？」と聞くと，夫が「まー，先週からだから，まだ3日しかたってないけどね」と答える。「私らが何度言っても聞かなかったのに，本当に不思議」と妻が言う。

問 6-2-1 の回答例

　これは長女とA方母の会話になります（図6-9）。事例では口喧嘩の後に（長女は「そんときはそんときだ」て言い返したんです），A方母がデイケアに通うことが報告されています（それからしばらくしてですかね。A方母が入浴介助だけでもデイケアに通う）。デイケアに入浴介助をお願いできれば，家族全員の介護負担は減りますので，介護負担を減らすコミュニケーションパターンと言えます。つまり，長女とA方母との会話によって，介護負担が減ったと言えます。

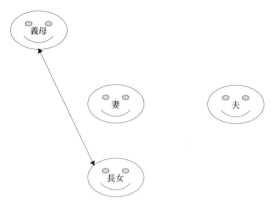

図6-9　介護負担を減らすコミュニケーションパターン

問6-2-2の回答例

　図6-9に従えば，長女とA方母との会話を増やす，ということになります。ここでポイントは，内容を同じにして，別の方がA方母に言っても，効果が期待できない，という点です。例えば，同じ内容を妻が言っても，夫が言っても，効果は出ないでしょう。ここでは，A方母にとっての「孫」という立ち位置やこれまで介護してくれた経緯というのが，重要と考えられます。

よくある質問6-3：「孫がおばあさんにこんなひどいことを言うなんて信じられないし，そんな孫をおばあさんに会わせるのはおばあさんがかわいそうなのでは？」

質問への答え：この質問はおばあさんの視点に基づいており，孫がひどい，つまり孫が悪いという考え方が前提にありますね。この事例の場合，この孫がこのおばあさんに暴言を言っている，というのはもちろん考えられますが，一方，このおばあさんが嫁に向かって「『嫁のくせに親の世話も見られんのか！』と怒鳴る」というのも暴言ですね。言い換えれば，おばあさんも嫁に暴言を吐いている，ということになります。そのため，暴言は複数の関係で起きていると

言えます。また，この暴言ですが，家族がおばあさんの介護負担を
している時に，出ていますね。そうすると，この暴言を減らすため
には，家族がおばあさんの介護負担をしている場面を減らす，とい
う風に考えていけばよいですね。

　問題が起きている家族をみると，そのうちの誰かが狂っている
か，もしくは，悪い（Mad or Bad）という風な説明に陥りがちで
すが[263]，この説明はその人を排除する方向に議論がいってしまい，
家族問題を解決する際に有益ではありません。多くの問題は，その
人を排除することが目的ではなく，誰も排除せずに問題を解決する
ことが目的です。問題が起きている家族を見る場合は，問題の保護
因子と危険因子を特定し，これらを改善するのが大事です。

6章5節　抑うつカップルの介護負担ナラティヴ

　さて，介護については，主介護者の割合が公的な事業者よりも，家
族内の配偶者や子どもで多いことからも（図6-7），介護は家族内で担
当しなければならない，というナラティヴがあることが推定できます
（図6-10）。これを家族内の介護負担を正当化するナラティヴ，略して
介護負担ナラティヴとここでは言いましょう。この介護負担ナラティ
ヴは，年老いた親を子どもは世話しなければならない，という儒教精
神と関連があり，東アジアで多く見られる現象です[264]。この儒教精
神は2012年の東アジアの青年を調査した際にも顕著に見られた傾向
ですので[38]，東アジア圏の考え方に強く根付いていると言えます。

　このナラティヴ自体の可否はともかく，このナラティヴを家族全員
が信奉するあまり，子ども世代が精神疾患になってしまうことは問題
です。実際，日本の主介護者は気分障害になる確率が高いため（図
6-6），この傾向は現在でもあると言えるでしょう。高齢者を介護する
方々はそうでない方々に比べて，ストレスや抑うつ症状が高くなりや
すいです[265]。これを日本の家族介護に当てはめた場合，主介護者の
ストレスや抑うつ症状が高くなる，と言えます。

　そのため，介護による抑うつがある場合は，「介護は家族内で担当し

図 6-10　家族内介護を促す家族内ナラティヴ

なければならない」というナラティヴを変更していくように働きかけていく必要があります。このナラティヴを変更することによって，家族内の介護の負担を減らし，主介護者のストレスを低下させて，抑うつ症状を改善していくことが望まれます。このことを直接検証した研究はほとんどないのですが，高齢者の外部ストレスを低減する（例えば，スーパーまでの移動などの日常的な問題を解決する）ことによって，抑うつ状態が改善できたという研究は多数ありますので[266][267]，上記の考え方もある程度妥当と言えそうです。

6章6節　抑うつカップル事例における介護負担ナラティヴへの介入

問 6-3-1

架空事例 6-2 と 6-3 を読んで，このカップルの介護に関するナラティヴがどのように変容していったのかを図示してください。

架空事例 6-3（架空事例 6-2 の続き）

　月1回の面接を実施して8回目の面接時：夫と妻が同席。このころは別居は解消し，夫と妻と夫方母の三人で同居している。

　治療者が〈久しぶりに同居してみてどうですか〉と聞くと，夫が「やっぱり家族が一緒だといいですね」と言い，妻も「そうね。確かに一緒にいるのはいいもんだね」と言う。治療者〈ご家族一緒だと何がいいですか？〉夫「やっぱり，正月とかでみんなと会う時に予定とかい

ろいろ立てやすいですね」妻「この前義母さんに予定を聞いたら,『あ
たしゃいつだって空いてるよ』て言われて,確かにそうだなって思っ
たんです。今までは叱られてばかりの立場だったから私の方がかしこ
まっていたけど,そんなに肩肘張らなくていいんだなって思いました。
困ったらまた長女に言ってもらおうと思うんです」〈肩肘張らなくてよ
くなったのは何がきっかけですか？〉「私も言うべきことは言おうと
いうのを決心したからだと思います。どこかで負い目みたいなのがあ
ったのが,ここで話すうちに言わないと伝わらないって気づいたんで
す。あと,それで失敗することもあるんですけど,それはその時に考
えればいいかなって思うようになりました」治療者〈(夫)さんは何
か考えが変わったことありますか？〉夫「いや,特にないですね。た
だ,最近は趣味の時間が必要だなって気づくようになり,趣味の時間
を作るようにしました。妻にもそのことの出費は大目に見てもらった
ので,そこは感謝しています」

　問 6-3-1 の回答例
　ここでは図 6-11 が描けているとよいでしょう。事例 6-2 で,介護
に対するナラティヴが変わりつつあります。また,それに伴って,妻
とA方母とのコミュニケーションパターンが事例 6-3 では変化してい
るところにも着目するとよいでしょう。これは介護に対するナラティ

図 6-11　介護負担ナラティヴの変化

ヴが変化して，妻とＡ方母とのコミュニケーションパターンも変化した可能性を示唆しています。

6章7節　抑うつカップルの治療に関連する研究

　本章では，抑うつカップルの治療において，家族内の介護負担システムとナラティヴを扱いましたが，このアプローチは介護負担に特化したやり方で，一般的なカップルの抑うつへのアプローチではありません。カップルセラピーは抑うつ症状に対してメタアナリシスの水準で効果が確認されていますが[254]，特に有名なのは以下の2つです（表6-1）。まず，1つ目は，夫もしくは妻の行動にアプローチする行動療法的カップルセラピーです[268]。このアプローチですと，夫もしくは妻の行動の何が適切で何が不適切であるかを説明し，互いに適切な行動を取れるようにしていきます。もう1つは夫と妻の相互作用にアプローチするカップルコーピングセラピーです。パートナーが個別のストレスを感じていても，それがお互いに伝播することを伝え，パートナー間で適切なコミュニケーションパターンを構築していくようにします[269]。

発展課題6
　この事例はカップル間コミュニケーションパターンにも配慮して事例が展開されていますので，その観点からも考えると，より理解が深まります。

表6-1　カップル間行動に着目した抑うつ症状への治療アプローチ

ターゲット	主なアプローチ
夫もしくは妻の行動	行動療法的カップルセラピー[268]
夫及び妻とのコミュニケーションパターン	カップルコーピングセラピー[269]

発展課題 6-1

　事例 6-1，6-2，6-3 での家族内の否定的なコミュニケーションパターンと肯定的なコミュニケーションパターンを図示してください。

発展課題 6-2

　発展課題 6-1 を基に，カップル間のコミュニケーションパターンがどのように変化したかを記入してください。

発展課題 6-3

　発展課題 6-2 の変化を促すために，治療者が行っている介入を説明してください。

第 7 章

カップルセラピーの制約とその対処法

要　　　約

　本章では，カップルセラピーの面接構造に起因する制約とその対処法を説明します。まず，治療者の性役割観が面接に与える否定的な影響を説明し（1節），その対処法を事例に基づいて示します（2節）。次にカップル間葛藤への巻き込まれやすさという制約を説明し（3節），その対処法を事例に基づいて示します（4節）。また,面接中の話題の少なさという制約を説明し（5節），その対処法を事例に基づいて説明します（6節）。最後にカップルセラピーに関連する研究を紹介します（7節）。

7章1節　治療者の性役割観がカップルセラピーに与える否定的影響

　カップルセラピーでは，「男性」と「女性」がペアで来ることが多く，治療者は「男性」か「女性」のいずれかに該当することが多いため，治療者の持っている性役割観がカップルセラピーの内容に影響する可能性があります。例えば，「女性」治療者が夫妻の話を聞いている場合，「女性」の妻の話を熱心に聞く一方，「男性」の夫の話は軽くしか聞かない，ということは起こり得ます。もしくは，その妻が治療者の考える「女性の理想」から離れていた場合，その妻の話を聞かないということはあり得ます（もちろん，これは「男性」治療者にも起こります）。例えば，有効な心理療法がヒスパニック系の女性にのみ効果が出にくい，というのは，来談者要因だけでなく，治療者側の性

役割観も検討してみる必要があります[270]。この研究では，アフリカ系男性に最も効果があったために，治療者もアフリカ系男性の性役割観に親和性を持っていた可能性があります。一方，ヒスパニック系女性の性役割観はアフリカ系男性のそれとは異なっていることが考えられ，適切な治療を受けにくかった可能性があります。また，アメリカの内科医の例ではより顕著な性役割観の影響が知られています。例えば，アメリカの研修医では，女性の患者に対して男性よりも検査の回数が減りやすいことが報告されています[271]。これは研修医の性役割観が否定的に出た可能性が考えられます。これらの結果は治療者の性役割観が治療に対して否定的な影響として現れることを示唆しています（図 7-1）。

　また，治療者の性役割観が性的少数派（LGBT など）に与える影響は否定的なことが多く，治療者による差別的な言動も多く含まれるために，性的少数派の方々はそもそも病院に行きたがらないことが報告されています[272]。例えば，トランスジェンダーであるという理由だけで，性的多数派である周囲から怖がられたり，侮蔑されたりする

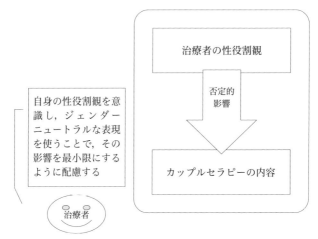

図 7-1　治療者の性役割観がカップルセラピーに及ぼす否定的影響とその対策

ことを頻繁に経験しているので，性的多数派がいる病院や相談室に行きにくく，その結果こういった方々の健康状態は悪化します [272]。また，日常的な拒絶を受け続けることによって慢性的なストレス状態に陥り，記憶力などの認知能力が老年期に低下しやすいことが報告されています [273]。そのため，治療者も自分自身の性役割観に関してあらかじめ知っておき，治療に対して否定的影響が出ないようにする必要があります。

7章2節　治療者の性役割観の否定的影響への対応

問 7-1-1
架空事例 7-1 では別れ話に発展しましたが，どこに原因があったと思いますか？　まずは自分の観点で書いてください。

問 7-1-2
次に妻の観点から，何が原因で別れ話になったと思いますか？

問 7-1-3
最後に夫の観点から，何が原因で別れ話になったと思いますか？

架空事例 7-1
妻「ねぇ，あなた。最近，ご無沙汰じゃない（性生活が乏しい，という意味）」
夫「あぁ，分かってるよ。けど，こっちは，仕事の残業で疲れてるんだ。コロナの対応でそれどころじゃないんだ」
妻「それは分かるけど，この前話し合った時は，月1回はそういう機会を持つという約束だったじゃない。けど，この半年，全く守ってくれていないじゃない」
夫「話し合いはコロナの対応前で，仕事が順調だった時だろう。今は，コロナ対応でお客さんは減るけど，感染対策はしないといけないっていう状況で，本当にしんどいんだ。落ち着いたら，ちゃ

　んと約束を守るよ」

妻「じゃあ，いつ頃落ち着くのか約束してくれない。来月？　半年
　後？」

夫「コロナがいつ落ち着くかなんて，誰も分かんないだろう。そん
　な約束はできないよ」

妻「付き合い始めの頃は毎日していたのに，最近はすっかりご無沙
　汰ね。愛されているって感じないのよ」

夫「愛していないとは言っていないだろう。今は会社も傾いていて，
　本当にそれどころじゃないんだ」

妻「『それどころじゃない』というのはあなたにとっては大したこと
　じゃないかもしれないけど，私にとっては大したことなのよ。子
　どもだって欲しいんだから」

夫「分かってるよ。ただ，今子どもができたって，出産費用を賄え
　るかどうかも怪しいんだ」

妻「この時期を逃したら，私は一生子どもを生めないかもしれない
　のよ。……私たちはもう一緒にいるべきじゃないのかもしれない
　わね」

夫「君がそういう気持ちなら，それ（別れる）もいいんじゃないか。
　今はクタクタなので，とりあえず僕は先に休むよ。お休み」

問 7-1-1 の回答例

案１：夫が妻との約束を守っていないから。

案２：妻が夫の状況を分かっていないから。

問 7-1-2 の回答例

夫が妻との夫婦生活をないがしろにし，妻は夫からの愛情を感じら
れなくなったから。

問 7-1-3 の回答例

妻が夫を家でも執拗に責め，夫は妻と一緒にいることが耐えられな

くなったから。

　ここで検討してほしいのは, 7-1-1 の回答例が 7-1-2 もしくは 7-1-3 の回答例に寄らなかったか, という点です。どちらかに寄っている場合, それはそちらの視点をより聞きやすくなる, ということになります。例えば, 7-1-1 の回答例が案 1 の場合は, 妻寄りの視点に偏っていると言えますし, 案 2 の場合は, 夫寄りの視点に偏っていると言えます。このように, 自分の回答例がどちらに偏りやすいのかというのを知っておく必要があります。なお, この事例で自身の回答に偏りが見られなかった場合は, 潜在的連合テスト（Implicit Association Test）を経験されるとよいでしょう。そこで何らかの性役割観の偏りが出ることもあります。性役割観の偏りが大きい方は, その役割に適さない相手を無意識に拒絶してしまい, 否定的なコミュニケーションパターンが生じやすいので, この点は注意が必要です [274]。

　自分自身の性役割観を完全に中立にすることは難しいですが, こういった性役割観があるということを知り, それを減らすように実践することで, 性役割観に基づいた差別的対応が減ることが知られています [275]。例えば, 「夫婦」という日本語表現は, 「夫」と「妻」ということを前提にした表現で, そうでないカップルにとっては否定的な表現に取られかねません。そのため, この本ではカップルという表現を使い, 性役割観に対して中立であるような表現を使うように努めています。このように, 治療者も自身の性役割観を知った上で, できるだけ性役割観に対して中立である表現を使い, 面接を行っていく必要があります（図 7-1）。

よくある質問 7-1:「性的少数派のカップルが来談した場合, どのようなことに配慮すればよいでしょうか？」
質問への答え：一言で言うと, 相手の価値観に敬意を払う, ということになります。例えば, レズビアンカップルが来談した場合, 日本語の「夫婦」という単語の意味に引きずられて, どちらが「男」で,

どちらが「女」か，というのを考えて質問してしまう方がいらっしゃいますが，それは不適切な対応です。この場合は，女性と女性のカップル（ペア）と捉える必要があります。

　また，相手を知るため，と称して，性的な質問ばかりをし続けることもしてはいけません。ある大学院生をスーパービジョンしていた時，その院生がレズビアンカップルにセラピー中に行いたい質問を聞いたところ，その質問の9割が性的な質問でした。そこで，その院生に，「このカップルが異性愛カップルでも同じ質問をしますか」と聞くと，「しません」と言いました。ここから，レズビアンカップルと異性愛カップルとでその院生の中での偏見（バイアス）があったということが考えられます。

　周囲からの敬意を欠いた行動（disrespectful behavior）が，性的少数派の精神的健康を悪化させていることは広く知られていますので [276]，少なくとも精神的健康の改善に携わる治療者は，来談者に対して敬意を払い，敬意を欠いた行動をしないように心がけてください。

7章3節　カップル間葛藤への巻き込まれやすさ

　カップルセラピーに来るほとんどのカップルがカップル間葛藤の状態にあります。カップル間葛藤というのは，パートナー間で意見の対立があり，その対立が話し合いによって解決し得ない状態のことを意味します [277]。この状態だと，カップルは共にストレス状況下に晒され，つらい状態になります [278]。また，こういった状況で育つ子どもは，安心感を抱きにくくなり，不安症状や破壊的行動等の適応にも悪影響が出やすくなることが知られています [279]。そのため，カップルはどうにかしてこの状態を脱するためにカップルセラピーに来ます。

　カップルが初めて面接に来た状態を図にすると，図7-2になります。まず，夫と妻は互いに葛藤状態ですから否定的なコミュニケーションパターンが表れやすいです [278]。一方，治療者は夫や妻の立場で話を聞くので，夫や妻から信頼されやすく，肯定的なコミュニケーション

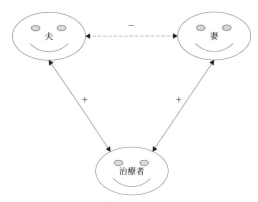

図 7-2　カップルセラピー開始時の治療者とカップルとの
典型的なコミュニケーションパターン

注）実線は肯定的なコミュニケーションパターン，点線は否定的なコミュニケーションパターン

パターンが現れやすいです[280]。これを否定的なコミュニケーションパターンの関係をマイナス，肯定的なコミュニケーションパターンをプラスで表すと，図 7-2 のようになります。

　ここでハイダーのバランス理論を思い出してみてください。この理論では，三者関係のそれぞれの積がマイナスになると不安定で，それぞれの積がプラスになると安定する，という考え方でしたね[281]。マイナスの場合は不安定ですので，プラスになるように三者関係が変わっていきます[282]。ハイダーのバランス理論に基づくと，カップルセラピーの初回面接時は，三者関係の積がマイナスの状態で（－1× ＋1× ＋1 ＝－1），不安定であることが分かります（図 7-2）。そのため，夫と妻はそれぞれがプラスになるように動いていきます。ここで，カップルは互いに否定的なコミュニケーションパターンが蓄積しているので，お互いの否定的なコミュニケーションパターンを変えるのではなく，相手と治療者との関係を変更しようとしてきます。

　最も典型的なコミュニケーションパターンは，一方が片方のことを責める，というパターンで現れます。例えば，夫は妻の酷さを熱弁し

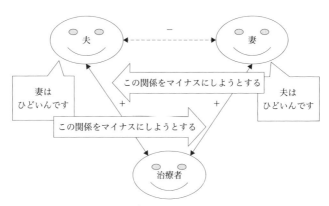

図7-3　カップルセラピー開始時のカップルの典型的な動き

ます。この熱弁によって，治療者が妻に対して否定的な態度を取り，否定的なコミュニケーションパターンを取るように持っていこうとします。治療者が妻に対して否定的な態度を取れば，三者関係の積はプラスになって安定しますし（－1×－1×＋1＝＋1），夫としても専門家を味方につけられるので，夫がこのアプローチを取りたくなる理由は分かります。もちろん，妻も同様のアプローチを取り，治療者を自分の味方につけようとします（図7-3）。

　ここで，カップルセラピーが失敗する典型的な例は，夫もしくは妻のアプローチに乗っかってしまい，治療者がどちらかの味方になってしまうことです。例えば，治療者が夫の味方になった場合，夫の話はよく聞きますが，妻の話はあまり聞こうとしません（図7-4）。こうすると，夫と治療者は肯定的なコミュニケーションパターンを維持できますが，妻と治療者は否定的なコミュニケーションパターンを取るようになっていきます。その結果，妻がカップルセラピーに参加したくなくなっていきます。こういった関係になると，妻が次回のカップルセラピーに参加せず，カップルセラピーが成立しなくなってしまいます。

　そのため，カップルセラピー時に治療者がすることは，夫と妻のどちらかに肩入れするのではなく，双方の否定的なコミュニケーション

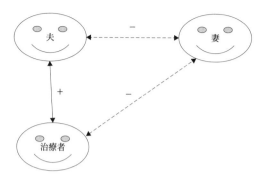

図 7-4　カップルセラピーで典型的に失敗する治療者の動き
（どちらかに肩入れする）

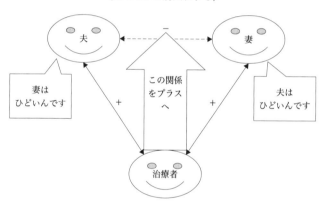

図 7-5　カップルセラピー開始時の治療者の望ましい動き

パターンを肯定的なコミュニケーションパターンに変わるように関わっていく，ということになります（図 7-5）。言い換えれば，カップルセラピー時に表立って現れやすいカップル間の否定的なコミュニケーションパターンではなく，セラピー時に現れにくいカップル間の肯定的なコミュニケーションパターンに着目して，それを拡張していく，ということになります[83]。

よくある質問 7-2：「カップルセラピーでは治療目標をどう設定するの

ですか？　カップルの仲が悪ければ，カップル同士で合意した治療目標を設定するのも難しいのではないでしょうか？」

質問への答え：その通りです。カップルセラピーの開始時には，カップル同士で肯定的なコミュニケーションパターンが少ない状態で来ますので，カップルの二人が合意する治療目標を設定することが難しいです。そのため，カップルセラピーの初回面接の目標は，多くの場合，カップルが互いに合意し得る治療目標を設定することになります。

　実際，多くのカップルセラピーの事例では，初回面接時に非難しあうカップルが「二人の関係を改善することに二人とも合意すること」を示しており[283]，治療目標をすんなり設定しているように見えますが，この合意を上手く取り付ける，というところには，一定の技術が必要になり，その技術というのが次節のカップル間葛藤に対応する，ということになります。

よくある質問 7-3：「カップルの一方が無理やり連れてこられた場合，その人と治療者との関係もマイナスになるので，初めから図 7-4 の状態と思うのですが，この場合はどうするのでしょうか？」

質問への答え：図 7-4 の状態で来た場合，治療者は妻と肯定的なコミュニケーションパターンを取るようにし，夫と妻とで肯定的なコミュニケーションパターンを取れるようにしていきます。事例は難しくなりますが，基本的な方針は変わりません。

　図 7-4 のような構造が初めから見られる場合，妻が現在の問題について強い影響力を持っているが，問題解決に興味がない，というような状況が多いです。例えば，カップル間不和で，夫は結婚生活を続けたいが，妻は離婚したい，と考えているような場合，図 7-4 の構造になります。

　この場合，結婚生活を続けるのか，それとも，納得のいく形で離婚するのかはカップルが決めていくのですが，いずれにしろ一定の肯定的なコミュニケーションパターンをカップル間で構築していく

必要があるため，妻の参加意欲が高まるように，治療者は配慮することが多いです。

7章4節　カップル間葛藤に対応する

問 7-2-1

架空事例 7-2 をもとに否定的なコミュニケーションパターンと肯定的なコミュニケーションパターンを図示してください。

問 7-2-2.

架空事例 7-2 をもとに夫と治療者，もしくは，妻と治療者との間に否定的なコミュニケーションパターンが増長するような治療者の応答例「********」を記入してみてください。（ダメな応答例）

問 7-2-3.

架空事例 7-2 をもとにカップル間の肯定的なコミュニケーションパターンを形成するような治療者の応答例「********」を記入してみてください。（良い応答例）

架空事例 7-2

カップルで相談室に来室。カップル関係について相談したい，とのこと。

夫は 50 代で食品関連の会社に勤務しているが，現在うつ病のため休職中である。妻は 50 代で非常勤の地方公務員であり，年度ごとに更新が必要である。

1 年前にカップルは結婚している。夫は今回が初婚である。一方，妻は 3 度目の結婚であり，2 度目の結婚時に生まれた連れ子（中学生の娘）がいる。

待合室で二人は対角線上に座っており，治療者が名前を呼ぶまでカップルで来たということが分からなかった。面接室内でもカップルは黙りこんでいるため，治療者が〈お二人の関係についてお話ししたい

と伺いましたが，どういったことでしょうか？〉と伺うと，妻は「夫はひどい癇癪持ちで，ささいなことで怒るんです。どこに地雷があるか分かりません。この前は車を運転中にほかの車に割り込みされただけでクラクションを鳴らし続けて，ひやひやしました。それで，夫は怒りがコントロールできないパーソナリティ障害だと思うんです。先生には夫の診断と治療をお願いしたいんです」と言う。

　一方，夫は「私は，妻の方に問題があると思うんです。妻は応用が利かず，全く片付けができないんです。一カ月前のカップラーメンとかポテトチップスの食べかけがリビングルーム中に散らかっていて，カオスなんです。それで，そういう片付けのできない発達障害だと思うんです。先生には妻の診断と治療をお願いしたいんです」

　治療者「＊＊＊＊＊＊＊＊＊＊＊」

7-2-1 の回答例

　ここでは図 7-6 が描けているとよいでしょう。否定的なコミュニケーションパターンはお互いに相手の人格を否定・攻撃する，ですね。一方，肯定的なコミュニケーションパターンはお互いに面接に来る予定を合わせて来談している，という点です。

　否定的なコミュニケーションパターンはすぐに見つかるのですが，肯定的なコミュニケーションパターンは見つかりにくい，というのが

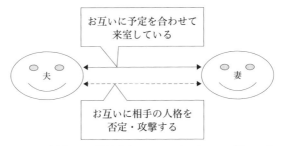

図 7-6　事例 7-2 の否定的なコミュニケーションパターンと
肯定的なコミュニケーションパターン

この架空事例で気づいてほしいポイントです。というのも，カップル間で上手く話し合いで解決できなかった結果，カップルセラピーに来るのですから，否定的なコミュニケーションパターンの方が現れやすいというのも当然ですね。ここで肯定的なコミュニケーションパターンの例として，カップルが予定を合わせてこの面接室に来ている，ということに気づけるかどうかが次の面接につなげられるかどうかの分岐点です。お互い仕事をしているのですから，予定調整をする必要があり，その調整には協働作業があったということが推定し得ます。この協働作業に肯定的なコミュニケーションパターンが入っていた，と言え，これが面接に使えます。

7-2-2 の回答例

ここでダメな回答例は，「夫のパーソナリティ障害についてもう少し伺えますか？」や「妻の発達障害は他にどんなところがありますか？」という風に，相手を攻撃する話題を続けてしまう例です。例えば，仮にこの面接中に夫のパーソナリティ障害の話をずっと妻がし続けた場合，夫はずっと不愉快でしょうから，その次の面接に夫が来るとは考えにくいですね。妻の発達障害の話をし続けた場合も，同様に妻は不愉快でしょうから，その次の面接に妻が来るとは考えにくいですね。そのため，初回面接でこれらの話を掘り下げるのはダメな回答例と言えます。

7-2-3 の回答例

ここで適切な回答例は「ところで，こちらの予約はどのようにされたのですか？」と話を変えて，カップル間の肯定的なコミュニケーションパターンが起こっている状態を特定することです。どんな状態であれば，肯定的なコミュニケーションパターンが発生しやすいのかを特定できれば，それが発生しやすい状態を作り続けていくことになりますし，主訴に直結したアプローチが取れると言えます。

7章5節　面接中の話題の少なさ

　最後に，カップルセラピーでは，面接中の話題の種類が個人面接に比べて少なくなる点も特徴です。例えば，パートナーを非難する話題は，否定的なコミュニケーションパターンにつながりやすいので，カップルセラピーの初回面接時には扱いにくい話題です [83]。一方，個人面接で，パートナーが目の前にいなければ，パートナーを非難することによって抑制されていた情動表出が行われる可能性もあるため，十分に扱うことができる話題です [284]。

　例えば，事例 7-2 で言えば，自分のことを棚上げして，相手の問題を非難するような話題はカップルセラピーの面接開始時には扱いません（もちろん，面接経過に伴って，面接を構造化して，意図的に配偶者を非難するコミュニケーションパターンを扱う治療法もあります [285]）。カップルセラピーが面接開始時に扱うのは，夫と妻の双方が共有しやすい内容を基にお互いに肯定的なコミュニケーションパターンが拡張するような話題になります。例えば，カップルが結婚を決めた経緯などを話題にすることで，結婚当時を思い出して肯定的なコミュニケーションパターンを形成することはしばしば行います。具体的な実践方法を以下で確認してみましょう。

7章6節　面接中の話題の少なさに対応する

　問 7-3
　架空事例 7-3 を読み，治療者がカットインして妻の話を途中で終わらせたのはなぜでしょうか？　架空事例 7-3 の下線部分における治療者の意図を説明してください。

　架空事例 7-3（架空事例 7-2 の続きで，予約の手続きを聞かれた後）
　妻「予約は私がして，その後，夫に予定を聞いて，それで時間の都合がついたから今日にしたんです」
　治療者：「ここまではどうやってきたんですか？」

妻：「私の車で来ました」

治療者：「ご主人はどうやって来たんですか？」

夫：「妻の車に乗ってきました。乗せてもらったんです」

治療者：「奥さんが運転して，ご主人が助手席というのは多いのですか？」

妻：「そうですね。日によりますね。夫が運転して，私が助手席ということもあります。ただ，夫は運転が荒くて，事故になるんじゃないかってびくびくするんです。この前も夫がクラクションを」

治療者：「（カットイン）ところで，今日は車の中でどんなことを話されたんですか？」

夫：「初めて来る場所だったので，私の携帯をカーナビ代わりにしてきました」

問7-3の回答例

　夫と妻がお互いに協力する，という話の展開中に，妻が夫を非難する，という否定的なコミュニケーションパターンが現れそうになったため，治療者は話題を変えるためにカットインをしています。

よくある質問7-4：「治療者は来談者の話をあまり遮ってはいけないと勝手に思い込んでいました。カットインを多用するとあまり良い印象を持ってもらえないと思うのですが，非難する話が続いた場合はカットインして止めるべきでしょうか？」

質問への答え：「治療者は来談者の話をあまり遮ってはいけない」というのは個人面接に局所最適化された考え方ですね。個人面接であれば，夫もしくは妻の話したいことを自由に話してもらい，それを治療者が共感的に傾聴することによって，治療効果が上がります[286]。そのため，夫もしくは妻の話したいことを話してもらって，治療者がそれを共感的に傾聴する，というのは個人面接では有効な治療方針です[287]。つまり，「治療者は来談者の話をあまり遮ってはいけない」という考え方は個人面接をする場合，あながち間違ってはいま

せん。

　一方，カップルセラピーでこの方針でお互いの話を傾聴すると，夫と妻がお互いに非難しあうコミュニケーションパターンが出てしまい，カップル間の関係が悪化しかねません。そのため，カップルセラピーでは，話し合う話題について，治療者が積極的に関与していき，必要に応じて介入していくことが必要です[283]。特にカップルセラピーでは，カップル間の否定的なコミュニケーションパターンに治療者自身が巻き込まれやすい，という点から考えても，カップルセラピーの治療者は積極的に面接中の話題を設定していく必要があります。

　そのため，カップル間で非難する話が続く場合は，カットインをして止めるべきです。これができないと，パートナー間の暴言が激しくなり，面接中もしくは面接後の配偶者暴力が危惧されますので[288]，カットインをしない方が危険です。もちろん，カットインすることによって，カップルの治療者に対する印象は悪くなりますが，その後カップル同士での暴言・暴力のリスクを考えると，カットインした方が望ましいです。

よくある質問 7-5：「話の切り方によっては『話を最後まで聞いてくれない』という印象を与えてしまいそうですが，上手い切り方やコツはありますか？」

質問への答え：まず，前半の部分は主語を明確にすると，利得表が作りやすいです。「治療者は妻に『話を最後まで聞いてくれない』という印象を与える」ということですね。つまり，これは妻が利益を得る者として見た場合の視点ですね。一方，夫が利益を得る者としてみた場合，「治療者は夫に『自分の話を聞こうとしてくれた』という印象を与えます」。これは利得表からも分かる通り，ゼロサムゲーム（どちらかの利益が上がれば，どちらかの利益が下がる，という構造で，両方とも利益が上がる構造ではない）の特徴ですね。カップルセラピーの場合，どちらかの話を聞く，ということは，もう一

方の話を聞かない，ということを意味しますので，これは当然の特徴と言えます。

　この場合，どちらかに否定的な印象を与えてしまうことは避けられません。ただ，その否定的な印象を最小限にするアプローチとして，治療者が話の内容に応じて，話を切り替えている，という印象をカップルに与えることは有用です。こうすると，カップルは，専門家の見地から話の内容を選んでいるんだな，という印象を持ちますので，印象の悪化は食い止められます。

　なお，私の個人的な経験だと，カップルセラピーで失敗する面接は，治療者が一方の話を聞かないことによる印象の悪化ではなく，むしろ，治療者が一方の話を聞き過ぎたことによる他方の印象の悪化の方が多い気がします。これは治療者が話を聞くことに慣れているため，どうしても聞き過ぎてしまい，それで話を聞かれない他方が「面白くない」と言って，面接を中座したりすることが多いです。

7章7節　カップルセラピーに関連する研究

　カップルセラピーの治療効果はメタアナリシスの水準で確立されています（表7-1）。まず，最も分かりやすいのは，カップル関係の改善で，カップルセラピーによって，コミュニケーションパターンが改善され，お互いのカップル関係満足度が改善することが報告されています[289]。次に，精神疾患の改善で，抑うつ症状[254]と強迫性障害（ある考えが頭に浮かんで離れず，その考えから生まれた苦痛を和らげるために同じ行動を繰り返してしまい，生活に支障が出ている状態です。例えば，手が汚いと思ってしまい，1時間も繰り返し手を洗い続けてしまって，会社に頻繁に遅刻している状態などです）[290]が有名です。カップルの内，抑うつ症状を一人が持つと，その人はパートナーとの間でやりとりを否定的に捉えやすくなり[291]，反応が乏しくなります[292]。また，このようなやりとりが続くと，パートナーも苛立ちやすくなり[293]，この否定的なコミュニケーションパターンがパートナーの抑うつリスクを高めてしまいます[294]。カップルセラピーで

表 7-1　カップルセラピーに関連する研究

	効果の現れやすい領域
カップル関係	カップル関係満足度 [289]
精神疾患	抑うつ [254]，強迫性障害 [290]
ストレスに関連した精神疾患	がんに伴う社会不適応 [301]

はこのコミュニケーションパターンを改善するようにするので，夫と妻の抑うつも下がっていくことになります [254]。

　また，強迫性障害者の配偶者や保護者は，強迫行為（手を繰り返し洗う）ということに反応して，その反応を手伝ってしまったり [295]（一緒に手を洗ってあげる），もしくは，その反応を拒絶したりする（早くやめろ，と非難する）[296] ことが知られていますが，どちらも，配偶者や保護者の意図とは反対に，強迫性障害を悪化させることが知られています。つまり，これらは強迫行為を維持するコミュニケーションパターンであり，強迫行為システムと考えられます。そのため，カップルセラピーでは強迫性障害者の配偶者に対し，これらの強迫行為システムを維持しないように介入していくことで，強迫性障害の症状が和らいでいきます [290]。

　最後に，がんに伴う社会不適応ですが，がんの診断や治療は，がん患者個人だけでなく，同居する配偶者にも介護・養育負担を介して多大な影響を与えます [297]。がん患者とその配偶者の適応は，ソーシャルサポートと関連するという研究が多くありますので [298][299]，配偶者とがん患者が互いにがんという出来事に対処し，ソーシャルサポートを提供し合うことによって，配偶者とがん患者の社会適応が良くなるとされています [300]。カップルセラピーではがん患者とパートナーを互いに支え合うユニットとして，そのつながりを強めることによって，がん患者の社会適応を改善していきます [301]（詳細は6章）。

コラム 2

システムズアプローチの限界

　システムズアプローチは非行少年などの非行抑止に対してエビデンスの蓄積された治療法ですが[48][302]，コミュニケーションパターンを当事者の記憶を基に記録している，という点に限界があります。

　もちろん，頻繁に話す相手の場合は，漏れなく記録できると考えられますが，たまにしか話さない相手だと，当事者も忘れていて記録できないことがあります。例えば，保護者は息子である非行少年との関わりについては説明できますが，その息子がたまにしか会わない友人との関わりをすっかり忘れていて説明しないこともあります。また，息子がインターネット上でしか会わない友人がいたとしても，保護者がそういった友人のことを知らない場合，報告すらできない可能性は十分にあります。さらに，息子の友人の友人などのことになるとほとんど分からないため，報告できないと言えます。

　これらの関係は一見非行少年の非行と関連がないように見えますが，実際には強く関連します。例えば，非行少年の場合，保護者との関わりと同様に友人との関わりが非行に影響すると言われています[303]。また，インターネット上で，友人が攻撃行動を行っているのを見ただけでも，本人もそれに影響されて攻撃行動をしやすくなることが報告されています[304]。加えて，友人だけでなく，友人の友人の攻撃行動でも，本人の攻撃行動に影響を与える，ということも報告されています[305]。そのため，こういった関係についても本来は記録して，介入していく必要があるのですが，現在の聞き取り手法ではそれが難しいと言えます。

　今後は，非行少年の電話やインターネットなどでの通信記録も取り入れた上で，非行少年のコミュニケーションパターンを把握していく必要があります。これらの記録を取り入れることで，システムズアプローチはより有益なものになっていくでしょう。

第 4 部

グループセラピー編

第8章

薬物依存症の青年とその周囲

要　　約

　本章では，青年における薬物使用リスクに関する危険因子・保護因子をハームリダクション（harm reduction：有害性の除去）モデルに基づいてモデル化し（1節），そのモデルを具体的な薬物依存症事例に適用します（2節）。薬物使用システムの観点から，薬物使用リスクを低下させるための適切な介入策を考えて（3節），それらを事例に適用します（4節）。また，薬物使用ナラティヴの観点から，薬物使用リスクを低下させるための適切な介入策を考えて（5節），それらを事例に適用します（6節）。最後に，薬物依存症の治療に関連する研究を紹介します（7節）。

8章1節　薬物依存症の危険因子・保護因子

　違法薬物が人間に与える悪影響は多大で，最悪の場合死に至ることもあります。例えば，コカインをいつでも使用できる環境下にマウスを置くと，食料や水が常に摂取可能であるにも関わらず，コカインの多量摂取により，90％が30日以内に死亡することが確認されています[306]。同様に，人間でも違法薬物の多量摂取によって死亡する事故が毎年発生しています[307]。また，違法薬物に対する生理的耐性があったとしても[308]，その使用によって，統合失調症の発症リスクが高まったり[125]，物質関連障害になるリスクが高まったりして[309]，精神疾患になるリスクが高くなることが知られています。

　これらの違法薬物をいつ頃から使用するかを調査した日本の刑務所

データでは，シンナーの開始が平均 14 歳，大麻の使用が平均 18 歳，覚醒剤が平均 20 歳となっており，教育年数が平均 10 年（高校 1 年中退）となっています[310]。（なお，このデータは薬物依存症で複数回受刑中の方々を対象にしているので，一般人口をデータに含むと，開始年齢や教育年数はもう少し後になるかもしれません。）

　シンナーの匂いは強烈で，一般の人でもすぐにその人が使用した，ということが分かります。14 歳という中学生の時期に，シンナーを吸い続けられている，ということは，裏を返せば，そういったことに気づく保護者が周囲にほとんどいなかったということを示しています。実際，保護者の監督機能が弱いほど，青年は違法薬物を使用しやすいとされています[166][311]。また，大麻の匂いも強烈ですので，それを 18 歳の時に使用しているということは，その匂いに気づく教師がいなかったということを示しています。先ほどのデータでも 16 歳頃に高校を中退しているので，そういった薬物使用に気づく大人がいないことを示しています。実際，高校中退と違法薬物の使用は関連しやすいことが報告されています[312]。さらに大麻や覚醒剤は違法に入手する必要がありますので，違法な行為をする友人が青年の近くにいたことを示唆しています[313]。

　これらの結果から，学校や職場への不参加，家族による監督機能の低さ及び違法行為を行う友人が違法薬物の使用の危険因子と言えます。一方で，学校や職場への参加，家族による監督機能の高さ，及び向社会的な友人は違法薬物の使用に対する保護因子と言えます（図 8-1）。実際，多くの治療法ではこれらの危険因子を減らし，保護因子を増やすことで青年の薬物使用を防止しています[302][314][315]。

8 章 2 節　薬物依存症事例における危険因子・保護因子の特定

問 8-1-1
架空事例 8-1 を読み，A の大麻使用の保護因子と危険因子を特定して，図示してください。

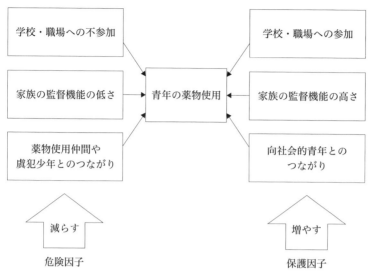

図 8-1　青年の薬物使用の危険因子と保護因子

問 8-1-2

問 8-1-1 の答えを基に，架空事例 8-1 の治療者の介入はどのように危険因子の減少と保護因子の増大に寄与しているのかを明示してください。

架空事例 8-1

X 年 10 月に大学の相談室に来所。

A とその母親が大学の相談室に来所。母親（36 歳）が連れてきたようで，A はいやいや来ている様子で，口数は少ない。母親の主訴は「A がまた違法なことをしないかどうかが心配で」とのこと。

A の問題歴：A は 16 歳の男性で，X 年 7 月に他校（高校）との部活の練習試合後に大麻を使用したということで，使用した同級生ら（3名）と共に現行犯で逮捕された。少年審判の結果，一時的な使用と所持のみであったという判断で，保護処分となり，保護司の所に週に 1回通うことを前提に社会復帰した。高校は無期停学中である。同級生

の友人一人は SNS で見知らぬ成人から大麻を購入し，かつ，売買への
関与（売り子）も行っていたために，少年院送致となり（退学），他の
二人はＡと同様に保護処分（無期停学）となっている。また，Ａの所
属する部活も活動を無期限停止中である。

　Ａの生育歴：Ａの母親と父親は高校卒業と同時に結婚し，母親はＡ
を翌年に出産している。父親は当初はトラック運転手として真面目に
働いていたが，度々深酒するようになり，トラック運転中に飲酒運転
の検問に引っかかり，会社を解雇された。その後父親はますます飲酒
するようになり，仕事も行かずに母親からパチンコの金などもせびる
ようになったため，Ａが6歳の時に離婚し，現在まで音信不通である。
母親は当時事務職をしていたが，Ａの将来を考え，Ａの祖父母（母親
の両親）宅で同居し，Ａの世話を祖父母に見てもらいながら，看護師
の専門学校に通い，Ａが10歳時には近くの病院で看護師として勤務
するようになった。

　Ａは祖父母と良好な関係であったが，小学校の保護者参観に母親で
はなく，祖父母が来たことを同級生に揶揄されてから，Ａは祖父母と
同居するのが嫌だと言い出した。ちょうど母親の就職先も決まったと
ころだったので，小学校5年時には，母親とＡのみで近くのアパート
で同居生活をした。母親の勤務の都合上，夕飯を共にできないことも
度々あったが，Ａは寂しがる素振りも見せなかった。また，この頃は，
Ａも友人が多く，勉強もそれなりにでき，地域のスポーツクラブＰ部
に所属し，そこで活躍するようになっていた。

　ところが，中学校でＡが部活のＰ部に入ると，Ｐ部の先輩には不良
が多かったため（髪の毛を茶髪にしたり，たばこを吸ったりする），Ａ
も感化されて，茶髪にしたり，たばこを吸ったりし始めた。母親がそ
れに気づいて，たばこを注意すると，「自分（母親）も吸ってるじゃ
ん」と言われ（実際母親はＡにバレないように隠れてたばこを吸って
いた），それからたばこを強く注意できなくなった。また，中学校3
年でＰ部を引退すると，周りが勉強に打ち込む一方，ＡはＰ部の先輩
（当時は高校生）と深夜に会うようになり，家に帰らなくなり，度々学

校を休んで昼まで寝ていることもあった。また，この時期に，母親が結婚を前提に付き合い始めている男性（同じ病院の薬剤師）のことを伝えると，「そういう話は聞きたくない」と言われ，さらに親子間の会話は少なくなった。結局Aは中学校 3 年の間に勉強をほとんどしなくなったために，底辺高校に入学することになった。

　この高校での部活の P 部はさらに素行が悪いようで（暴走族に入っている先輩がいるという噂も聞く），Aは入学してから金髪になり，毎日のようにたばこを吸うようになった（たばこの匂いが毎日する）。それを注意すると，Aは「（たばこの匂いは）俺のじゃねぇ。先輩のだ」と言い張り，ますます話を聞かなくなった。Aのことを心配している矢先に大麻事件が起こり，母親はAのことが心配になっている。

　現在，Aは保護司の所には行っているが，それ以外は停学中のため，外出も自由にできず，ゲームばかりしており，いらいらしているよう。治療者がAに来た理由を聞くと，「母親と同伴なら外出してもよい（停学中の取り決め）から，たまには外出したくなって」という。〈外出したい場所はある？〉と聞くと，「母親と一緒ならない」と言っていたが，「X（プロスポーツチーム）の応援なら母親と行ってもいいかな」という。〈Xの応援に一緒に行けそうですか？〉と聞くと，母親は「結構遠いから往復の運転は厳しいかな」とAの方を見ながら言う。A「Y（Xの試合会場）に行くなら，あの人（母親の恋人）呼んでもいいよ」と言う。そこで，治療者が〈今日は来てくれてありがとうございます。次回もお会いしたいのですが，それまでに一度 Y に行ってもらえますか？〉と提案し，承諾を得る。

問 8-1-1 の回答例

　ここでは図 8-2 が描けているとよいでしょう。危険因子として，母親との関係が疎遠であり，夕方以降の監督機能が低く，違法薬物を使用する P 部員とのつながりがある，ということが特定できているとよいです。また，停学中なので，学校への不参加状態が続いています。一方，母親の恋人とのつながりですが，この恋人は向社会的人物のた

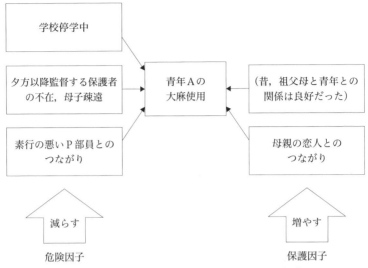

図 8-2　事例 8-1 の青年 A の大麻使用の危険因子と保護因子

め，この人物とつながることで大麻使用のリスクが減る可能性があります。また，母親は仕事の都合上監督が難しいですが，祖父母は監督が可能になるかもしれませんので，括弧つきで保護因子として挙げています。

よくある質問 8-1：「この事例では A は恋人の話に対して『そういう話は聞きたくない』と言っているので，この恋人と A を近づけると，A は家に寄り付かなくなり，むしろ，この恋人は危険因子になりませんか？」

質問への答え：この質問では事例の時系列が混乱してしまっているかもしれません。『そういう話は聞きたくない』と言ったのは A が中学校３年生の時ですが，『Y に行くなら，あの人（母親の恋人）呼んでもいいよ』と言ったのは A が高校１年生の現時点ですね。

　中学校３年生の時点だと，この恋人を呼ぶことは危険因子になった可能性もありますが，高校１年生の現時点では，A 自身が許可し

ているので，危険因子になりません。一般的に思春期の人間関係は目まぐるしく変わりますので[316]，現時点での人間関係を把握した上で，危険因子や保護因子を設定していく必要があります。

問 8-1-2 の回答例

　ここでは，図 8-3 が描けているとよいでしょう。ポイントは，まず母親と青年Aとで接する時間を増やすことで，保護者不在の時間を減らそうとしています。つまり，危険因子を減らしています。また，母親の恋人とAとのつながりも作ろうとしており，これは保護因子を増やしています。

よくある質問 8-2：「父親のアルコール依存は青年の薬物乱用の危険因子ですか？」
質問への答え：もちろん，父親のアルコール依存は，青年の薬物乱用の危険因子になります。ただ，父親のアルコール依存を査定すること

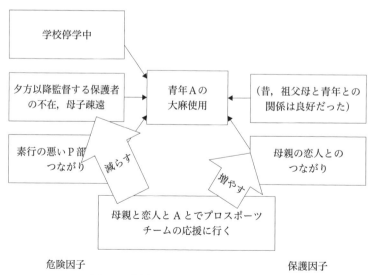

図 8-3　事例 8-1 の青年 A への介入の意図

によって，現在の治療の進捗や介入方法が変わるのか，と考える[68]と，何も変わりませんね。そのため，父親のアルコール依存は危険因子ではありますが，それをケースフォーミュレーションの要因に組み込むことはありません。

　ケースフォーミュレーションの要因に入るかどうかの選択基準は，その要因が容易に増減しやすいものであるかどうかです。というのも，増減しやすい要因の場合は，治療中に変動することも容易なため，その変動によって実際に問題が増減するかを確認でき，データによって支持（もしくは不支持）されて，仮説検証が進むからです。そのため，増減しやすい要因はケースフォーミュレーションの要因に入りやすいです。一方，増減しにくい要因の場合は，仮説検証が難しいため，データによって検証することができません。その場合は，ケースフォーミュレーションというよりも，治療者の信念に近くなり，来談者の治療の進捗には役に立たなくなります。そのため，増減しにくい要因はケースフォーミュレーションの要因に入りにくいです。言い換えれば，ケースフォーミュレーションの際には，データに基づいて検証できるような因子を危険因子や保護因子に組み入れていった方がよいということになります。

8章3節　薬物使用システム

　さて，青年の薬物依存症では，青年の人間関係を2種類に分けることが一般的です[317]。1つ目は，薬物使用を促す危険な関係です。例えば，この事例だと，薬物使用を促す関係としては，この青年の中学校や高校のP部員と考えられます（図8-4）。というのも，彼らは未成年の喫煙をしており，未成年の喫煙者は友人の喫煙リスクも高め[318]，その後の違法薬物使用のリスクを高めるからです[319]。こういった集団では，違法薬物の使用を良しとする規範が作られやすいため（例えば，薬物使用による仲間意識など）[318]，こういった人間関係からはできるだけ離れていった方がよいと言えます。これらは薬物使用を促すコミュニケーションパターンの集まりで，ここではこれを略して薬

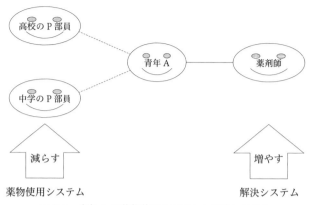

図 8-4　青年 A の薬物使用システムと解決システム

物使用システムと言います。

　もう 1 つは，薬物使用を禁じる安全な関係です[317]。この事例の場合は，母親の恋人がそれに該当するでしょう。病院勤務の薬剤師は青年の違法薬物のリスクを十分知っているでしょうから，違法薬物の使用に対して反対の立場を取ることは十分に考えられます（図 8-4）。こういった違法薬物に反対の立場を取る大人と頻繁にやりとりをすることで，青年が違法薬物から離れていくことが知られています[320]。例えば，違法薬物の使用に反対の立場を取る教師が違法薬物を使用しそうな青年に対してその薬物使用の危険性を指摘する場合，その教師が青年と相互にやりとりをしながら伝えた方が，画一的に伝えるよりも薬物予防の効果が高いとされています[321]。つまり，この例で言えば，この薬剤師と頻繁にやりとりをしていけば，少年の再発予防に有効であると言えます。これは薬物使用という問題の解決を促すコミュニケーションパターンですので，ここでは略して解決システムと言います。

　まとめると，薬物使用システムに対しては，接触頻度を下げ，解決システムに対しては，接触頻度を上げることによって，青年の薬物使用のリスクは下げられると言えます[314]（図 8-4）。こういった意味で，この高校が，事件以来，保護観察中の P 部員同士の交流を禁じている

のは理にかなった対応と言えます。

8章4節　薬物依存症事例における薬物使用システムへの介入

問 8-2-1

架空事例 8-2 を読み，Aの大麻使用を促す薬物使用システムと大麻使用を禁止する解決システムを図示してください。

問 8-2-2

架空事例 8-2 を読み，Aの薬物使用のリスクが上昇しているか，下がっているか，それとも変わらないかを説明してください。

問 8-2-3

問 8-2-2 の答えに基づいて，どのような介入をすればよいのか説明してください。

架空事例 8-2（架空事例 8-1 の続き）

　X 年 11 月に母親とAで来談する。この一カ月どうでしたと聞くと，A「Xの応援には行けなかった」と言い，母「コロナの感染症対策で，Yの観戦が急遽中断になったんです。それで代わりに焼肉を食べに行くことにしたんです。それで，あの人も呼んでいいかと言うと，Aがいいよと言うので，一緒に焼肉を食べたんです。Aは育ちざかりというのもあって，やっぱり沢山食べてましたね。あの人も気を遣ってくれたみたいで」。治療者が〈その人のことどう思った？〉と聞くとA「まー普通。母親にしてはよくできましたって感じ」と言い，母親は苦笑している。

　一カ月の様子を聞くと，未だに停学中のため，外出は自由にできないが，祖父母宅なら行ってもよいということで，Aは祖父母宅に行くようにしている。祖父は熱心なXファンで，歴代のビデオがある。Aはそのビデオを見たり，祖父とPの話をしたりしている。また，祖父

宅は一軒家で小さな庭があるため，そこで素振りをしたりしている。

〈高校の同級生とは？〉と聞くと，Aは「P部は活動禁止で，ほとんど連絡を取れなくなった」〈保護観察中の同級生とも？〉と聞くと，その二人と連絡を取ることは禁止されていて，実際連絡を取っていない。〈停学明けたら何したい？〉と聞くと，「Pはしたいけど，無期限活動停止なので，しばらくはできない。応援くらいかなー」〈ほかに興味のあるスポーツは？〉と聞くと，「Qかなー」〈高校にQ部ってあるの？〉と聞くと，母親が〈あの高校はQで持っているくらい，Qが強いんです〉と言う。（実際その高校はQで全国大会に出場したこともある強豪校）A「Qはきつそうだけど，面白そうだなっては思うんです」治療者〈Qの先輩って夜にヤンチャな人いるの〉A「強そうな人はいるけど，夜にヤンチャな人はいないっすね。昼の練習が毎日きつくて夜は寝てると思うんで」「クラスにQ部の人もいて，話したこともあるけど，ガタイはP部よりいいっすね」

問 8-2-1 の回答例

図 8-5 が描けているとよいでしょう。ここでポイントは，薬物使用システムとして，P部員との関係を描き，解決システムとして，薬剤

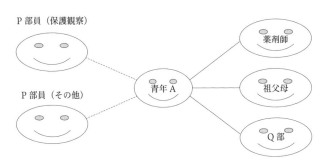

図 8-5　事例 8-2 における青年 A の薬物使用システムと解決システム

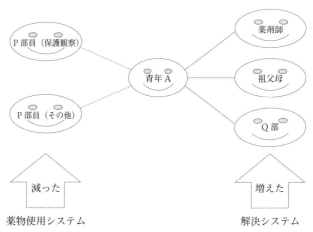

図8-6　事例8-2における青年Aの薬物使用を促す危険な関係と
薬物使用を禁止する安全な関係の増減

師，祖父母，Q部との関係を描いている点です。解決システムには薬
剤師だけでなく，祖父母やQ部も含んでいます。

問8-2-2の回答例

これは薬物使用のリスクが下がっている，と答えられればよいです。
というのも，薬物使用システム（P部）との接触頻度が下がり，解決
システム（Q部，祖父母，薬剤師）との接触頻度が上がっているから
です（図8-6）。

問8-2-3の回答例

この場合は，治療者はこの状態をそのまま維持するようにし，他は
何もしません。というのも，自発的に薬物使用リスクが下がるように，
Aの環境が変化しており，治療者の意図的な介入は，この変化を妨げ
かねないからです[176]。一般的には，来談者と周囲が自発的なやりと
りを通して薬物使用のリスクが下がっている場合は，そのやりとりが
来談者と周囲の状態や特徴に合致した個別性の高い介入法と考えられ

るため[322]，そのやりとりを継続させることを重視します。

8章5節　薬物使用ナラティヴ

　さて，薬物依存症者のナラティヴですが，現在志向で自己志向であることが知られています。例えば，薬物依存症者は「今，自分が気持ち良ければよい」という観点で薬物を使用し続けます[323]。その後の家族との約束や仕事の都合については考えません。そのため，家族や同僚からの信頼を失うことになり[324]，人間関係を保てなくなります。実際多くの薬物依存症者は強い孤独感に苦しみます[325]。これらは薬物使用という行為を正当化するナラティヴなので，ここでは略して，薬物使用ナラティヴと言います。

　一方，薬物依存症者は回復する過程で，未来志向や他者志向になっていきます。例えば，具体的な将来の目標を考えたり，自分だけでなく友人や家族のことを考えたりすることが薬物依存症からの離脱に役立つと考えられています[326]。実際，薬物依存症者に将来の目標を3カ月間手紙で考え続けるように促すことで，その後の再発リスクが下がることも指摘されています[327]。同様の効果はアバターを使用した研究でも支持されています[328]。このように未来志向や他者志向は，薬物使用という問題を解決するナラティヴですので，ここでは略して解決ナラティヴと言います。

　これらをまとめると図8-7になります。薬物依存症者は初め，自分志向と現在志向が強い状態にあります。その中で，人との関係を築いたり，未来の目標を治療者が聞いたりすることで，薬物依存症者が徐々に他者志向と未来志向になっていくと考えられます。

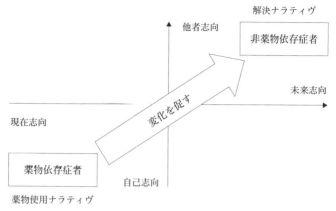

図 8-7　薬物使用ナラティヴと解決ナラティヴ

8章6節　薬物依存症事例における薬物使用ナラティヴ への介入

問 8-3-1

架空事例 8-1 を読み，この時のＡのナラティヴを記入してください。

問 8-3-2

架空事例 8-3 を読み，この時のＡのナラティヴを記入してください。

架空事例 8-3（架空事例 8-2 の続き）

　Ｘ＋１年１月（12 月は年末休暇のため，お休み）に母親とＡで来所。

　Ａは無期停学明けで，高校に行った。行った初日から，一日でも遅刻・欠席したら即留年決定と言われた。そのため，Ａは一日も休めない，と言う。今日は特別に許可をもらって，来ているという。

　高校の様子を聞くと，Ｐ部でヤンチャしていた人は全員退部して，別の部活動に入っていたり，退学していたりする人間もいた。自分もいつそうなるか分からないが，遅刻しないように毎朝高校に行っている。Ｑ部に入ろうか迷っている。相当きついので大変だが，朝練があ

るので，遅刻の心配はほぼなくなる。

　母親が「最近は恋人と A の三人で暮らせる家に引っ越そうかって考えているんです。A も結構前向きに考えてくれて。あと，私も禁煙を始めたんです。A がたばこを吸い始めたのって私のたばこの匂いを吸っていた影響もあるかなって思ったんです」と言う。

　A にこれからしたいことを聞くと，「まずは進級。結構やばいから」〈1 年後は？〉と聞くと，〈やっぱり進級。あとは，進学したい。うちの高校はほとんど就職組だけど，進学している人もちらほらいるし，周り（の就職している大人）を見ても資格持っていた方が何かと就職に強いかなって思うんで。〉

　問 8-3-1 の回答例
「たまには外出したくなって」「X の応援なら行ってもいい」と A は言っているので，この時はまだ現在志向で自分が楽しいことに注意が向いています。そのため，まだ薬物使用ナラティヴです。

　問 8-3-2 の回答例
「まずは進級」「（1 年後は）進学したい」と A は言っているので，この時期は，未来志向になっているところが出てきました。これは解決ナラティヴが少し入っていると言えます。まだ，関係志向ではないですが，これだけでも大きな進歩と言えます。なお，このように未来の自分を明確に意識してもらうことによって，非行リスクが低下することも確認されていますので [327][328]，将来どんな自分になりたいかということを意識してもらうことは有効な介入法と考えられます。

よくある質問 8-3：「薬物依存症の人は無計画なナラティヴで，回復している人は計画的なナラティヴということですか？」
質問への答え：そうですね。そのように言うこともできます。未来のことを考えていく，というのは，計画的ですからね。

8章7節　薬物依存症の治療に関連する研究

　本章では，ハームリダクション（有害性の除去）モデル[329]に基づいて，薬物依存症の治療を青年とその周囲の環境をモデル化し，マルチシステミックセラピーを用いました[47]。ハームリダクションモデルというのは，文字通り，薬物使用に伴う有害性を除去する，という観点から治療を行うモデルです。この事例の場合，高校退学が大麻使用に伴う有害性であると言えます。というのも高校の中途退学はその後の就労に不利になるということが報告されているからです[330]。そのため，この有害性を除去するために，高校退学を阻止するように大勢の治療者が同時に働きかけています。もしこの青年が20歳を過ぎた大学生であり，大麻ではなく，たばこを吸っていた場合，本事例のような介入は行わず，たばこの有害さを示すメール送信で終わることが多いです[331]。もちろん，たばこは身体的に有害ですが，その後の就労を明確に不利にするわけではないですから，成人の喫煙に伴う有害さは，青年の大麻使用に伴う有害さよりも低い，と言えます。そのため，その有害さの低さに応じて，当人に求める行動変容の程度も変わっていきます。この場合だと，大麻は二度と吸わない方がよいが，たばこはできるだけ吸わない方がよい，という目標になり，支援者の働きかけも変わります。このように薬物使用に伴う有害さを想定した上で，その有害さの程度に合わせて，当人に求める行動変容の程度や支援者が行う働きかけの程度を変えていく治療モデルのことをハームリダクションモデルと言います。

　また，マルチシステミックセラピーでは，個人と関わりのある家族や友人が個人の行動に影響を与えていると考えています[47]。この事例でも青年Aと関わりのある保護者やP部の友人などが青年Aの薬物使用に影響を与えていました。また，マルチシステミックセラピーを薬物使用事例に適用する場合は，青年の薬物使用を促す関係との接触頻度を下げ，薬物使用を禁止する関係との接触頻度を上げるようにします[314]。同様に，本事例でも薬物使用システム（青年AとP部の友

表 8-1　薬物依存症の治療に関してメタアナリシスの水準で
効果が確認されているアプローチ

	主な心理療法
動機づけに主に着目	動機づけ面接法[334] 個別化されたフィードバック[335]
薬物使用の前後の行動や生活習慣に主に着目	リラプスプリベンションモデル（再発防止モデル）[332]
環境調整	マルチシステミックセラピー[47]*

* マルチシステミックセラピーについては，近年，無作為化統制実験の品質が悪い
ことや米国とそれ以外の国とで治療結果が異なることが指摘されていることか
ら，エビデンスのレベルは今後下がる可能性があります[338]。

人）との接触頻度は下げ，解決システム（青年Aと薬剤師）との接触
頻度を上げていました。そのため，本事例の治療アプローチは，マル
チシステミックセラピーに則った介入と言えます。

　マルチシステミックセラピーのような環境調整と並行して，青年個
人に治療を行う治療方法もあり，いくつかの治療はメタアナリシスの
水準で効果が確認されています（表 8-1）。ここでは動機づけ面接法と
個別化されたフィードバック，リラプスプリベンションモデル（再発
防止モデル）[332] を説明します。まず，動機づけ面接法では，来談者
が薬物を使用しないような動機が高まるように働きかけます。この働
きかけによって，来談者は徐々に薬物を使用しないナラティヴを治療
者に話し続けることになり[333]，このように話し続けることによって，
薬物を使用しない状態になっていくことが報告されています[334]。ま
た，同様のアプローチを非対面構造で行っているアプローチとして個
別化されたフィードバックがあります[335]。動機づけ面接法は，面接
内容を発話レベルまで分析して，治療効果を示している所から，デー
タの粒度が他の心理療法と比べて細かく，知見が洗練されていると言
えます[162]。

　一方，リラプスプリベンションモデル（再発防止モデル）[332] では
薬物使用をする前後の行動やこれまでの習慣に着目します。このアプ

ローチでは，薬物使用を行いそうな危険な場面をあらかじめ特定し，そういった場面に近づかないようにしたり，誤って近づいた場合でも適切に対処できる力を身に着けたりすることで，薬物使用をしないようにします[336]。近年では，リラプスプリベンションにマインドフルネスを追加したモデルも見られ[337]，こちらも盛んに研究が行われています。

発展課題8

図 8-8A（[339]を基に作成）は覚醒剤取締法違反者が入所受刑者に占める割合を示しており，窃盗についで2番目に多いと言えます。図8-8A から，日本の受刑者の約 1/4 が覚醒剤取締法違反者と言えます。また，図 8-8B（[339]を基に作成）は覚醒剤取締法違反者で検挙された者の内，過去に同じ覚醒剤取締法違反で検挙された経験のある者の割合を示しています。そのため，再犯者の割合とも言えます。1997 年以降から上昇し，2019 年には 66. 94％が再犯者と言えます。ここから，覚醒剤取締法違反者は入所の約 1/4 を占めており，その多くは再犯者と言えます。

発展課題8-1

覚醒剤取締法違反者が出所後に再犯しないためには，どういった人間関係の中で住むことが望ましいといえるでしょうか？ 本章のアプローチを基に説明してください。

発展課題8-2

発展課題 8-1 の答えを実現するためには，入所中の覚醒剤取締法違反者に対してどのような介入が必要でしょうか。ナラティヴアプローチとシステムズアプローチの点から回答してください。

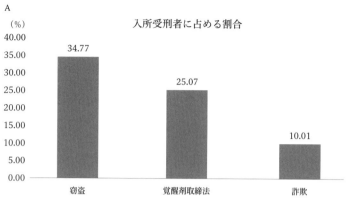

A

（％）

入所受刑者に占める割合

B

（％）

覚醒剤取締法違反者の内で過去に同法違反で検挙された者の割合

図8-8　日本における覚醒剤取締法違反者の現状

第9章

ADHD 児の破壊的行動とその周囲

要　　約

本章では，破壊的行動に関する危険因子・保護因子を多次元家族療法（Multi-dimensional Family Therapy）に基づいてモデル化し（1節），そのモデルを具体的な ADHD 児の事例に適用します（2節）。学校内の破壊的行動システムとナラティヴの観点から，破壊的行動リスクを低下させるための適切な学校内の介入策を考えて（3節），それらを事例に適用します（4節）。また，家族内及び学校・家族間の破壊的行動システムとナラティヴの観点から，破壊的行動リスクを低下させるための家族内及び学校・家族間における適切な介入策を考えて（5節），それらを事例に適用します（6節）。最後に，ADHD の治療に関連する研究を紹介します（7節）。

9章1節　ADHD 児の破壊的行動の危険因子・保護因子

ADHD（注意欠如・多動症）児とは不注意・多動性・衝動性を中核症状とした発達障害児 [89] で，行動抑制課題時に失敗しやすいです [340]。例えば，美味しい果物を食べたくなるような状況でも，その果物を食べずにこらえることが行動抑制課題と言います。この行動抑制課題時には，前頭前野の活動が活発になることが知られていますが [341]，ADHD児は，この行動抑制課題時に，前頭前野の活動が低く，行動抑制が上手くされずに，その結果，果物を食べてしまうことが知られています [341]。

これらの結果は図 9-1 のような学習速度と待ち時間の関連でまとめ

られます[342]。行動抑制課題のように，報酬が得られるまでの待ち時間が長い場面では，ADHD児の学習速度は健常児と比べて遅くなってしまいます[343]。一方，待ち時間が短い場合では，ADHD児の学習速度は健常児よりも早くなることが知られています[344]。つまり，ADHD児は果物が大きくなるのを待ってから食べる，という待ち時間の長い学習は苦手なのですが，美味しそうな果物を見つけてすぐ食べる，という待ち時間の短い学習は得意と言えます。

　ここで違法行為を考えてみると，ほとんどが報酬までの待ち時間が短い行動になります。例えば，バイク窃盗ですと，バイクを盗んで，すぐにバイクで走行できるのですから，報酬までの待ち時間は短いです。また，違法薬物の摂取も，薬物の摂取後にすぐに快感を得られますので，報酬までの待ち時間が短いです。つまり，ADHD児は，健常児と比べて，これらの違法行為に影響されやすく，社会適応が悪化しやすいと言えます[345]（図9-2）。実際，こういった違法行為を行う仲間がいた場合，ADHD児はこれらの違法行為をしやすくなります[346]。また，ADHD児を同級生が拒絶している場合，ADHD児は同級生となじまずに，違法行為を行う仲間と仲良くなりやすいため，ADHD児の非行のリスクが高まることが知られています[347][348]。

　一方，ADHD児が自分のペースで学習できるような環境に置かれた場合，健常児よりも社会適応が高くなることが報告されています[349]

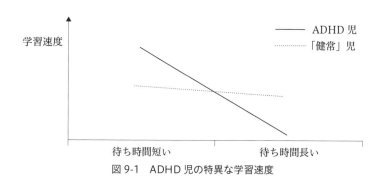

図9-1　ADHD児の特異な学習速度

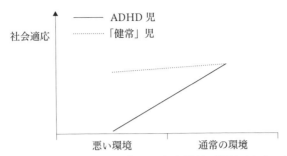

図 9-2　ADHD と悪い環境（非行を促す環境）が組み合わさった
時の否定的な影響

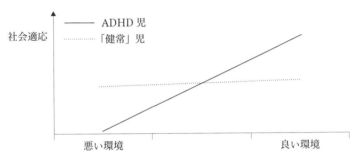

図 9-3　ADHD と良い環境（個別に配慮された環境）が組み合わさった
時の肯定的な影響

（図 9-3）。これは図 9-1 からも明らかなのですが，待ち時間の短い学習を ADHD 児のペースで学習させた場合，健常児よりも学習速度が速いので，学習効果が高くなることが期待できます[350]。例えば，起業家になる確率は ADHD 傾向を持っている人が高く[351]，かつ，起業家で成功している人も ADHD 傾向が高いこと[352]が分かっています。これは起業家という職種が個人のペースで学習を設定できる点を考えれば，ADHD 傾向が社会適応に肯定的に働く，という点が理解できます。実際，ADHD 傾向は環境によって肯定的に働くことが古くから指摘されています[353]。

　これらの先行研究から，ADHD 児の破壊的行動については，破壊

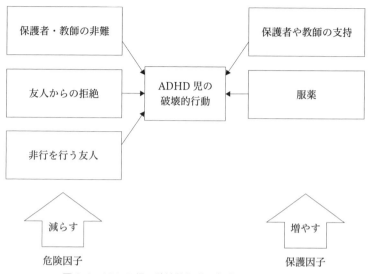

図 9-4　ADHD 児の破壊的行動の危険因子と保護因子

的行動を行う友人，同級生からの拒絶，及び非難を行う保護者・教師が危険因子と言えます（図 9-4）。というのも，こういった行動から非行や攻撃行動を学習しやすいと考えられるからです（図 9-4）。一方，ADHD の特徴を理解し，サポートしてくれる保護者や家族は保護因子と言えます。また，薬物療法（アンフェタミンやメタンフェタミン）が ADHD の症状緩和に役立つという報告もありますので[354][355]，これらは保護因子と言えます。ただし，アンフェタミンとメタンフェタミンはいずれも覚醒剤であるため，ADHD 児が多量摂取をすると薬物依存を誘発してしまいます[356]（もちろん服薬が適切に管理されている場合，薬物依存は誘発されず，むしろ薬物依存のリスクを下げます[357]）。また，症状緩和のエビデンスはありますが，能力の向上に関する報告は乏しいため，これらの服用については賛否両論が今でもあります[358]。

9章2節　ADHD児の破壊的行動事例における危険因子・保護因子の特定

問 9-1

架空事例 9-1 を読んで，Aの破壊的行動の危険因子と保護因子を図示してください。

架空事例 9-1（一部参照 [359]）

X年11月中旬に小学校内の教員会議にて本事例に関するコンサルテーションが行われる。

Aは小学3年生の男児でX年6月より，児童精神科のクリニックでADHDと反抗挑戦性障害の診断を受けており，現在はコンサータを処方されている。

家族は本人，父（自衛隊・30歳），母（スーパー事務・30歳），父方祖母（無職・65歳）の4名。父方祖母と父方祖父は父が5歳の時に離婚しており，父方祖父とは以後音信不通（祖父の家庭内暴力が原因）。母親は駆け落ちする形で父親と結婚したため，母方祖父母とも連絡はほぼとれていない。父・母ともに兄弟はおらず，一人っ子である。

児童精神科のクリニックでAがWISC-IVを受けた結果，FSIQ（全検査IQ）は107であるが，VCI（言語理解）100，PRI（知覚推理）100，WMI（ワーキングメモリ）109に対し，PSI（処理速度）90であった。Aの学力に問題はないが，Aは移動教室などでは落ち着いて行動することが難しい。例えば，理科の実験では本来と違う器具を使って遊び出したり，運動会の予行演習ではどこかに行ってしまい，帰ってこなくなったりするということがある。

日常的な破壊的行動：クラスの同級生に対して，少しでも気に入らないことがあると（例えば，給食の順番や量），「死ね」「殺すぞ」と暴言を吐き，言われた相手がそれを無視すると，その相手に殴りかかったりすることがある。Aが小学校3年生になってから週に一度は必ず

同級生の誰かに暴力を振るうようになっており，その度に担任の先生にこっぴどく叱られているが，一向に止む気配はない。

　また，小学校 3 年生になってから，ある女児が黒いズボンを履いてきたことがあり，それを A が「お前は黒いズボンを履いているから，男だ！」と言い，その女児が「違うよ。女だよ」と言い返したために，A がその女児の股間を触り，その結果，その女児が学校に来なくなり，学校内で問題視されることがあった。

　学校での対応：これまで 3 名の学級担任が A を担当してきた。小学校入学時からマークされており，1 年時の担任教員（若手男性職員）では，A は席に座っていられず，しょっちゅう教室の外に出ていた。当時は理解ある校長がおり，その校長室に寄るような体制ができることで，けんかはあるものの暴力行為は半年に一度程度であった。2 年時の担任教員（中堅の女性教員）は A の暴力行為が起こりそうだと察知すると，A の話題をさっと変えたり，「A くんは賢いよね。〇〇さんをたたくのはやめられるよね」などとあらかじめ声かけしたりすることで何とか収まっており，教室外に出ることも減り，暴力行為も一年に 1 回あっただけであった。

　しかし，小学校 3 年時に担任が変わり，ベテランの男性教員に変わってから，状態が悪化している。男性教員としては，A の離席や暴力行為に関しては，厳しく非難し，朝の時間に少しでも離席があると，A を昼休みに呼び出して，それがどうしてだめなことなのかを説明してきた。その時は，A もしおらしく下を向いているが，午後の授業でもいっこうに離席が減らず，放課後にも指導をするが，その翌日も同じように離席している。こういったことを一年繰り返しているうちに，破壊的行動はエスカレートし，週に 1 回は起きるようになった。クラスメイトも A とは一緒にいたくないようで，クラス内のグループ活動では A がどこのグループにも入れなかったりすることがたびたびあり，「A とグループ一緒になるのは嫌」とみんなの前で公言している児童も複数いる。

　A が 3 年時の 1 学期頃は，教頭（ベテラン女性教員）にも相談し，

担任なりにいろいろ試してみたが，全く上手くいかなかった。これまでの担任二人に話を聞こうにも二人とも異動しており，なかなか連絡が取れない。教員全体で知恵を絞って対応するのだが，なかなか上手くいかず，暴力行為も減らないため，「Ａがまたやったか」というムードがＡの３年の２学期頃から職員室全体にも漂うようになった。暴力行為は当該クラスだけでなく，学年行事や学年全体の行事でも度々起こるため（全校集会の移動中に面識のない児童とＡが口論になり，そこでけんかになったりする），他の教員もＡの指導は難しいし，指導する前に挑発行為（おかしな顔）をしてきたりするので，多くの教員がＡと接するのに内心辟易している。暴力行為が頻繁に起こるため（非常勤の教員が教えると，「非常勤から教えられたくない。常勤になったら話を聞いてやる」などと出会いがしらに言ったりする），最近はクラスメイトとＡがトラブルになっても，担任はＡだけ呼び出して非難することが多くなった。

　Ａと関係の取れている教員は，保健室の養護教諭と最近新しく来た教頭だけだった。あとは，地域の児童Ｐ部の監督とも関係が取れている。三人の何がいいのか，ということをＡの担任が先日，Ａに直接聞くと，「頭ごなしに怒らないこと」と言う。「そうはいっても，Ａも先生たちをおちょくらないようにしないといけないんだぞ」と一応指導はしておいたが，どうもＡはあまり理解していない様子。

　問 9-1 の回答例
　図 9-5 のような回答例が描けているとよいでしょう。危険因子としては，小３の担任の非難，複数の同級生の拒絶，及び，ほとんどの教員からの非難（頭ごなしに怒る），になります。ここでのポイントは，その他多くの教員の対応がＡにとって危険因子になっていると気づくことです。小３の担任対応が危険因子になっているのは非難行動があるので分かりやすいですが，「関係の取れている教員」が「頭ごなしに怒らないこと」と言っているところから，裏を返せば，それ以外の教員はほぼＡを頭ごなしに怒っていると言えます。この非難行動が危険

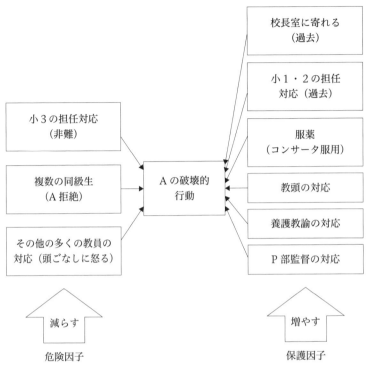

図 9-5　A の破壊的行動の危険因子と保護因子

因子です。ADHD 児の対応では，多くの優れた先生方でも非難行動が出てしまいます。これは ADHD 児の特徴がその周囲に引き起こすナラティヴと関係しています（詳細は 9 章 3 節）。

　一方，保護因子としては，「校長室に寄れる（過去）」，「小 1・2 の担任対応（過去）」「服薬（コンサータの服用）」「養護教諭の対応」「教頭の対応」「P 部監督の対応」になります。「校長室に寄れる（過去）」や「小 1・2 の担任対応（過去）」がある時は，破壊的行動が少なくなっていました。もちろん，コンサータの服用は衝動性や破壊的行動に有効ということを示すエビデンスもあるので [360][361]，A の場合も有用と推察できます。また，「養護教諭の対応」「教頭の対応」「P 部監督の

対応」は「頭ごなしに怒らない」ので，Aと支持的な関係を取れることを示唆しており，保護因子と言えます。

よくある質問 9-1：「教員全体が知恵を絞る環境は保護因子ではないですか？」

質問への答え：「教員全体が知恵を絞る」ことによって，有効な解決策を出せるのであれば，保護因子です。特別支援教育の場合，教員同士が課題を共有し，解決策を検討すること，つまり，「教員全体が知恵を絞る」ことによっても有効な解決策は出てきますので[362]，保護因子になることが多いです。ただ，今回の場合は，「教員全体が知恵を絞る」ことによっても有効な解決策が見えてきません。そうすると，多くの問題では上手くいく対応が，この問題に対しては上手くいかない，ということになり，この問題が特別難しい，という考え方になっていきます。また，こういった破壊的行動を起こす問題の場合，その人が悪い，もしくは，おかしいという話し合いに容易に変わっていきます[363][364]。そうすると，この問題を解決するために，「教員全体が知恵を絞る」会議のはずが，この問題の場合は，この子どもが悪い，とか，おかしいという風に問題を個人にラベル付けする会議に変わっていきます。こういう会議で，「この子どもが悪い」というナラティヴを共有すると，教員もこの子どもに対して否定的に接してしまい，教員の否定的な態度が子どもの破壊的な行動をさらに増加させてしまいます[365][366]。つまり，この問題の場合，「教員全体が知恵を絞る」会議によって，その意図とは反対に，破壊的行動を維持するナラティヴを作ってしまうことになります。そのため，この事例の場合は，その会議が実際に役立っているかどうかという観点で見直す必要があります。

9章3節　学校内の破壊的行動システムとナラティヴ

　ここでは ADHD 児の破壊的行動を維持する学校内のコミュニケーションパターンとその破壊的行動を正当化する考え方，つまり，破

壊的行動システムとナラティヴについてそれぞれ確認していきましょう。まず，ADHD児は衝動性・多動性がありますので，同級生と意見の食い違いが起きた時に暴言や暴力が出やすいです[367]。この時，クラス担任が間に入って，双方の話を聞こうとしますが，ADHD児は衝動性の高さゆえに，話の説明が分かりにくく，担任もよく分からず，意見の食い違いが解消されない状態になります[368]。こういったことが繰り返されるので，同級生はADHD児と関わりを避けるようになっていきます[369]。また，こういったことを繰り返されると，担任もADHD児を嫌うようになります[370]。その結果，ADHD児は教師や同級生から嫌われてしまうので，ADHD児は学校全体に対して嫌悪感を持ってしまいます[370]。教師との関係が悪かったり同級生との仲が悪かったりすると，ADHD児の破壊的行動はますます悪化していきます[365][366]。つまり，ADHD児の破壊的行動は学校内で維持されるようなシステムやナラティヴを形成していきます。

　これらをまとめると，図9-6になります。まず，ADHD児がたびたび破壊的行動を起こし，話し合いでも有効な対応が出てこない

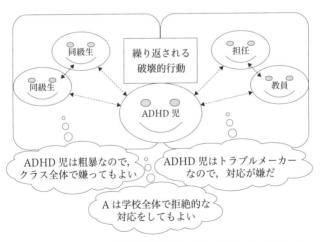

図9-6　ADHD児の破壊的行動を維持するシステムとナラティヴ

と[367][368]，同級生がADHD児を嫌います。そのため，ADHD児と同級生との間には否定的なコミュニケーションパターンが成立します。また，ADHD児を嫌っているという点では，同級生は意見を共有しているので，同級生同士は肯定的なコミュニケーションパターンを形成します。これはハイダーのバランス理論[281]に基づけば安定したシステムですので，このシステムは継続します。同様に，教員もADHD児の対応に疲弊し，ADHD児を嫌うようになります[370]。ここでも教員同士は，ADHD児を嫌っているという点で意見を共有しているので，教員同士は肯定的なコミュニケーションパターンを形成します。これもハイダーのバランス理論[281]に基づけば安定したシステムですので，このシステムは継続します。そして，同級生の拒絶と教師の非難は共にADHD児の破壊的行動を悪化させます[365][366]。つまり，ADHD児の破壊的行動は学校全体を巻き込んで，破壊的行動を維持するシステムを構築していく，と言えます。これを略して，以降は破壊的行動システムと言います。

　同様に学校内のナラティヴも見ていきましょう。まず，ADHD児の破壊的行動を同級生は嫌います[367]。そのため，同級生同士は互いに「ADHD児を嫌う」というナラティヴを共有します。また，教師も破壊的行動を繰り返すADHD児を嫌っていきます[368]。そのため，教師同士も互いに「ADHD児を嫌う」というナラティヴを共有します。同級生も教師もADHD児を嫌っていますので，「ADHD児を拒絶するような対応を取ってもよい」というナラティヴが形成されます。同級生と教師がADHD児を嫌う対応をすると，ADHD児の破壊的行動は悪化していきます[363][364]。つまり，ADHD児の破壊的行動は学校全体を巻き込んで，破壊的行動を維持するナラティヴを構築していく，と言えます。これを略して破壊的行動ナラティヴといいます。

　この例からも分かるように，学校内のADHD児の破壊的行動は，単にADHD児個人の問題ではなく，同級生や教師を含んだ学校全体がADHD児の問題に巻き込まれてしまい，同級生や教師が知らず知らずのうちに，この問題を悪化させるようなシステムやナラティヴに巻き

込まれてしまう，ということが問題です。特に世界的にも優れた日本の小学校教師[371]が，このADHD児に対しては「頭ごなしに怒っている」というのが破壊的行動システムやナラティヴに巻き込まれていることを示唆しています（通常，日本の小学校教師が頭ごなしに子どもを怒ることはほとんどありません）。

ADHD児の破壊的行動に対処するためには，学校全体が破壊的行動システムとナラティヴに巻き込まれていることに気づくことが重要です。また，この巻き込みから脱出していくためには，この学校全体に蔓延する破壊的行動システムとナラティヴを変容すべく，これらのシステムとナラティヴと異なったシステムやナラティヴを形成していくようにします[48][372]。ここでの異なったシステムとナラティヴは破壊的行動システムとナラティヴと相容れないようなものを意味します。というのも，破壊的行動システム・ナラティヴと相容れないシステム・ナラティヴがあった場合，この相容れないシステム・ナラティヴを拡張することによって，間接的に破壊的行動システム・ナラティヴが縮小していくからです。このように，破壊的行動という問題を解決していくようなシステムとナラティヴをそれぞれ解決システムや解決ナラティヴと言ったりします[373]。

9章4節　ADHD児の破壊的行動事例における学校システムとナラティヴへの介入

問 9-2-1
架空事例 9-1 を読んで，学校内における破壊的行動システムとナラティヴを図示してください。
また，破壊的行動システムとナラティヴに属さないコミュニケーションパターンとナラティヴも図示してください。なお，これらは以降，それぞれ解決システムと解決ナラティヴと言います。

問 9-2-2
問 9-2-1 の答えに基づいて，破壊的行動システムとナラティヴを減

らし，かつ，解決システムとナラティヴを増やす介入を考えてみてください。

問 9-2-1 の回答例

ここでは図 9-7 が描けているとよいでしょう。破壊的行動システムとナラティヴは図 9-6 と同じです。ここでのポイントは，解決システムとナラティヴを見つけることです。教頭，養護教諭，P 部監督は A と

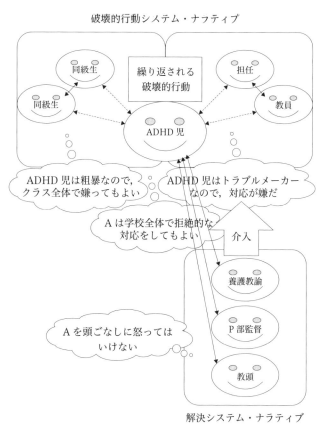

図 9-7　A の破壊的行動システム・ナラティヴと解決システム・ナラティヴ

関係がとれているところから，この 3 名が「頭ごなしに怒らない」関わりを A と持っている，という点で，これは少なくとも否定的なコミュニケーションパターンではありません。このコミュニケーションパターンは，他の教員が A を頭ごなしに怒る，というコミュニケーションパターンとは相容れません（同じ教員が頭ごなしに怒り，かつ，頭ごなしに怒らない，というのは同時に成立しません）。そのため，このコミュニケーションパターンは解決システムと言えます。また，この 3 名は「頭ごなしに怒ってはいけない」というナラティヴを持っていると考えられます。このナラティヴも「頭ごなしに怒ってもよい」というナラティヴと相容れませんので，解決ナラティヴと言えます。この解決システムとナラティヴを拡張させることによって，破壊的行動システムとナラティヴを減少させていきます[374]。

問 9-2-2 の回答例

　ここでは図 9-7 の解決システムと解決ナラティヴを拡張していけばよいということが分かります。具体的には，1. まず養護教諭，P 部監督，及び教頭で，A にとって，どのような対応がよいかをまとめます。次に，管理職である教頭が，職員会議で，A にとっては，1. でまとめた対応をしてはどうか，という提案をします。この時，A の対応に疲れた教員からは「そうやってきたけど，全く効果がなかった」という反論は十分にあり得ますが，その際はこのように切り返します。「では，A に対して頭ごなしに怒る，ということを皆さんはしてきましたが，それは妥当な対応でしょうか。もし，A ではなく，別の児童がトラブルに遭った時，頭ごなしに怒る対応をしてよい，と思う先生はいらっしゃるでしょうか？（いない）つまり，A は難しいけれども，頭ごなしに怒ってよい，というわけではないのです」このようにして解決システムとナラティヴを拡張していきます。

よくある質問 9-2：「養護教諭や教頭が A を嫌う同級生に対し『A を極端に拒絶すべきではないのでは？』と提案することは有効でしょう

か？」

質問への答え：もちろん，そのような提案は有効になることもあり得
　ますが，それは教員同士が『Aを極端に拒絶すべきではない』とい
　うナラティヴを持っており，かつ，実際にそのように行動している
　場面を子どもに見せている必要があります。というのも，仮に教員
　の多くが実際に『Aを極端に拒絶すべきだ』と考え，そのように実
　践している場合は，子どもは『先生も実際はAを拒絶しているくせ
　に』と思われてしまい，教員による子どもの説得効果が薄れるから
　です。

　　なお，このような学級集団のナラティヴを変容するアプローチは
　沢山されており，年の近い同級生や先輩などからそのような話をさ
　れることが効果的と考えられています[375]。そのため，教員からリ
　ーダー的な同級生への話し合いを行い，そのリーダー的な同級生か
　ら周囲の同級生に話し合いを行う[376]，という伝播プロセスによっ
　て，学級集団のナラティヴは変容し得るでしょう。

9章5節　家族内及び学校・家族間の破壊的行動システム とナラティヴ

　さて，ADHD児の破壊的行動は，家族内及び学校・家族間でも破壊
的行動システムとナラティヴを構築していきますので，それらを確認
していきましょう。まず，ADHD児の破壊的行動は家庭内でも同様に
生じることが指摘されています[89]。ADHD児の破壊的行動を保護者
が単独で適切に対応することは困難です[377]。そのため，ADHD児の
保護者はそうでない子どもを持つ保護者と比べて多大なストレスを抱
えやすく[378]，保護者と子どもとの関係が悪化する[379]ことが報告さ
れています。また，保護者とADHD児との関係が悪化しているほど，
保護者からの非難などの否定的なコミュニケーションパターンが多く
なり，それがADHD児の破壊的行動を多くしてしまうことが指摘さ
れています[390]。つまり，ADHD児の破壊的行動は母親の非難行動を
生みやすく，それがさらに破壊的行動を生みやすくさせる，という形

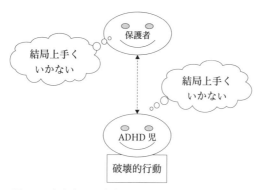

図 9-8　家庭内での破壊的行動システムとナラティヴ

になっています。これは，破壊的行動システムが家族内でも構築されることを示しています。

　これをまとめると図 9-8 になります。まず，保護者と ADHD 児とは破壊的行動に対して上手く対処できないことが多いために，否定的なコミュニケーションパターンが多くなります [379]。この否定的なコミュニケーションパターンが ADHD 児の破壊的行動を悪化させますので [380]，これは破壊的行動システムと言えます。同様に，ADHD 児と保護者との間には否定的なコミュニケーションパターンが蓄積されていると，保護者も ADHD 児も中立的な話題でも否定的なコミュニケーションパターンが現れやすくなり，「結局上手くいかないだろう」という破滅的なナラティヴを互いに持ちやすいことが指摘されています [381]。また，保護者の「上手くいかないだろう」という過労感（strain）は ADHD 児の破壊的行動と関連します [382]。つまり，「上手くいかないだろう」というナラティヴが ADHD 児の破壊的行動と関連する，と考えられますので，これも破壊的行動ナラティヴと言えます。

　同様に，ADHD 児の破壊的行動は，保護者と教師間でも破壊的行動システムとナラティヴを構築していきます。まず，破壊的行動が繰り返されているので，教員から保護者に対して，ご家庭でしっかり教育してください，という指導が入ります。しかし，ADHD 児はその衝

動性ゆえに順序だって説明するのが難しいため[368]，保護者も学校での ADHD 児の破壊的行動の経緯を正確に把握することが難しくなります。そもそも，ADHD 児の破壊的行動を保護者が単独で適切に対応することは困難ですので[377]，教師から指導が入ったとしても学校内の破壊的行動に対して適切に対応ができるとは考えにくいです。こういった環境では，教師と保護者とのやりとりには否定的なコミュニケーションパターンが多くなります[383]。教師は電話をかけていろいろ要求しようとしますが，保護者は電話を取るのを拒否するようになっていきます[383]。このように教師と保護者とで要求／回避のような否定的なコミュニケーションパターンができてくると，ADHD 児の宿題の提出率が下がることが報告されています[384]。宿題が提出されないことが続くと，教師が ADHD 児の保護者に連絡する可能性があり，それを保護者が無視することによって，否定的なコミュニケーションパターンが繰り返されます。このように ADHD 児の破壊的行動は保護者と教師との間でも破壊的行動システムを作っていると考えられます。

　これをまとめると，図 9-9 になります。教師は学校内での ADHD 児の破壊的行動について保護者に連絡を取ろうとし，そこで ADHD 児の破壊的行動について保護者からも適切に対応してください，という趣旨の説明をします。しかし，ADHD 児の破壊的行動を保護者単独で対処することは極めて難しいため[377]，ADHD 児の学校内での破壊的

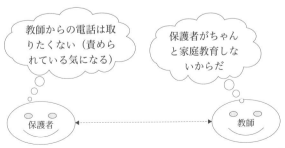

図 9-9　教師と保護者間での破壊的行動システムとナラティヴ

行動は改善されません。そうすると，教師から連絡を取ろうとすることになりますが，保護者は上手く対応することができないので，連絡を無視するようになります。また，教師はADHD児の破壊的行動について連絡しようとしても保護者が電話に出てこないようになりますので，「保護者がちゃんと家庭教育しないからだ」というナラティヴを作りやすくなります。同様に，保護者も教師からの連絡を取らなくなり，「教師から責められるような気がする」というナラティヴを作りやすくなります。このようなシステム・ナラティヴがあると，教員と保護者間で破壊的行動についての肯定的なコミュニケーションパターンを形成するのは難しく，保護者側からADHD児の破壊的行動を防止する有効な方法[385]はほぼ使えなくなります。そのため，このシステム・ナラティヴも破壊的行動を維持する，という意味で，破壊的行動システム・ナラティヴと言えるでしょう。

ADHD児の破壊的行動に対処するためには，家族内及び学校と家族とでADHD児の破壊的行動を維持する破壊的行動システムとナラティヴに巻き込まれている，ということにまず気づく必要があります。また，この巻き込みから脱出していくためには，この学校と家族間にある破壊的行動システムとナラティヴを変容すべく，これらのシステムとナラティヴと異なったコミュニケーションパターンやナラティヴを形成していくようにします[48][372]。

9章6節　ADHD児における家族内及び学校・家族間の破壊的行動システムとナラティヴへのアプローチ

問9-3-1

架空事例9-2を読んで，家族がAに対して持つ破壊的行動システムとナラティヴを図示してください。同様に，教師と保護者が持つ破壊的行動システムとナラティヴを図示してください。次に，家族内で破壊的行動システムとナラティヴとは異なったシステムとナラティヴを図示してください（これらを以降では，家族内の解決システム・ナラティヴと言います）。同様に教師と保護者との間で破壊的行動システ

ム・ナラティヴとは異なったシステムを図示してください（これらを
以降では，教師保護者間の解決システムと言います）。

問 9-3-2
　問 9-3-1 の回答に基づいて，家族内の解決システム・ナラティヴ及
び教師保護者間の解決システムを増やす介入を考えてみてください。

架空事例 9-2（一部参照 [359]）
　三者面談に珍しく父親が来た際に，担任がＡの学校での様子を伝え
ると，父は「自分がいる時にはそんなこと（暴力行為）は起こらない。
上に立つ者が的確な指示をしていれば，そんな行動は起こらない。先
生も今後はＡに的確な指示を出してほしい」と言う。母親にＡの様子
を伝えると，「Ａは家でもそうだ。掃除機や照明器具やありとあらゆる
家具が壊れされていて，家の家電製品はボロボロだ。私が壊さないで
と言っても，すぐに壊される。買い替えてもＡがすぐに壊すので，買
う気にもならない。幸い私に暴力を振うことはないけど」と言い，
父の方をちらりとみる。父は「それはお前（母）がきちんとした指示
をしないからだろう。命令系統がしっかりしていれば，Ａはちゃんと
やれる。明確なルールに基づいた指示と規律の遵守が最も重要で，そ
れは自衛隊でも同じ。お前（母）も先生もＡの上に立つ者として適切
に振る舞ってほしい」と言う。そうすると，母親も同調して，「家のこ
とは私たち両親が責任を持ってやってますから，先生は学校で自分の
責任を果たしてください（Ａの破壊的行動を止める）」と言ってくる。
このように，担任が保護者と話をすると，クラス内のＡの破壊的行動
は，いつの間にかクラス担任の責任という話になってしまい，家庭で
の対応などを話すことができなかった。そのため，担任としても打つ
手が思い浮かばず，正直対応に疲れていると感じている。
　また，Ａが同級生女児の股間を触った件でも，Ａはその女児がやめ
て，と言っても執拗に触っており，それが女児にとって嫌な経験にな
っており，不登校になっている。担任としてはＡとその女児の席を離

すようにした上で，Aの保護者と女児の保護者の両者話し合いの場を
設定したが，結局当日Aの両親は共に現れなかった。当日に両親の携
帯電話に学校から電話を入れると，翌日に「携帯電話に連絡するのは
非常識なので，やめてください」と両親が書いた内容の連絡帳を担任
が受け取った。そのため，この件の話し合いが今でもできておらず，
女児の保護者は怒ったままであり，女児は不登校のままである。

　しかし，担任が偶然祖母と話す機会があり，その際，Aの宿題の確
認や学校へ持っていく物などの準備のほとんどは，祖母が行っていた
ことが判明した。また，Aが物を壊したことが父親に発覚すると，父
親がAの腹を殴っていることも発覚した。祖母も数年前までは家事全
般を行っていたが，1年前に腰を打ってからは思うように動けず，家
事も全部は行えていない。そのため，最近は祖母が買ってきたコンビ
ニ弁当などを夜に全員で食べることが多くなっている。

　なお，Aは祖母になついているようで，Aとピザを二人で食べるこ
ともある。また，祖母はこれまで家事を取り仕切っていたため，母親
や父親からも頼りにされているよう。祖母は「あたしは世話好きだか
らね」と言っており，祖母の親族や友人からよく電話がかかってきて，
相談にのっているよう。

　担任が校長・教頭の許可を取った上で，児童相談所に連絡したとこ
ろ，A及びその両親は毎月一回児童相談所に定期的に通うことを要請
されたという。要請を断った場合，強制保護になる可能性も伝えられ
た。

　また，その際学校の助言・指導も聞くように促され，学校の要請が
あれば，定期的に学校にも通うように伝えられた。その結果，母親か
ら連絡があり，教頭と一度面談がしたいと伝えられる。

　問9-3-1の回答例
　図9-10が描けているとよいでしょう。まず，家族内の破壊的行動
システムとナラティヴですが，父からAへ身体的暴力があるので，否
定的なコミュニケーションパターンと言えます。また，母からAには

213

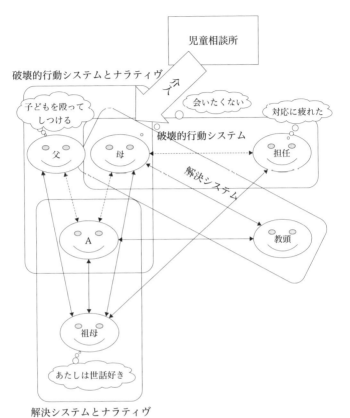

図 9-10　家族内及び保護者と家族間の破壊的行動システムとナラティヴ
及び解決システムとナラティヴ

「壊さないで」と主張しているにもかかわらず，それを無視しているので，これも否定的なコミュニケーションパターンと言えます。これらはいずれもＡの破壊的行動を増やすので [380]，破壊的行動システムと言えます。

　また，家族内の破壊的行動ナラティヴですが，父親には「子どもを殴ってしつける」というナラティヴがあり，これにＡも巻き込まれていると言えます。子どもを殴ってしつけることによって，Ａの破壊的

行動が増えるのは明らかですので[380]，これも破壊的行動を維持していると言えます。そのため，これは破壊的行動ナラティヴと言えます。

　一方，祖母ですが，Aの学校の準備をしていたり，Aがなついていたりする，というところから祖母とAとは肯定的なコミュニケーションパターンがあると考えられます。この家庭は暴力的で，肯定的なコミュニケーションパターンが少ないと考えられるので，このAと祖母の関係は貴重です。同様に父と母が祖母を頼りにしているというところから，二人との関係も肯定的なコミュニケーションパターン（「世話する」）があると想定し得ます。これは破壊的行動システム（「殴る」「非難する」）と明らかに異なるので，解決システムと捉えることができます。

　また，祖母は「あたしは世話好き」と言って，孫の世話をしたり，親族や友人の相談にのっているところから，このナラティヴは，肯定的なコミュニケーションパターンを生んでいると考えられます。これも破壊的行動ナラティヴ（「子どもは殴ってしつける」）と明らかに異なるので，解決ナラティヴと捉えることができます。

　次に学校と保護者との関係ですが，担任と母親とは，これまでのやりとりから上手くいっておらず，否定的なコミュニケーションパターンを形成していると言えます。このコミュニケーションパターンでは，保護者から子どもに対する有益な介入を引き出せませんので，この二人の関係は，破壊的行動システムと言えます。

　一方，母親と教頭との間には肯定的なコミュニケーションパターンがあります。教頭先生と話がしたい，というのは肯定的なコミュニケーションパターンが形成され得ることを示唆します。この肯定的なコミュニケーションパターンは担任と保護者とのやりとりとは明らかに違いますので，これは解決システムに今後なる，と言えそうです（もちろん，まだパターンにまで至っていませんが）。

　なお，担任と保護者との間で共有されているナラティヴは「対応に疲れた」「会いたくない」というナラティヴですね。このナラティヴだと，担任から保護者への介入は入りませんので，保護者から子どもへ

の有益な介入を行うことも期待できません。そのため，これは破壊的行動ナラティヴと言えます。一方，学校と保護者との間での解決ナラティヴはこの時点では分かりませんので，これを今後新たに作っていく必要がありそうです。

問 9-3-2 の回答例

図 9-11 のような介入案ができているとよいでしょう。まず，保護者と教員間の解決システムを構築する，という意味では，教頭と母親が会い，そこで母親の話を継続的に聞いていく必要があります。母親は担任の対応から「非難されるかもしれない」という風に思っている可能性がありますので，「お母さんの対応を教えてください」と下手に出ながら，話を聞き取っていく必要があります。これによって，ADHD児の保護者と学校との間を肯定的なコミュニケーションパターンに変更していくようにします。

次に家庭内の解決システムは祖母を中心としており，祖母とAにも肯定的なコミュニケーションパターンがありますので，Aと祖母との会話を増やしていくようにします。この場合は母親の話を聞きながらAと祖母がどのように会話をしているのかを聞き，祖母の対応方法を聞いていきます。また，可能なら，祖母に学校に来ることを勧めます。祖母は家族内の全員と肯定的なコミュニケーションパターンを形成しているので，祖母の観点からさまざまな働きかけができ，それが家族内の解決システムの構築に寄与する可能性があるからです。

なお，父はAに対して身体的虐待を行っていますので，この点については児童相談所が対応することになるでしょう（2章参照）。児童相談所と連絡を取りながら，児童相談所が学校に期待していることなどを聞き（同級生の拒絶を減らしたり，教師からの非難を減らしたりすること），それらに学校内で対処していくことが必要になるでしょう。

よくある質問 9-3：「今回の介入は教頭の負担が大きいような気がするのですが，実際はこのようにするのでしょうか？」

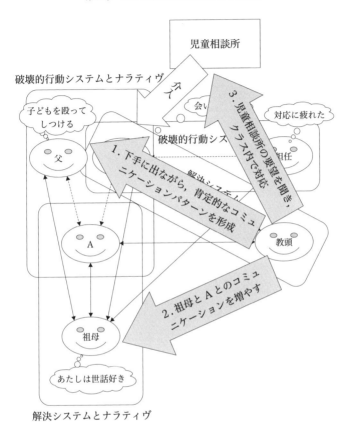

図 9-11　家族内及び保護者と解決システム・ナラティヴを活用した介入

質問への答え：負担が大きい，というのはその通りなので，負担を分
　散させる必要があります。現実的には教頭が陣頭指揮を取りながら，
　数名の教員でチームとして対応していく必要があります。例えば，
　養護教諭はAと関係が取れているので，養護教諭にも母親面接に同
　席してもらい，母親面接や祖母面接は養護教諭にお願いする，とい
　うことも十分可能です。

よくある質問 9-4:「もしこの事例に祖母のような人がいない場合，どうするのでしょうか？」

質問への答え：祖母がいない場合は，この事例の難易度が一気に上がり，現在の学校内の支援者チームでは解けない課題になります。

　　祖母がいた場合は，すでに家族内の解決ナラティヴ・システムがあるので，このすでにある解決ナラティヴ・システムを拡張していけばよいです。すでにある解決ナラティヴ・システムを拡張するのは容易ですので，それはこのメンバーでも拡張することが可能です。

　　一方，祖母がいない場合は，家族内の解決ナラティヴ・システムが見当たりませんので，家族内に新しく解決ナラティヴ・システムを作り上げる必要があります。具体的には虐待の事例（2章）で見たように，まず治療者が子どもとの間で解決ナラティヴ・システムを構築し，その後この解決ナラティヴ・システムを保護者に移譲するようにしていきます。

　　「治療者が子どもとの間で解決ナラティヴ・システムを構築」することには，治療技術が必要になり，A，父，母に対して合同面接の形式で治療できる専門家が入る必要があります。現在の学校内の支援者チームにはこういった専門家がいないため，このチームには解けない問題になります。

よくある質問 9-5:「『お母さんの対応を教えてください』と下手に出ながら，話を聞き取っていくとありますが，教員と保護者は対等であるべきではないでしょうか？　こういったアプローチをするとこのお母さんがつけ上がってしまうのではないでしょうか」

質問への答え：もちろん，理想的には教員と保護者とは対等である必要はありますが，これまでのこの事例の担任と保護者との間は対等と言える関係ではありませんでした。担任はお母さんもちゃんと子どもを教育してください，という枠組みで指導しようとする立場でしたね。一方，母親は「そうじゃない。先生の責任だから，先生が悪いんだ」と反抗する立場でした。この時点ですでに担任と母親と

には上下関係（指導する立場とそれに反抗する立場）が想定し得ます。

　ここで教頭が担任と同じ対応を取ると，母親が反抗することは予測できますので，教頭は担任と異なった対応を取る，というのを母親に明示する必要があります。その手段として下手に出て，話を聞く，というアプローチを取っています。これはワンダウンポジション（one-down position：一つ下の地位）を意図的に取る，というアプローチで家族療法ではよく使用します[386]。

9 章 7 節　ADHD 児の治療に関連する研究

　本章では ADHD 児の破壊的行動を多次元家族療法（Multidimensional Family Therapy）[48] の観点からケースフォーミュレーションを行い，システムズアプローチとナラティヴアプローチを組み合わせて介入を行いました。なお，多次元家族療法では，個人を支援する支援者同士の関係も個人の行動に影響を与えていると考えています[48]。本事例でも，Aを支援する教員同士の関係（Aは学校全体で拒絶的な対応をしてもよい，という意見の共有）がAの破壊的行動に影響を与えていましたね。また，多次元家族療法を破壊的行動に適用する場合は，破壊的行動を促進する支援者同士の関係を改善し，破壊行動を防止する支援者同士の関係を構築していきます[48]。本事例でも同様に，「Aは学校全体で拒絶的な対応をしてもよい」という考え方を破壊的行動ナラティヴと捉え，「Aを頭ごなしに怒ってはいけない」という解決ナラティヴに変更するようにし，教員同士のコミュニケーションパターンを変更するように働きかけていますね。そのため，本事例のアプローチは多次元家族療法のアプローチと言えます。

　なお，ADHD 児の症状を改善するアプローチはメタアナリシスの水準で効果が確認されているものが他にもいくつかあります（表 9-1）。まず，運動療法を行うことで，運動機能や実行機能（課題を計画し，実行する能力）が上がることが指摘されています[387]。これは運動療法を行うことで，健常な子どもや成人の認知機能や実行機能が上がる

表 9-1　メタアナリシスの水準で ADHD 児への治療効果が
確認されているアプローチ

	改善が期待される領域
運動療法	運動機能・実行機能[387]
社会調整療法(Multi-dimensional Family Therapy 含む)	不注意・衝動・過活動・破壊的行動[392]
薬物療法	不注意・衝動・過活動・破壊的行動[392]

ことが確認されており[388][389]，同様のことが ADHD 児にも当てはまると考えると分かりやすいです[387]。次に社会調整療法ですが，これは周囲からの ADHD 児への拒絶や配慮の乏しさが ADHD 児の破壊的行動を促す，ということが確認されていますので[390][391]，こういった否定的なコミュニケーションパターンを減らすことで，ADHD 児の症状が改善することが指摘されています[392]。また，メチルフェニデートなどの薬物療法は ADHD 児の脳のドーパミン不足に直接影響すると考えられているため，ADHD 児の症状や破壊的行動を減らすと考えられています[392]。なお，他にも必須脂肪酸（Omega3 など）の摂取や人工着色料を除いた食事も有効と考えられていますが[393][394]，別の研究では否定されていたりします[395]。これらのサプリメントや食事については，今後有効性が確立される可能性もありますが，現段階では結論が一貫していないため，表には載せていません。

発展課題 9

図 9-12（[396] を基に作成）は特別支援学級担当教員の特別支援学校教諭免許状保有率を示しており，小学校が 32.6％であり，中学校が 27.8％となっています。別の観点から言えば，2020 年時点で小学校の 67.4％と中学校の 72.2％の特別支援学級担当教員が無資格者になりますが，この点はほとんど問題視されません。

　一方，通常学級で無資格者の教員が授業を行っていたことが判明した場合，大きく報道されます。ある中学校の先生は無資格者だったた

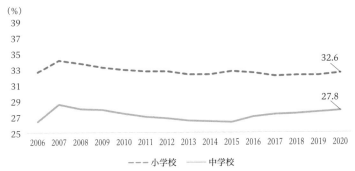

図 9-12　特別支援学級担当教員の特別支援学校教諭免許状保有率

めに，戒告処分を受けていますし[397]，別の高校の先生は無資格者だったために，生徒がその授業を再履修することになっています[398]。これらが全国的なニュースになっているということは，通常学級では有資格者が前提であり，そうでない場合は問題である，とされていると言えます。

発展課題 9-1
　発展課題9の説明を基に，通常学級と特別支援学級に対して日本社会が持つナラティヴを説明してみてください。

発展課題 9-2
　発展課題9-1のナラティヴを支持するような資料をインターネット上から見つけ，そのデータを図9-12のように図示してください。

第10章

グループセラピーの制約とその対処法

要　　約

　本章では，グループセラピーの面接構造に起因する制約とその対処法を説明します。まず，個別フィードバックのしにくさという制約を説明し（1節），その対処法を事例に基づいて示します（2節）。次にコミュニケーションパターーンの多様性という制約を説明し（3節），その対処法を事例に基づいて示します（4節）。また，エスカレートのしやすさという制約を説明し（5節），その対処法を事例に基づいて説明します（6節）。最後にグループセラピーに関連する研究を紹介します（7節）。

10章1節　個別フィードバックのしにくさ

　グループセラピーは世界中で実施されています[399]。その理由はグループセラピーが個人療法と比べて費用対効果が高いからです[400]。これがグループセラピーの1つ目の特徴です。例えば，1回1時間の個人療法を8回行った場合，その治療効果は8人に限定されますが，1回1時間で10人のグループセラピーを8回行った場合，治療効果は80人になります。個人療法とグループセラピーが同様の効果を示した場合，グループセラピーの実施が重視されるのは当然と言えます。

　グループセラピーは個人療法と比べて，文字通り来談者の人数が増えますので（図10-1），同じ実施時間とすれば，当然治療者が来談者と接する時間も減ります。ここで治療者から来談者へのフィードバックが少なくなると，来談者と治療者の信頼関係が築きにくく，中断に

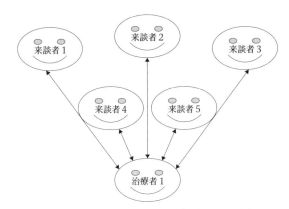

図 10-1　集団療法のフィードバックのしにくさ

つながりやすいので，治療者は限られた時間で来談者と個別のフィードバックを持つようにします[401]。例えば，「Aさん，ありがとう」というだけでなく，「Aさんの今日の丁寧な仕事，ありがとう」と具体的な例を示して，治療者が来談者に個別の配慮を行っている点を明示しながらフィードバックすることが大事です。

　日本ではひきこもりの方に対してグループセラピーをすることが一般的ですので[402]，ここではひきこもりの方へのグループセラピーを題材にグループセラピーに共通する課題を示します。なお，ひきこもりの方々に対していくつかの治療プログラムが実施されていますが，その効果もまだ不明瞭です[403]。また，成人のひきこもりは東アジア圏によく見られる現象とされたり[404]，インターネット依存などが成人のひきこもりの危険因子とされたりしていますが，こちらもまだ不明瞭な状態です[405]。

10 章 2 節　個別フィードバックがしにくい場合の対応

問 10-1-1

架空事例 10-1 を読み，Aさんとスタッフやメンバーとの肯定的もしくは否定的なコミュニケーションパターンを図示してください。

問 10-1-2

問 10-1-1 のコミュニケーションパターンに介入するために，治療者がやっていることを図示してください。

架空事例 10-1

X 年 10 月に A がひきこもりの当事者グループに参加した。A は 30 代男性で，10 年間ひきこもっており，X 年 4 月より公的機関のこの会に参加している。

A は元来引っ込み思案であり，小学校・中学校の時から毎年 10 回ほどは特に理由もなく，「疲れた」と言う理由で学校を休んでいた。成績などに問題はなかったが，高校在学時に友人関係が上手くいかず，学校をたびたび休むようになったため，A が精神科を受診し，その折に自閉スペクトラム症の診断を受けた。出席日数ぎりぎりで高校を卒業し，アニメが好きと言う理由で，声優の専門学校に 2 年間通い，専門学校は実家から休みなく通えたが，声優として採用されることはなく，一般の仕事で応募したが，上手くいかなかった。実家に住みながら，工場のアルバイトなどで生活していたが，26 歳時に不況によって工場をクビになった。その後も就職が上手くいかず，現在まで実家に約 10 年間ひきこもりをしている。家では一晩中ゲームをしており，ゲーム関連の雑誌を専門書店に買いに行く時だけ，外出している。

A の父親は元学校教員（現在は退職）であり，A がひきこもった当初は，「根性が足らない」と指摘していたが，現在はそういった指摘もしなくなっている。母親は書道教室の先生であるが，A には比較的優しく接している。

母親が X − 5 年に公的機関のひきこもりの家族交流会に定期的に通い始め，母親の紹介で A も X 年 4 月から同じ機関のひきこもり当事者会に参加をし始めた（週 1 回程度）。通い始めた当初は，当事者会のスタッフやメンバーともほとんど話さなかった。当事者の一人 B が A さんに話しかけても，「……」という形で固まっているようなので，スタッフは「A さん緊張しているかもしれませんね」と言った。もちろ

ん，スタッフが話しかけても A は無言のままだった。

　この当事者会では，簡単な作業をやっており（シール貼りなど），A から不満などは言われず，黙々と作業をしていたので，スタッフは当事者会の休憩時間などに「A さん，来てくれてありがとう」「A さんの作業はとても丁寧ですね」などと労っていた。

　X 年 8 月頃になると，A は相変わらず無口だが，表情も和らいできており，周りのメンバーが近くに来てもそこまで緊張することはなかった（相変わらず他のメンバーとは話さない）。また，来所した時に，スタッフに軽く会釈するようにもなっていた。

　問 10-1-1 の回答例

　図 10-2 が描けているとよいでしょう。ここでポイントは，B さんは話しかけるが，A さんは黙っているので，これは否定的なコミュニケーションパターンになっていると言えます。同様に治療者が話しかけても A さんは黙っているので，これも否定的なコミュニケーションパターンになっています。この状態を放置していると，グループセラピーとして良くないので，介入が必要です。

　問 10-1-2

　図 10-3 の内容が描けているとよいでしょう。まず，A さんと B さんとのやり取りに対して「緊張している」と伝え，意図的に無視しているわけではない，ということを示し，A さんを非難するようなナラ

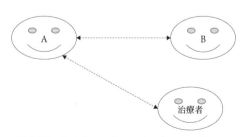

図 10-2　A さんのコミュニケーションパターン

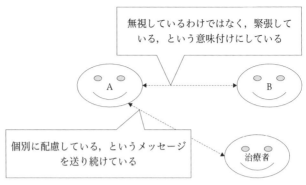

図 10-3　A さんのコミュニケーションパターンへの治療者の介入

ティヴが出ないように意味づけを変えています。同様に，治療者も反応がなくても，肯定的な配慮を示している，という意味づけを伝えています。これらによって否定的なコミュニケーションパターンの影響を最小限にしようとしています。

10章3節　コミュニケーションパターンの多様性

さて，グループセラピー2つ目の特徴として，コミュニケーションパターンの多様性があります。例えば，個人面接の場合，二者関係の数は1ですが，治療者も含んで6人組のグループだと，15も関係が出てしまいます。この15の関係がいずれも肯定的なコミュニケーションパターンのみだとよいのですが（図10-4），実際にはいくつかの人間関係で否定的なコミュニケーションパターンが生じることはよくあります。こういった否定的なコミュニケーションパターンが生じるのを最小限にするためにグループセラピーではルールを設定します。

グループセラピーのルールでは，グループセラピーが安全・安心な場所であることを確保するようにします[406]。例えば，以下の1と2のルールはよく用いられます。1. 面接時の禁止行動を明確にする（暴力など）。2. 面接期間中の禁止行動も明確にする必要がある（発言の内容によって集団内で罰が与えられない，第三者に発言内容をもらさ

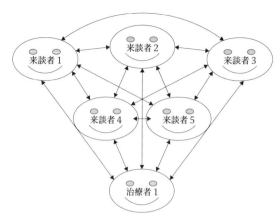

図 10-4　集団療法でのコミュニケーションパターンの多様性

ないことなど）。これらのルールを守ることによってグループセラピーが安全・安心できる場になります。そのため，こういったルールが守られていない場合は，ルールを再確認する必要がありますし，こういったルールを守れない方はグループセラピーへの参加を禁止する必要があります。

　私がよく使うルールは以下のようなものです[326]。1. 相手に暴力を振るったり，暴言を言ったりしてはいけません（安全）。2. 相手が話した内容を外部でもらしてはいけません（安心）。3. 相手が話している時は，その人の話を聞きましょう（発話ターンの遵守）。4. 正直に話しましょう（嘘を言ってはいけません）。もちろん，話したくないことは話さなくてもよいです（話題の設定）。これらのルールは，グループセラピーの開始時に明示し，そのルールを守るように治療者がメンバーに対して働きかける必要があります。

10 章 4 節　コミュニケーションパターンの多様性への対応

問 10-2-1
架空事例 10-2 を読み，ルール違反の行動を明示してください。

問 10-2-2
　問 10-2-1 の答えに基づき，ルール違反の行動に対して治療者はどのように対応すればよいでしょうか？

架空事例 10-2（架空事例 10-1 の続き）
　A が X 年 9 月に，当事者会に来た折は，少し不機嫌そうだったが，そのまま黙々と作業をし始めた。しばらくして突然 A は「こんなつまんねぇ作業をさせてんじゃねぇ！（スタッフの）能無しが！」と言った。スタッフは突然のことだったので，戸惑ったが，そのあと A が何も話さなくなったので，そのままにしておいた。
　そうすると，次の週から A は作業をするたびに「こんなつまんねぇ作業をさせてんじゃねぇ！　能無しが！」とスタッフに怒鳴るようになり，度々繰り返されるようになった。スタッフから A に強く言うことは，A がせっかくつながった外部とのつながりを断ち切ってしまう可能性が考えられたため，スタッフは「確かにつまらないですね」と言うにとどめた。

問 10-2-1 の回答例
　ここで，A の「こんなつまんねぇ作業をさせてんじゃねぇ！（スタッフの）能無しが！」という発言ですが，「（スタッフの）能無しが！」というのがルール違反の言動になります。というのも，これは相手の人格を否定する発言で，暴言と捉えられるからです。なお，「こんなつまんねぇ作業をさせてんじゃねぇ！」という発言は，作業内容に関して不満を言う自由は来談者にもありますので，この部分は暴言ではありません。もちろん，表現の仕方は配慮を欠いていると言えます。

問 10-2-2 の回答例

　Aの発言が出た直後に，「『能無し』という発言は暴言です。発言を撤回してください」と治療者がAさんに言う必要があります。これで止まれば，問題ありませんが，「能無しに能無しと言って何が悪いんだ」などとさらに暴言を繰り返した場合は，治療者はグループセラピーの責任者に内容を報告し，Aさんはルール違反をしているので，グループセラピーに以後参加できなくする，という手続きを取っていく必要があります。もちろん，治療者がグループセラピーの責任者の場合，「ルール違反の発言を放置することはできませんので，Aさんは今すぐ退室してください」と退室を促します。

　なお，ここではグループセラピーの制約を話しましたが，グループセラピーの利点もあります。最大の利点はグループセラピーの参加メンバーから意見を聞ける，ということです。例えば，来談者Pから「こういった問題はどうしたらいいのでしょうか？」と聞かれた場合，個人面接だと，治療者がそれに対応しなければなりません。一方，グループセラピーだと，治療者がベテランのグループメンバーQに「Qさんだったらどう対応しますか？」という風に展開することもできます。このQはPと同じような問題を抱えていますので，治療者よりも具体的で適切な助言ができる可能性があります。こういったやりとりを促せば，PとQはお互いにピアサポーター（同じような問題を抱えていて，さまざまなサポートを提供する人）になり得ます。ピアサポーターの存在はお互いの問題解決に寄与する，という報告もありますので [407][408]，こういったネットワークをグループセラピーを介して新たに作っていく，という介入もあり得ます。この介入はグループセラピー特有の利点と言えます。

よくある質問 10-1：「もしここでAさんが暴言をやめなかったらどうなるのですか？」
質問への答え：その場合は，参加を許可しません。これはどんな治療

面接にも当てはまりますが，面接には最低限のルールがあります。そのルールを守れる限り，参加は歓迎されますが，ルールを守れないのであれば，参加を断ります。この場合はひきこもりの事例なので，つなぎ留めたい気持ちも湧きますが，これを放置すると，暴言がエスカレートして止められなくなりますので，初めの段階で対応することが大事です[326]。

10章5節　攻撃行動の伝播・エスカレートしやすさ

　グループセラピーの3つ目の特徴は，攻撃行動が伝播・エスカレートしやすい，ということです。これはいじめの事例でも明らかなように，個人を攻撃する行動は，それを傍観している人にも伝播することがよく知られています[305][409]。例えば，6人のグループセラピーで，ある時に一人が攻撃行動をすると，それが次の時の他の5人の攻撃行動を促します。5人の内の一人が次の時に攻撃行動をすると，それが次の次の時の他の5人の攻撃行動を促します。このように，集団場面では，ある時の攻撃行動自体が未来の攻撃行動を促してしまいます。そのため，攻撃行動はグループ内で容易にエスカレートしやすくなり，特定の個人が繰り返し攻撃したり，もしくは，特定の個人が繰り返し被害を受けたり，ということが起こり得ます[304]。

　そのため，グループセラピーを実施する場合は，些細な攻撃行動も見逃さず，その都度介入していく必要があります[326]。例えば，侮蔑的な言葉だけでなく，侮蔑的な表情や口調についてもその都度介入する必要があります[326]。というのも，侮蔑された側は侮蔑し返す行動を取るリスクがあり[410]，その結果，グループセラピーの場面が侮蔑の応酬の場となってしまい，安全・安心な場所では全くなくなってしまうからです。

10章6節　攻撃行動の伝播・エスカレートした場合の対応

問 10-3-1
架空事例 10-3 を読み，否定的なコミュニケーションパターンを図

示してください。

問 10-3-2
架空事例 10-2 と 3 を読み，否定的なコミュニケーションパターンが生まれた背景には，当事者会のメンバー内でどういったナラティヴができ上がっていたでしょうか？　そのナラティヴを記入してください。

問 10-3-3
問 10-3-1 及び 10-3-2 の答えに基づいて，否定的なコミュニケーションパターンを解消するためにはどのように介入したらよいでしょうか？

架空事例 10-3（架空事例 10-2 の続き）
　X 年 11 月に A はひきこもりの当事者グループに参加している。A がスタッフを怒鳴るようになってから，2 カ月ほどたった後，それまで黙々と作業をしていた B（50 代男性）が急にスタッフに怒鳴るようになった。

　スタッフは，シールが正しく貼られていない場合は，納品できないので，そういった場合は，貼りなおすか，もしくは，新たに貼ることを指摘していた。これまではこういった指摘でも B は怒ることはなかったが，B は突如として怒り出し，「これくらいいいじゃねぇか！　なんでダメなんだよー」と言った。スタッフが「これは商品としてまずい」と言うと，B が「その商品としての代金を俺たちはもらってないんだよ。なんでそんなのに従わないといけないんだ！」と言うようになった。

　スタッフは「そうは言っても，これはルールなんです」と言ったが，B は「利用者が嫌なルールを押し付けるのか！」と言うようになり，それに A も同調して，「ここのスタッフは能無しだ！」と言い，シールを貼る作業をやめてしまった。それを見ていたメンバーの C と D と E

もシール貼りの作業をやめてしまい，作業は一旦中断となった。

10-3-1 の回答例

図 10-5 が描けているとよいでしょう。ＡもＢも治療者に対し暴言を吐いており，否定的なコミュニケーションパターンが生じています。

問 10-3-2 の回答例

図 10-5 が描けているとよいでしょう。ここでは，ＡもＢも「治療者に対して暴言を吐いてもよい」というナラティヴを共有していると言えます。集団内の攻撃行動やこういったナラティヴは容易に伝播・エスカレートしますので [305]，治療者は危険な状態にいると言えます。

問 10-3-3 の回答例

ここでは，もうすでに治療者個人で対応できる局面ではなくなっていますので，治療者は別のスタッフを呼び，ルール設定を明確にする必要があります。また，ルールを守れなかった二人に対しては今後同じようなことをしないことを約束させ，ルールが破られた場合は，グループセラピーへの参加を拒絶する手続きを取る必要があります。

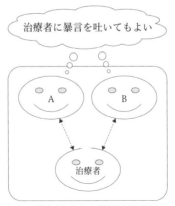

図 10-5　事例 10-3 のシステムとナラティヴ

よくある質問 10-2：「8 章の事例は母子面接で，9 章の事例は色んな
人が出て来て，10 章の事例は集団面接でしたが，どれもグループセ
ラピーなのですか？」

質問への答え：日本語でグループセラピーという場合は，同じような
問題を抱えている人たちが複数名集まっている状態を指すことが多
いので，その意味では 10 章がグループセラピーになります。8 章
と 9 章はそれぞれマルチシステミックセラピーと多次元家族療法と
いうアプローチですが，複数のメンバーが出てくる，という意味で
グループセラピーという名前にしました。このあたりは大らかに理
解してください。

10 章 7 節　グループセラピーに関連する研究

　グループセラピーは費用対効果が高いことから，多くの治療領域で
適用されています（表 10-1）。メタアナリシスの水準で効果が確認さ
れている内容は，抑うつ症状[411]，社交不安症状（人前で話すのが苦
手な症状など）及び薬物依存症になります。これらはいずれもグルー
プセラピーの治療構造を上手く適用したアプローチと言えます。まず，
抑うつ症状がある人は，外出や他者との発話などの活動量が低下して
いきます[89]。こういった方がグループセラピーに参加することによっ
て，外出や他者との発話頻度が高まるので，行動が活性化されている
と考えられます[412]。つまり，グループセラピーに定期的に参加する
こと自体が来談者の行動を定期的に活性化することに役立ち，それが
抑うつ症状の改善に効いていると考えられます[411]。ここから，グル
ープセラピーへの参加自体が抑うつへの治療効果があると言えそうで
す。

　次に社交不安症状の方は，人前で話すのを過度に警戒し，回避する
ことが知られています[89]。この方々に対して最も有効なアプローチは
暴露療法になります[413][414]。この治療法では，実際に人前で話すこと
をありのままに体験してもらい，実際にはそれほど大した脅威ではな

表10-1　メタアナリシスの水準で効果が確認されているグループセラピー

メカニズム	効果の出やすい領域
行動活性化 [412]	抑うつ症状 [411]
暴露療法 [413][414]	社交不安症状 [416]
習慣の感染 [415]	薬物依存症 [417]

いということに気づいてもらうアプローチです。社交不安症状の方へのグループセラピ−というのは，社交不安症状の方々が集団場面で話をする，ということを繰り返すので，暴露療法の構造とほぼ同じと言えます。そのため，社交不安症状の方はグループセラピーに参加してそこで話をするだけで，暴露療法とほぼ同じことを経験しており，不安が和らいでいくと考えられます。これもグループセラピーでの来談者の発話自体が社交不安症状の緩和に役立つ効果があると考えられます。

　最後に薬物依存症ですが，薬物を使用し続ける，という行為は一つの習慣的行為と言えます。この習慣的行為は複数の仲間を通じて感染していくことが広く知られています [415]。グループセラピーでは，薬物を使用しない，という習慣を持つ複数のメンバーと話し続けていくことで，その習慣が別のメンバーにも波及していくと考えられます [408]。これもグループセラピーでの参加者同士のやり取り自体に依存症の治療効果があると考えられそうです。

ナラティヴアプローチの限界

　ナラティヴアプローチでは，個人や集団が持つナラティヴを多様に定義できるところが魅力的で，さまざまなアプローチが可能です[49]。ただし，この魅力が限界にもなります。というのも，ナラティヴの設定は多様に設定できるために，同じ来談者の同じ状況においても全く異なったアプローチが可能になるため，治療にかかる時間や効果を測定しにくい，という限界があります。

　例えば，架空事例 10-3 では「治療者に暴言を吐いてもよい」というナラティヴを設定したため，暴言を吐くのは当初のルール違反に該当し，暴言を吐くのをやめるように介入することができました。一方，同じ事例を「メンバーは治療者の言うことを聞かなくてもよい」というナラティヴに設定することも可能です。このナラティヴに設定した場合は，「治療者の言うことをある条件の時は聞かなければならない」という新たなルール設定をする必要が出てきます。新たなルール設定にはスタッフとメンバー同士での意見共有が必要になってきますし，そうすると，時間もかかるし，上手くいくかどうかも分からない，となります。こうすると，「メンバーは治療者の言うことを聞かなくてもよい」というナラティヴに対する介入は時間もかかるし，その効果もよく分からない，ということになります。

　このようにナラティヴアプローチは現象を多様な観点で捉えるために，さまざまな観点から検討することが可能なのですが，その一方でアプローチの再現性（類似した状況に対して同程度の効果を生む）がどうしても低くなりがちなので，治療エビデンスを蓄積しにくい，という難点はあります。ただし，近年は親しい人を亡くした人[418]やPTSD の来談者[419]に対象を絞って認知行動療法の枠組みで，ナラティヴアプローチを行った場合，治療効果を示すことが無作為化統制実験の枠組みでも検証されています。

　ナラティヴアプローチ単独ではなかなか治療エビデンスを蓄積するのが難しいのですが，ナラティヴアプローチと他のエビデンスが蓄積されているアプローチを組み合わせて実施することにより，ナラティヴアプローチの治療エビデンスも今後蓄積されていくことが期待されます。

用語解説

実験心理学

　無作為化統制実験とは，実験群（実験的介入あり）と統制群（実験的介入なし）を無作為に分けて，実験的介入の効果を検証する手法です。無作為に群を割り付けることによって，実験的介入の因果的影響が検証できる手法であり，心理学では因果関係を検証する実験手法として広く用いられています。他分野では，無作為化対照試験，ランダム化比較試験などいろいろ呼ばれますが，全て Randomized Controlled Trial という同じ意味です。

　メタアナリシスとは，ある実験的介入に関する無作為化統制実験などの複数の研究論文をまとめ，実験的介入の効果を定量的に示した論文のことを言います。複数の無作為化統制実験の結果をまとめて介入の効果を示しているため，メタアナリシスで確認された効果は，最もエビデンスが高いと考えられます。メタアナリシスはメタ分析とも言われ，無作為化統制実験での分析結果を更（メタ）に分析していると考えると分かりやすいです。

臨床心理学

　心理教育とは，精神疾患を持つ人やその家族が，その精神疾患の治療やリハビリテーションに役立つ教育を受けることと定義できます。言い換えれば，ある人の治療目標やリハビリテーションの目標に役立つような情報を，精神疾患を持つ人やその家族に提供していく過程とも言えます。家族心理教育は，精神疾患を持つ人の家族を主なターゲットにした心理教育と言えます。

　自助（self-help）グループとは，同じ問題を抱える人たちが集まり，相互に話し合うことによって，お互いに問題を理解し合ったり，お互いに支援し合ったりするグループのことを言います。例えば，アルコール依存症者の方同士が集まって匿名で話し合うグループ（Alcoholics Anonymous, 通称 AA）などが有名です。

　老老介護とは，高齢者の介護を高齢者が行うことです。この高齢者の基

準は65歳以上とされています。例えば，カップルやきょうだいなどで一方が他方を介護する場合，年齢が近いために，老老介護になりやすいですし，架空事例6のように高齢の親を介護する子どもの場合でも，子どもが高齢になってくると，老老介護になります。

社会心理学

潜在的連合テスト（Implicit Association Test）とは，人間の持っている潜在的な（当人は意識していないが，無意識に持っている）態度を測るテストです。このテストでは2組の排他的な概念を用います。例えば，「花」と「虫」であったり，「快」と「不快」であったりします。ここでは左側に「花」「快」がセットに並んでいて，右側に「虫」「不快」がセットに並んでいるパソコン画面を考えてみてください。画面中央にランダムに単語が出てくるので，その単語を左側か右側に分類する課題をイメージしてください。例えば，「チューリップ」だと左側，「みにくい」だと右側，というようになります。ここである人が「花」と「快」を紐づけている場合，この課題の成績は良くなります。一方，「花」「不快」と「虫」「快」というセットになると，この方は「花」と「不快」を紐づけていませんので，この課題の成績が悪くなります。このように，ある対の概念，例えば「男性」「女性」や「黒人」「白人」などに「快」と「不快」をセットにすることで，その人が潜在的にどのような紐づけを持っているかを推定することができます。

家族心理学

要求／回避パターンとは，一方が要求するのに対し，他方が回避するコミュニケーションパターンを言います。例えば，家事分担について話し合いたい妻は，話し合うことを要求しますが，現状のままの家事分担で満足している夫は，その話し合いを回避します。もしくは，夫が趣味の釣り道具を購入したい場合は，話し合いを要求しますが，妻はそれを買わなくてよいと考えている場合は，その話し合いを回避します。これらの要求／回避パターンは，否定的な結果を生みやすいため，否定的なコミュニケーションパターンとされています。

健康心理学

コーピングとは，個人の生体恒常性（ホメオスタシス）が崩れた時（つまりストレス状況に晒された時）の対処行動や思考を言います。例えば，0.1

度程度の気温変化でしたら，多くの人の生体恒常性は崩れませんが，急に 10 度も上がったり，下がったりすると生体恒常性は崩れるので，この場面をストレス状況と言います。この時に衣服を着脱したり，快適な場所に移動したりすることはいずれもコーピングと言えます。コーピングには状況を改善する肯定的なコーピングと状況を悪化させる否定的なコーピングがあります。例えば，喉が渇いた時に淡水を飲むのは肯定的なコーピングですが，海水を飲むのは否定的なコーピングですね。また，個人が行うコーピングの方法や技術のことをそれぞれコーピング方略やコーピング技術と言ったりします。また，カップル同士で行うコーピングをカップルコーピングと言います。

生理心理学

コルチゾールは，副腎皮質から分泌されるホルモンの一種で，脂肪を分解して代謝を促進するなどの働きがあります。また，ストレス状況下では，コルチゾールの分泌が増え，コルチゾールの濃度が高いほど，ストレスに晒されていると考えられます。そのため，「ストレスホルモン」と呼ばれたりもします。

オキシトシンは，脳下垂体後葉から主に分泌されるホルモンの一種で，摂食行動を抑制するなどの働きがあります。また，オキシトシンには，抗ストレス作用の他に，出産，授乳，向社会的行動とも関連するため，「愛情ホルモン」と呼ばれたりもします。

その他

経済的合理性とは，経済的な価値基準に基づいて論理的に判断する特徴のことをいい，費用対効果の高いサービスや商品を選ぶ特徴と言えます。例えば，同じ商品が 100 円と 110 円で売っていた場合，費用対効果の観点から，100 円を選んだ場合，その人は経済的合理性を持っていると言います。

■ あとがき

　本書は徳島大学大学院創成科学研究科臨床心理コース及び新潟大学大学院現代社会文化研究科臨床心理コースの「家族心理学特論」の講義資料を基にしています。この講義の受講者である院生らの意見やコメントは本書に多大な貢献をしています。

　ただ，これらのさまざまな意見やコメントを集約する際のバックボーンとなる考え方は，全て東北大学の長谷川啓三研究室における自主勉強会の中で培われています。この自主勉強会には，クリ（clinical psychology）研とシス（family system）研というものがあり，毎週金曜日に開かれていました。クリ研では，家族療法を中心にさまざまな臨床実践をライブ形式の事例，録画された事例，及びロールプレイなどで勉強していました。一方，シス研では家族療法の基盤となる理論的論文や本などを輪読していました。

　勉強会に参加している当時は，全く気づいていなかったのですが，大学教員になってから「家族心理学特論」の講義資料を作る時，受講中の大学院生からの質問に答える時，そして，実際の家族臨床を行う時に，バックボーンとして使用している考え方は，全てあの勉強会で培われていた，と気づきました。

　勉強会では，とんちんかんな質問や意見を言ってしまう私に対して，一緒に勉強会に参加しているメンバーから沢山の貴重なコメントと配慮を頂戴しました。特に奥野雅子先生（岩手大学），石井佳世先生（熊本県立大学），石井宏祐先生（佐賀大学），上西創先生（東北工業大学），三谷聖也先生（東北福祉大学），久保順也先生（宮城教育大学），松本宏明先生（志學館大学），花田里欧子先生（東京女子大学），黒澤泰先生（茨城キリスト教大学），浅井継悟先生（北海道教育大学），及び，狐塚貴博先生（名古屋大学）には大変お世話になりました。ここに改めて御礼申し上げます。この先生方とのやりとりを通して，基本的な

家族療法の治療技術はもちろん，臨床家としての対人態度や教育者としての在り方を学びました。

　私自身が彼・彼女らのやりとりを真似ることは到底できないのですが，読者の方々が本書の内容の中に一つでも学び得るものがあれば，それは彼・彼女らから私への長期間の愛と忍耐が及ぼした間接的な成果だと思っております。東北大学の長谷川啓三研究室のOB・OGとその関係者に心より感謝の意を表します。

2022 年 3 月末日　徳島大学常三島キャンパスにて

横谷謙次

■ 引用文献

[1] 日本家族研究・家族療法学会，“家族療法テキストブック.” 金剛出版，2013.

[2] 日本家族心理学会編，“家族心理学ハンドブック.” 金子書房，2019.

[3] J. D. Hawkins, R. F. Catalano, and J. Y. Miller, “Risk and protective factors for alcohol and other drug problems in adolescence and early adulthood: Implications for substance abuse prevention.” *Psychol. Bull.*, vol. 112, no. 1, 64–105, 1992, doi: 10. 1037/0033-2909. 112. 1. 64.

[4] E. L. Bassuk, J. Hanson, R. N. Greene, M. Richard, and A. Laudet, “Peer-Delivered Recovery Support Services for Addictions in the United States: A Systematic Review.” *J. Subst. Abuse Treat.*, vol. 63, 1–9, Apr. 2016, doi: 10. 1016/j. jsat. 2016. 01. 003.

[5] D. K. Iwamoto and A. P. Smiler, “Alcohol Makes You Macho and Helps You Make Friends: The Role of Masculine Norms and Peer Pressure in Adolescent Boys' and Girls' Alcohol Use.” *Subst. Use Misuse*, vol. 48, no. 5, 371–378, Mar. 2013, doi: 10. 3109/10826084. 2013. 765479.

[6] K. von Sydow, R. Retzlaff, S. Beher, M. W. Haun, and J. Schweitzer, “The Efficacy of Systemic Therapy for Childhood and Adolescent Externalizing Disorders: A Systematic Review of 47 RCT.” *Fam. Process*, vol. 52, no. 4, 576–618, 2013, doi: 10. 1111/famp. 12047.

[7] M. Botha and D. M. Frost, “Extending the Minority Stress Model to Understand Mental Health Problems Experienced by the Autistic Population.” *Soc. Ment. Health*, vol. 10, no. 1, 20–34, Mar. 2020, doi: 10. 1177/2156869318804297.

[8] M. Wei, T. -Y. Ku, D. W. Russell, B. Mallinckrodt, and K. Y. -H. Liao, “Moderating effects of three coping strategies and self-esteem on perceived discrimination and depressive symptoms: A minority stress model for Asian international students.” *J. Couns. Psychol.*, vol. 55, no. 4, 451–462, 2008, doi: 10. 1037/a0012511.

[9] I. H. Meyer, “Resilience in the study of minority stress and health of sexual and gender minorities.” *Psychol. Sex. Orientat. Gend. Divers.*, vol. 2, no. 3, 209–213, 2015, doi: 10. 1037/sgd0000132.

[10] D. J. Lick, L. E. Durso, and K. L. Johnson, “Minority Stress and Physical Health Among Sexual Minorities.” *Perspect. Psychol. Sci.*, vol. 8, no. 5, 521–548, Sep. 2013, doi: 10. 1177/1745691613497965.

[11] E. A. McConnell, P. Janulis, G. Phillips II, R. Truong, and M. Birkett, “Multiple minority stress and LGBT community resilience among sexual minority men.” *Psychol. Sex. Orientat. Gend. Divers.*, vol. 5, no. 1, 1–12, 2018, doi: 10. 1037/sgd0000265.

[12] K. Yokotani and M. Takano, “Differences in victim experiences by gender/sexual minority statuses in Japanese virtual communities.” *J. Community Psychol.*, vol. 49, no. 6, 1598–1616, 2021, doi: 10. 1002/jcop. 22528.

[13] K. Sim, K. P. Gwee, and A. Bateman, “Case Formulation in Psychotherapy: Revitalizing Its Usefulness as a Clinical Tool.” *Acad. Psychiatry*, vol. 29, no. 3, 289–292, Jul. 2005, doi: 10. 1176/appi. ap. 29. 3. 289.

[14] マックス・テグマーク，“LIFE3. 0——人工知能時代に人間であるということ.” 紀伊國屋書店，2019.

[15] 一般社団法人日本顎関節学会編，“顎関節症治療の指針 2020.” 一般社団法人日本顎関節学会 HP. http://kokuhoken. net/jstmj/publication/file/guideline/guideline_treatment_tmj_2020. pdf

[16] H. Gaffney, D. P. Farrington, and M. M. Ttofi, “*Examining the effectiveness of school-bullying intervention programs globally: A meta-analysis.*” Mar. 2019, doi: 10. 17863/CAM. 36367.

[17] R. S. Kennedy, “A meta-analysis of the outcomes of bullying prevention programs on subtypes of traditional bullying victimization: Verbal, relational, and physical.” *Aggress. Violent Behav.*, vol. 55, 101485, Nov. 2020, doi: 10. 1016/j. avb. 2020. 101485.

引用文献

[18] G. Bateson, "精神の生態学，改訂第2版." 新思索社，2000.

[19] ポール・ワツラヴィック, "人間コミュニケーションの語用論―相互作用パターン，病理とパラドックスの研究，第2版." 二瓶社，2007.

[20] C. L. Heavey, B. M. Larson, D. C. Zumtobel, and A. Christensen, "The Communication Patterns Questionnaire: The Reliability and Validity of a Constructive Communication Subscale." *J. Marriage Fam.*, vol. 58, no. 3, 796–800, 1996, doi: 10. 2307/353737.

[21] G. Bodenmann, A. Kaiser, K. Hahlweg, and G. Fehm-Wolfsdorf, "Communication patterns during marital conflict: A cross-cultural replication." *Pers. Relatsh.*, vol. 5, no. 3, 343–356, 1998, doi: 10. 1111/j. 1475-6811. 1998. tb00176. x.

[22] A. Ward and C. Knudson-Martin, "The Impact of Therapist Actions on the Balance of Power Within the Couple System: A Qualitative Analysis of Therapy Sessions." *J. Couple Relatsh. Ther.*, vol. 11, no. 3, 221–237, Jul. 2012, doi: 10. 1080/15332691. 2012. 692943.

[23] J. H. Bray, D. S. Williamson, and P. E. Malone, "An Evaluation of an Intergenerational Consultation Process to Increase Personal Authority in the Family System." *Fam. Process*, vol. 25, no. 3, 423–436, 1986, doi: 10. 1111/j. 1545-5300. 1986. 00423. x.

[24] G. Bodenmann, P. Hilpert, F. W. Nussbeck, and T. N. Bradbury, "Enhancement of couples' communication and dyadic coping by a self-directed approach: A randomized controlled trial." *J. Consult. Clin. Psychol.*, vol. 82, no. 4, 580–591, 2014, doi: 10. 1037/a0036356.

[25] G. Bodenmann, "Dyadic coping: A systemic-transactional view of stress and coping among couples: Theory and empirical findings." *Eur. Rev. Appl. Psychol. Rev. Eur. Psychol. Appliquée*, vol. 47, no. 2, 137–141, 1997.

[26] A. Christensen and J. L. Shenk, "Communication, conflict, and psychological distance in nondistressed, clinic, and divorcing couples." *J. Consult. Clin. Psychol.*, vol. 59, no. 3, 458–463, 1991, doi: 10. 1037/0022-006X. 59. 3. 458.

[27] J. Driver, A. Tabares, A. F. Shapiro, and J. M. Gottman, "Couple interaction in happy and unhappy marriages: Gottman Laboratory studies." in *Normal family processes: Growing diversity and complexity*, 4th ed, New York, NY, US: The Guilford Press, 2012, pp. 57–77.

[28] D. Hartnett, A. Carr, E. Hamilton, and G. O 'Reilly, "The Effectiveness of Functional Family Therapy for Adolescent Behavioral and Substance Misuse Problems: A Meta-Analysis." *Fam. Process*, vol. 56, no. 3, 607–619, 2017, doi: 10. 1111/famp. 12256.

[29] N. A. Christakis and J. H. Fowler, "Social contagion theory: examining dynamic social networks and human behavior." *Stat. Med.*, vol. 32, no. 4, 556–577, 2013, doi: 10. 1002/sim. 5408.

[30] M. J. Traa, J. De Vries, G. Bodenmann, and B. L. Den Oudsten, "Dyadic coping and relationship functioning in couples coping with cancer: A systematic review." *Br. J. Health Psychol.*, vol. 20, no. 1, 85–114, 2015, doi: 10. 1111/bjhp. 12094.

[31] B. Ditzen, M. Schaer, B. Gabriel, G. Bodenmann, U. Ehlert, and M. Heinrichs, "Intranasal Oxytocin Increases Positive Communication and Reduces Cortisol Levels During Couple Conflict." *Biol. Psychiatry*, vol. 65, no. 9, 728–731, May 2009, doi: 10. 1016/j. biopsych. 2008. 10. 011.

[32] J. Driver, A. Tabares, A. F. Shapiro, and J. M. Gottman, "Couple interaction in happy and unhappy marriages: Gottman Laboratory studies." in *Normal family processes: Growing diversity and complexity*, 4th ed, New York, NY, US: The Guilford Press, 2012, pp. 57–77.

[33] C. Rasmussen and Z. Ghahramani, "Occam's Razor." in *Advances in Neural Information Processing Systems*, 2000, vol. 13. Accessed: Mar. 15, 2022. [Online] . Available: https://proceedings. neurips. cc/paper/2000/hash/0950ca92a4dcf426067cfd2246bb5ff3-Abstract. html

[34] A. Carr, "Michael White's Narrative Therapy." *Contemp. Fam. Ther.*, vol. 20, no. 4, 485–503, Dec. 1998, doi: 10. 1023/A:1021680116584.

[35] M. White, "Working with People Who Are Suffering the Consequences of Multiple Trauma: A Narrative Perspective." *Int. J. Narrat. Ther. Community Work*, vol. 2004, no. 1, 45–76, doi: 10. 3316/informit. 228819554854851.

[36] S. L. Toth, D. Cicchetti, J. Macfie, and R. N. Emde, "Representations of self and other in the narratives of neglected, physically abused, and sexually abused preschoolers." Dev. Psychopathol., vol. 9, no. 4, 781–796, Dec. 1997, doi: 10. 1017/S0954579497001430.

[37] E. Deblinger, A. P. Mannarino, J. A. Cohen, M. K. Runyon, and R. A. Steer, "Trauma-Focused Cognitive Behavioral Therapy for Children: Impact of the Trauma Narrative and Treatment Length." Depress. Anxiety, vol. 28, no. 1, 67–75, Jan. 2011, doi: 10. 1002/da. 20744.

[38] X. Zuo, C. Lou, E. Gao, Y. Cheng, H. Niu, and L. S. Zabin, "Gender Differences in Adolescent Premarital Sexual Permissiveness in Three Asian Cities: Effects of Gender-Role Attitudes." J. Adolesc. Health, vol. 50, no. 3, Supplement, S18–S25, Mar. 2012, doi: 10. 1016/j. jadohealth. 2011. 12. 001.

[39] M. Lemal and J. Van den Bulck, "Testing the effectiveness of a skin cancer narrative in promoting positive health behavior: A pilot study." Prev. Med., vol. 51, no. 2, 178–181, Aug. 2010, doi: 10. 1016/j. ypmed. 2010. 04. 019.

[40] V. Ertl, A. Pfeiffer, E. Schauer, T. Elbert, and F. Neuner, "Community-Implemented Trauma Therapy for Former Child Soldiers in Northern Uganda: A Randomized Controlled Trial." JAMA, vol. 306, no. 5, 503–512, Aug. 2011, doi: 10. 1001/jama. 2011. 1060.

[41] D. J. Lick, L. E. Durso, and K. L. Johnson, "Minority stress and physical health among sexual minorities." Perspect. Psychol. Sci., vol. 8, no. 5, 521–548, Sep. 2013, doi: 10. 1177/1745691613497965.

[42] D. M. Zimet and T. Jacob, "Influences of Marital Conflict on Child Adjustment: Review of Theory and Research." Clin. Child Fam. Psychol. Rev., vol. 4, no. 4, 319–335, Dec. 2001, doi: 10. 1023/A:1013595304718.

[43] C. M. Proulx, H. M. Helms, and C. Buehler, "Marital Quality and Personal Well-Being: A Meta-Analysis." J. Marriage Fam., vol. 69, no. 3, 576–593, 2007, doi: 10. 1111/j. 1741-3737. 2007. 00393. x.

[44] K. A. Merrifield and W. C. Gamble, "Associations Among Marital Qualities, Supportive and Undermining Coparenting, and Parenting Self-Efficacy: Testing Spillover and Stress-Buffering Processes." J. Fam. Issues, vol. 34, no. 4, 510–533, Apr. 2013, doi: 10. 1177/0192513X12445561.

[45] G. Bateson, D. D. Jackson, J. Haley, and J. Weakland, "Toward a theory of schizophrenia." Behav. Sci., vol. 1, no. 4, 251–264, 1956, doi: 10. 1002/bs. 3830010402.

[46] M. S. Palazzoli and L. Boscolo, Paradox and Counterparadox: A New Model in the Therapy of the Family in Schizophrenic Transaction. Jason Aronson, Incorporated, 1994.

[47] T. van der Stouwe, J. J. Asscher, G. J. J. M. Stams, M. Deković, and P. H. van der Laan, "The effectiveness of Multisystemic Therapy (MST): A meta-analysis." Clin. Psychol. Rev., vol. 34, no. 6, 468–481, Aug. 2014, doi: 10. 1016/j. cpr. 2014. 06. 006.

[48] T. M. van der Pol et al., "Research Review: The effectiveness of multidimensional family therapy in treating adolescents with multiple behavior problems – a meta-analysis." J. Child Psychol. Psychiatry, vol. 58, no. 5, 532–545, 2017, doi: 10. 1111/jcpp. 12685.

[49] A. Carr, "Michael White's Narrative Therapy." Contemp. Fam. Ther., vol. 20, no. 4, 485–503, Dec. 1998, doi: 10. 1023/A:1021680116584.

[50] T. Andersen, "The Reflecting Team: Dialogue and Meta-Dialogue in Clinical Work." Fam. Process, vol. 26, no. 4, 415–428, 1987, doi: 10. 1111/j. 1545-5300. 1987. 00415. x.

[51] I. K. Berg and P. De Jong, "Solution building conversations: Co-constructing a sense of competence with clients." Fam. Soc., vol. 77, no. 6, 376–391, Jun. 1996, doi: 10. 1606/1044-3894. 934.

[52] J. C. G. Lely, G. E. Smid, R. A. Jongedijk, J. W. Knipscheer, and R. J. Kleber, "The effectiveness of narrative exposure therapy: A review, meta-analysis and meta-regression analysis." Eur. J. Psychotraumatology, vol. 10, no. 1, 1550344, Dec. 2019, doi: 10. 1080/20008198. 2018. 1550344.

[53] C. Wittouck, S. Van Autreve, E. De Jaegere, G. Portzky, and K. van Heeringen, "The prevention and treatment of complicated grief: A meta-analysis." *Clin. Psychol. Rev.*, vol. 31, no. 1, 69–78, Feb. 2011, doi: 10. 1016/j. cpr. 2010. 09. 005.

[54] "Gender Statistics | Data Catalog." https://datacatalog. worldbank. org/search/dataset/0037654/ Gender-Statistics （accessed Mar. 15, 2022）.

[55] " − 人口統計資料集（2019） − ." https://www. ipss. go. jp/syoushika/tohkei/Popular/P_ Detail2019. asp?fname=T04-01. htm （accessed Mar. 15, 2022）.

[56] S. M. Stith et al., "Risk factors in child maltreatment: A meta-analytic review of the literature." *Aggress. Violent Behav.*, vol. 14, no. 1, 13–29, Jan. 2009, doi: 10. 1016/j. avb. 2006. 03. 006.

[57] S. Negriff, D. E. Saxbe, and P. K. Trickett, "Childhood maltreatment, pubertal development, HPA axis functioning, and psychosocial outcomes: An integrative biopsychosocial model." *Dev. Psychobiol.*, vol. 57, no. 8, 984–993, 2015, doi: 10. 1002/dev. 21340.

[58] L. D. Leve, A. Khurana, and E. B. Reich, "Intergenerational transmission of maltreatment: A multilevel examination." *Dev. Psychopathol.*, vol. 27, no. 4pt2, 1429–1442, Nov. 2015, doi: 10. 1017/S0954579415000851.

[59] M. R. Sanders, A. M. Pidgeon, F. Gravestock, M. D. Connors, S. Brown, and R. W. Young, "Does parental attributional retraining and anger management enhance the effects of the triple P-positive parenting program with parents at risk of child maltreatment?." *Behav. Ther.*, vol. 35, no. 3, 513–535, Jun. 2004, doi: 10. 1016/S0005-7894（04）80030-3.

[60] L. R. Robinson, A. S. Morris, S. S. Heller, M. S. Scheeringa, N. W. Boris, and A. T. Smyke, "Relations Between Emotion Regulation, Parenting, and Psychopathology in Young Maltreated Children in Out of Home Care." *J. Child Fam. Stud.*, vol. 18, no. 4, 421–434, Aug. 2009, doi: 10. 1007/ s10826-008-9246-6.

[61] S. E. Evans, A. L. Steel, and D. DiLillo, "Child maltreatment severity and adult trauma symptoms: Does perceived social support play a buffering role?." *Child Abuse Negl.*, vol. 37, no. 11, 934–943, Nov. 2013, doi: 10. 1016/j. chiabu. 2013. 03. 005.

[62] E. V. Cheong, C. Sinnott, D. Dahly, and P. M. Kearney, "Adverse childhood experiences (ACEs) and later-life depression: perceived social support as a potential protective factor." *BMJ Open*, vol. 7, no. 9, e013228, Sep. 2017, doi: 10. 1136/bmjopen-2016-013228.

[63] I. Bretherton, "The Origins of Attachment Theory: John Bowlby and Mary Ainsworth." *Dev. Psychol.*, vol. 28, no. 5, 759–75, 1992.

[64] J. C. Baer and C. D. Martinez, "Child maltreatment and insecure attachment: A meta − analysis." *J. Reprod. Infant Psychol.*, vol. 24, no. 3, 187–197, Aug. 2006, doi: 10. 1080/02646830600821231.

[65] M. Main, E. Hesse, and N. Kaplan, "Predictability of Attachment Behavior and Representational Processes at 1, 6, and 19 Years of Age: The Berkeley Longitudinal Study." in *Attachment from infancy to adulthood: The major longitudinal studies*, New York, NY, US: Guilford Publications, 2005, pp. 245–304.

[66] P. Van Horn and V. Reyes, "Child-Parent Psychotherapy with Infants and Very Young Children." in *Evidence-Based Approaches for the Treatment of Maltreated Children: Considering core components and treatment effectiveness*, S. Timmer and A. Urquiza, Eds. Dordrecht: Springer Netherlands, 2014, pp. 61–77. doi: 10. 1007/978-94-007-7404-9_5.

[67] A. M. Herman and T. Duka, "Facets of impulsivity and alcohol use: What role do emotions play?." *Neurosci. Biobehav. Rev.*, vol. 106, 202–216, Nov. 2019, doi: 10. 1016/j. neubiorev. 2018. 08. 011.

[68] エリヤフ・ゴールドラット, " ザ・ゴール―企業の究極の目的とは何か ." ダイヤモンド社，2001.

[69] F. Ramseyer and W. Tschacher, "Nonverbal synchrony in psychotherapy: Coordinated body movement reflects relationship quality and outcome." *J. Consult. Clin. Psychol.*, vol. 79, no. 3, 284–295, 2011, doi: 10. 1037/a0023419.

[70] F. Ramseyer and W. Tschacher, "Nonverbal synchrony of head- and body-movement in psychotherapy: Different signals have different associations with outcome." *Front. Psychol.*, vol. 5, 2014, doi: 10. 3389/fpsyg. 2014. 00979.

[71] T. L. Chartrand and J. A. Bargh, "The chameleon effect: The perception–behavior link and social interaction." *J. Pers. Soc. Psychol.*, vol. 76, no. 6, 893–910, 1999, doi: 10. 1037/0022-3514. 76. 6. 893.

[72] K. Yokotani, G. Takagi, and K. Wakashima, "Nonverbal Synchrony of Facial Movements and Expressions Predict Therapeutic Alliance During a Structured Psychotherapeutic Interview." *J. Nonverbal Behav.*, vol. 44, no. 1, 85–116, Mar. 2020, doi: 10. 1007/s10919-019-00319-w.

[73] C. Leclère et al., "Why Synchrony Matters during Mother-Child Interactions: A Systematic Review." *PLOS ONE*, vol. 9, no. 12, e113571, Dec. 2014, doi: 10. 1371/journal. pone. 0113571.

[74] A. Shea, C. Walsh, H. MacMillan, and M. Steiner, "Child maltreatment and HPA axis dysregulation: relationship to major depressive disorder and post traumatic stress disorder in females." *Psychoneuroendocrinology*, vol. 30, no. 2, 162–178, Feb. 2005, doi: 10. 1016/j. psyneuen. 2004. 07. 001.

[75] Y. Dvir, J. D. Ford, M. Hill, and J. A. Frazier, "Childhood Maltreatment, Emotional Dysregulation, and Psychiatric Comorbidities." *Harv. Rev. Psychiatry*, vol. 22, no. 3, 149–161, 2014, doi: 10. 1097/HRP. 0000000000000014.

[76] G. England-Mason, M. Kimber, J. Khoury, L. Atkinson, H. MacMillan, and A. Gonzalez, "Difficulties with emotion regulation moderate the association between childhood history of maltreatment and cortisol reactivity to psychosocial challenge in postpartum women." *Horm. Behav.*, vol. 95, 44–56, Sep. 2017, doi: 10. 1016/j. yhbeh. 2017. 07. 007.

[77] R. Öztürk Dönmez and A. Bayik Temel, "Effect of soothing techniques on infants' self-regulation behaviors (sleeping, crying, feeding): A randomized controlled study." *Jpn. J. Nurs. Sci.*, vol. 16, no. 4, 407–419, 2019, doi: 10. 1111/jjns. 12250.

[78] M. Lewis and D. S. Ramsay, "Effect of Maternal Soothing on Infant Stress Response." *Child Dev.*, vol. 70, no. 1, 11–20, 1999, doi: 10. 1111/1467-8624. 00002.

[79] S. D. Pollak, D. Cicchetti, R. Klorman, and J. T. Brumaghim, "Cognitive Brain Event-Related Potentials and Emotion Processing in Maltreated Children." *Child Dev.*, vol. 68, no. 5, 773–787, 1997, doi: 10. 1111/j. 1467-8624. 1997. tb01961. x.

[80] E. J. McCrory et al., "Amygdala activation in maltreated children during pre-attentive emotional processing." *Br. J. Psychiatry*, vol. 202, no. 4, 269–276, Apr. 2013, doi: 10. 1192/bjp. bp. 112. 116624.

[81] E. M. Schuhmann, R. C. Foote, S. M. Eyberg, S. R. Boggs, and J. Algina, "Efficacy of Parent-Child Interaction Therapy: Interim Report of a Randomized Trial with Short-Term Maintenance." *J. Clin. Child Psychol.*, vol. 27, no. 1, 34–45, Mar. 1998, doi: 10. 1207/s15374424jccp2701_4.

[82] W. A. Grube and K. W. Liming, "Attachment and Biobehavioral Catch-up: A Systematic Review." *Infant Ment. Health J.*, vol. 39, no. 6, 656–673, 2018, doi: 10. 1002/imhj. 21745.

[83] G. Bodenmann and S. D. Shantinath, "The Couples Coping Enhancement Training (CCET): A new approach to prevention of marital distress based upon stress and coping*." *Fam. Relat.*, vol. 53, no. 5, 477–484, 2004, doi: 10. 1111/j. 0197-6664. 2004. 00056. x.

[84] B. E. Gibb, "Childhood maltreatment and negative cognitive styles: A quantitative and qualitative review." *Clin. Psychol. Rev.*, vol. 22, no. 2, 223–246, Mar. 2002, doi: 10. 1016/S0272-7358 (01) 00088-5.

[85] L. Y. Abramson, G. I. Metalsky, and L. B. Alloy, "Hopelessness depression: A theory-based subtype of depression." *Psychol. Rev.*, vol. 96, no. 2, 358–372, 1989, doi: 10. 1037/0033-295X. 96. 2. 358.

[86] J. Joormann and C. D'Avanzato, "Emotion regulation in depression: Examining the role of cognitive processes." *Cogn. Emot.*, vol. 24, no. 6, 913–939, Sep. 2010, doi: 10.

1080/02699931003784939.

[87] K. J. Conron, W. Beardslee, K. C. Koenen, S. L. Buka, and S. L. Gortmaker, "A Longitudinal Study of Maternal Depression and Child Maltreatment in a National Sample of Families Investigated by Child Protective Services." *Arch. Pediatr. Adolesc. Med.*, vol. 163, no. 10, 922–930, Oct. 2009, doi: 10. 1001/archpediatrics. 2009. 176.

[88] E. R. Levensky, A. Forcehimes, W. T. O'Donohue, and K. Beitz, "Motivational Interviewing: An evidence-based approach to counseling helps patients follow treatment recommendations." *AJN Am. J. Nurs.*, vol. 107, no. 10, 50–58, Oct. 2007, doi: 10. 1097/01. NAJ. 0000292202. 06571. 24.

[89] American Psychiatric Association, *Diagnostic and Statistical Manual of Mental Disorders* (DSM-5®). American Psychiatric Pub, 2013.

[90] T. L. Messman-Moore and P. H. Bhuptani, "A review of the long-term impact of child maltreatment on posttraumatic stress disorder and its comorbidities: An emotion dysregulation perspective." *Clin. Psychol. Sci. Pract.*, vol. 24, no. 2, 154–169, 2017, doi: 10. 1111/cpsp. 12193.

[91] R. E. Adams and J. A. Boscarino, "Predictors of PTSD and Delayed PTSD After Disaster." *J. Nerv. Ment. Dis.*, vol. 194, no. 7, 485–493, Jul. 2006, doi: 10. 1097/01. nmd. 0000228503. 95503. e9.

[92] E. S. Kubany et al., "Cognitive Trauma Therapy for Battered Women With PTSD (CTT-BW)." *J. Consult. Clin. Psychol.*, vol. 72, no. 1, 3–18, 2004, doi: 10. 1037/0022-006X. 72. 1. 3.

[93] C. R. Brewin, T. Dalgleish, and S. Joseph, "A dual representation theory of posttraumatic stress disorder." *Psychol. Rev.*, vol. 103, no. 4, 670–686, Oct. 1996, doi: 10. 1037/0033-295x. 103. 4. 670.

[94] C. R. Brewin and N. Burgess, "Contextualisation in the revised dual representation theory of PTSD: A response to Pearson and colleagues." *J. Behav. Ther. Exp. Psychiatry*, vol. 45, no. 1, 217–219, Mar. 2014, doi: 10. 1016/j. jbtep. 2013. 07. 011.

[95] A. Vyas, R. Mitra, B. S. S. Rao, and S. Chattarji, "Chronic Stress Induces Contrasting Patterns of Dendritic Remodeling in Hippocampal and Amygdaloid Neurons." *J. Neurosci.*, vol. 22, no. 15, 6810–6818, Aug. 2002, doi: 10. 1523/JNEUROSCI. 22-15-06810. 2002.

[96] K. Schury and I. -T. Kolassa, "Biological memory of childhood maltreatment: current knowledge and recommendations for future research." *Ann. N. Y. Acad. Sci.*, vol. 1262, no. 1, 93–100, 2012, doi: 10. 1111/j. 1749-6632. 2012. 06617. x.

[97] B. M. Elzinga and J. D. Bremner, "Are the neural substrates of memory the final common pathway in posttraumatic stress disorder (PTSD)?." *J. Affect. Disord.*, vol. 70, no. 1, 1–17, Jun. 2002, doi: 10. 1016/S0165-0327（01）00351-2.

[98] R. A. Bryant, M. Creamer, M. O'donnell, D. Silove, C. R. Clark, and A. C. Mcfarlane, "Post-traumatic amnesia and the nature of post-traumatic stress disorder after mild traumatic brain injury." *J. Int. Neuropsychol. Soc.*, vol. 15, no. 6, 862–867, Nov. 2009, doi: 10. 1017/S1355617709990671.

[99] K. Robjant and M. Fazel, "The emerging evidence for Narrative Exposure Therapy: A review." *Clin. Psychol. Rev.*, vol. 30, no. 8, 1030–1039, Dec. 2010, doi: 10. 1016/j. cpr. 2010. 07. 004.

[100] L. M. Najavits, R. J. Gallop, and R. D. Weiss, "Seeking Safety Therapy for Adolescent Girls with PTSD and Substance Use Disorder: A Randomized Controlled Trial." *J. Behav. Health Serv. Res.*, vol. 33, no. 4, 453–463, Oct. 2006, doi: 10. 1007/s11414-006-9034-2.

[101] M. van den Hout, P. Muris, E. Salemink, and M. Kindt, "Autobiographical memories become less vivid and emotional after eye movements." *Br. J. Clin. Psychol.*, vol. 40, no. 2, 121–130, 2001, doi: 10. 1348/014466501163571.

[102] A. A. Contractor, N. H. Weiss, S. R. Forkus, and F. Keegan, "Positive Internal Experiences in PTSD Interventions: A Critical Review." *Trauma Violence Abuse*, vol. 23, no. 1, 101–116, Jan. 2022, doi: 10. 1177/1524838020925784.

[103] C. C. Benight and A. Bandura, "Social cognitive theory of posttraumatic recovery: the role of

perceived self-efficacy." *Behav. Res. Ther.*, vol. 42, no. 10, 1129–1148, Oct. 2004, doi: 10. 1016/ j. brat. 2003. 08. 008.

[104] A. van Minnen, L. A. Zoellner, M. S. Harned, and K. Mills, "Changes in Comorbid Conditions After Prolonged Exposure for PTSD: A Literature Review." *Curr. Psychiatry Rep.*, vol. 17, no. 3, 17, Mar. 2015, doi: 10. 1007/s11920-015-0549-1.

[105] J. Ø. Halvorsen, H. Stenmark, F. Neuner, and H. M. Nordahl, "Does dissociation moderate treatment outcomes of narrative exposure therapy for PTSD? a secondary analysis from a randomized controlled clinical trial." *Behav. Res. Ther.*, vol. 57, 21–28, Jun. 2014, doi: 10. 1016/ j. brat. 2014. 03. 010.

[106] A. van Minnen, M. S. Harned, L. Zoellner, and K. Mills, "Examining potential contraindications for prolonged exposure therapy for PTSD." *Eur. J Psychotraumatology*, vol. 3, no. 1, 18805, Dec. 2012, doi: 10. 3402/cjpt. v3i0. 18805.

[107] M. Chaffin et al., "Parent-Child Interaction Therapy with Physically Abusive Parents: Efficacy for Reducing Future Abuse Reports." *J. Consult. Clin. Psychol.*, vol. 72, no. 3, 500–510, 2004, doi: 10. 1037/0022-006X. 72. 3. 500.

[108] R. Thomas, B. Abell, H. J. Webb, E. Avdagic, and M. J. Zimmer-Gembeck, "Parent-Child Interaction Therapy: A Meta-analysis." *Pediatrics*, vol. 140, no. 3, Sep. 2017, doi: 10. 1542/peds. 2017-0352.

[109] P. Leijten et al., "Research Review: Harnessing the power of individual participant data in a meta-analysis of the benefits and harms of the Incredible Years parenting program." *J. Child Psychol. Psychiatry*, vol. 59, no. 2, 99–109, 2018, doi: 10. 1111/jcpp. 12781.

[110] M. R. Sanders, J. N. Kirby, C. L. Tellegen, and J. J. Day, "The Triple P-Positive Parenting Program: A systematic review and meta-analysis of a multi-level system of parenting support." *Clin. Psychol. Rev.*, vol. 34, no. 4, 337–357, Jun. 2014, doi: 10. 1016/j. cpr. 2014. 04. 003.

[111] S. Kameoka et al., "Effectiveness of trauma-focused cognitive behavioral therapy for Japanese children and adolescents in community settings: A multisite randomized controlled trial." *Eur. J. Psychotraumatology*, vol. 11, no. 1, 1767987, Dec. 2020, doi: 10. 1080/20008198. 2020. 1767987.

[112] M. B. Powers, J. M. Halpern, M. P. Ferenschak, S. J. Gillihan, and E. B. Foa, "A meta-analytic review of prolonged exposure for posttraumatic stress disorder." *Clin. Psychol. Rev.*, vol. 30, no. 6, 635–641, Aug. 2010, doi: 10. 1016/j. cpr. 2010. 04. 007.

[113] E. B. Foa, "Prolonged exposure therapy: Past, present, and future." *Depress. Anxiety*, vol. 28, no. 12, 1043–1047, 2011, doi: 10. 1002/da. 20907.

[114] M. S. Hurlburt, K. Nguyen, J. Reid, C. Webster-Stratton, and J. Zhang, "Efficacy of the Incredible Years group parent program with families in Head Start who self-reported a history of child maltreatment." *Child Abuse Negl.*, vol. 37, no. 8, 531–543, Aug. 2013, doi: 10. 1016/j. chiabu. 2012. 10. 008.

[115] E. Deblinger, A. P. Mannarino, J. A. Cohen, M. K. Runyon, and R. A. Steer, "Trauma-focused cognitive behavioral therapy for children: impact of the trauma narrative and treatment length." *Depress. Anxiety*, vol. 28, no. 1, 67–75, 2011, doi: 10. 1002/da. 20744.

[116] R. Rodenburg, A. Benjamin, C. de Roos, A. M. Meijer, and G. J. Stams, "Efficacy of EMDR in children: A meta-analysis." *Clin. Psychol. Rev.*, vol. 29, no. 7, 599–606, Nov. 2009, doi: 10. 1016/ j. cpr. 2009. 06. 008.

[117] J. Eckenrode et al., "Preventing Child Abuse and Neglect with a Program of Nurse Home VisitationThe Limiting Effects of Domestic Violence." *JAMA*, vol. 284, no. 11, 1385–1391, Sep. 2000, doi: 10. 1001/jama. 284. 11. 1385.

[118] C. E. van der Put, M. Assink, J. Gubbels, and N. F. Boekhout van Solinge, "Identifying Effective Components of Child Maltreatment Interventions: A Meta-analysis." *Clin. Child Fam. Psychol. Rev.*, vol. 21, no. 2, 171–202, Jun. 2018, doi: 10. 1007/s10567-017-0250-5.

引用文献

[119] 仙波純一，松浦雅人，太田克也，Trans.,"ストール精神薬理学エセンシャルズ　神経科学的基礎と応用　第4版." メディカルサイエンスインターナショナル，2015.

[120] J. A. Lieberman et al., "The early stages of schizophrenia: speculations on pathogenesis, pathophysiology, and therapeutic approaches." Biol. Psychiatry, vol. 50, no. 11, 884–897, Dec. 2001, doi: 10. 1016/S0006-3223（01）01303-8.

[121] K. T. Mueser, F. Deavers, D. L. Penn, and J. E. Cassisi, "Psychosocial Treatments for Schizophrenia." Annu. Rev. Clin. Psychol., vol. 9, no. 1, 465–497, 2013, doi: 10. 1146/annurev-clinpsy-050212-185620.

[122] R. L. Butzlaff and J. M. Hooley, "Expressed Emotion and Psychiatric Relapse: A Meta-analysis." Arch. Gen. Psychiatry, vol. 55, no. 6, 547–552, Jun. 1998, doi: 10. 1001/archpsyc. 55. 6. 547.

[123] A. Cechnicki, A. Bielańska, I. Hanuszkiewicz, and A. Daren, "The predictive validity of Expressed Emotions (EE) in schizophrenia. A 20-year prospective study." J. Psychiatr. Res., vol. 47, no. 2, 208–214, Feb. 2013, doi: 10. 1016/j. jpsychires. 2012. 10. 004.

[124] G. Pitschel-Walz, S. Leucht, J. Bäuml, W. Kissling, and R. R. Engel, "The Effect of Family Interventions on Relapse and Rehospitalization in Schizophrenia—A Meta-analysis." Schizophr. Bull., vol. 27, no. 1, 73–92, Jan. 2001, doi: 10. 1093/oxfordjournals. schbul. a006861.

[125] M. Hambrecht and H. Häfner, "Substance abuse and the onset of schizophrenia." Biol. Psychiatry, vol. 40, no. 11, 1155–1163, Dec. 1996, doi: 10. 1016/S0006-3223（95）00609-5.

[126] A. Ceraso et al., "Maintenance treatment with antipsychotic drugs for schizophrenia." Cochrane Database Syst. Rev., no. 8, 2020, doi: 10. 1002/14651858. CD008016. pub3.

[127] M. Harrow, T. H. Jobe, and R. N. Faull, "Do all schizophrenia patients need antipsychotic treatment continuously throughout their lifetime? a 20-year longitudinal study." Psychol. Med., vol. 42, no. 10, 2145–2155, Oct. 2012, doi: 10. 1017/S0033291712000220.

[128] Y. Shimomura, Y. Kikuchi, T. Suzuki, H. Uchida, M. Mimura, and H. Takeuchi, "Antipsychotic treatment in the maintenance phase of schizophrenia: An updated systematic review of the guidelines and algorithms." Schizophr. Res., vol. 215, 8–16, Jan. 2020, doi: 10. 1016/j. schres. 2019. 09. 013.

[129] D. W. Springer, K. Trawver, and A. Rubin, Psychosocial Treatment of Schizophrenia, 1st edition. Hoboken, N. J: Wiley, 2010.

[130] P. F. Sullivan, K. S. Kendler, and M. C. Neale, "Schizophrenia as a Complex Trait: Evidence from a Meta-analysis of Twin Studies." Arch. Gen. Psychiatry, vol. 60, no. 12, 1187–1192, Dec. 2003, doi: 10. 1001/archpsyc. 60. 12. 1187.

[131] J. Favier, L. Amar, and A. -P. Gimenez-Roqueplo, "Paraganglioma and phaeochromocytoma: from genetics to personalized medicine." Nat. Rev. Endocrinol., vol. 11, no. 2, Art. no. 2, Feb. 2015, doi: 10. 1038/nrendo. 2014. 188.

[132] J. Ohlinger, M. S. Brown, S. Laudert, S. Swanson, O. Fofah, and on Behalf of the CARE Group, "Development of Potentially Better Practices for the Neonatal Intensive Care Unit as a Culture of Collaboration: Communication, Accountability, Respect, and Empowerment." Pediatrics, vol. 111, no. Supplement_E1, e471–e481, Apr. 2003, doi: 10. 1542/peds. 111. SE1. e471.

[133] M. G. McDonell, R. A. Short, C. M. Berry, and D. G. Dyck, "Burden in Schizophrenia Caregivers: Impact of Family Psychoeducation and Awareness of Patient Suicidality." Fam. Process, vol. 42, no. 1, 91–103, 2003, doi: 10. 1111/j. 1545-5300. 2003. 00091. x.

[134] R. K. Chadda, T. B. Singh, and K. K. Ganguly, "Caregiver burden and coping." Soc. Psychiatry Psychiatr. Epidemiol., vol. 42, no. 11, 923–930, Nov. 2007, doi: 10. 1007/s00127-007-0242-8.

[135] J. U. Ohaeri and A. A. Fido, "The opinion of caregivers on aspects of schizophrenia and major affective disorders in a Nigerian setting." Soc. Psychiatry Psychiatr. Epidemiol., vol. 36, no. 10, 493–499, Oct. 2001, doi: 10. 1007/s001270170014.

[136] A. C. Amaresha and G. Venkatasubramanian, "Expressed emotion in schizophrenia: an overview." Indian J. Psychol. Med., vol. 34, no. 1, 12–20, Jan. 2012, doi: 10. 4103/0253-7176. 96149.

[137] K. Shiralinia, H. Abdollahi Musavi, and R. KHojastemehr, "The effectiveness of of Group Acceptance and Commitment Therapy (ACT)-Based Training on Parenting Stress and Psychological Flexibility in Mothers of Children with Autism Spectrum Disorderr." *Psychol. Except. Individ.*, vol. 7, no. 28, 21–44, Feb. 2018, doi: 10. 22054/jpe. 2018. 26885. 1695.

[138] J. T. Blackledge and S. C. Hayes, "Using Acceptance and Commitment Training in the Support of Parents of Children Diagnosed with Autism." *Child Fam. Behav. Ther.*, vol. 28, no. 1, 1–18, Mar. 2006, doi: 10. 1300/J019v28n01_01.

[139] K. Whittingham, M. R. Sanders, L. McKinlay, and R. N. Boyd, "Parenting Intervention Combined With Acceptance and Commitment Therapy: A Trial With Families of Children with Cerebral Palsy." *J. Pediatr. Psychol.*, vol. 41, no. 5, 531–542, Jun. 2016, doi: 10. 1093/jpepsy/jsv118.

[140] W. R. McFarlane, L. Dixon, E. Lukens, and A. Lucksted, "Family Psychoeducation and Schizophrenia: A Review of the Literature." *J. Marital Fam. Ther.*, vol. 29, no. 2, 223–245, 2003, doi: 10. 1111/j. 1752-0606. 2003. tb01202. x.

[141] 塚田和美, 伊藤順一郎, 大島巌, 鈴木丈, "心理教育が精神分裂病の予後と家族の感情表出に及ぼす影響." 千葉医学雑誌, vol. 76, no. 2, 67–73, Apr. 2000, Accessed: Mar. 15, 2022. [Online]. Available: https://ci. nii. ac. jp/naid/110004648748/

[142] T. M. Lincoln, K. Wilhelm, and Y. Nestoriuc, "Effectiveness of psychoeducation for relapse, symptoms, knowledge, adherence and functioning in psychotic disorders: A meta-analysis." *Schizophr. Res.*, vol. 96, no. 1, 232–245, Nov. 2007, doi: 10. 1016/j. schres. 2007. 07. 022.

[143] F. Sharif, M. Shaygan, and A. Mani, "Effect of a psycho-educational intervention for family members on caregiver burdens and psychiatric symptoms in patients with schizophrenia in Shiraz, Iran." *BMC Psychiatry*, vol. 12, no. 1, 48, May 2012, doi: 10. 1186/1471-244X-12-48.

[144] "EBPs | 国立研究開発法人　国立精神・神経医療研究センター　精神保健研究所　社会復帰研究部." https://www. ncnp. go. jp/nimh/fukki/ebp/ (accessed Mar. 15, 2022).

[145] 浦田重治郎, "心理教育を中心とした心理社会的援助プログラムガイドライン." 国立精神・神経医療センター精神保健研究所　地域・司法精神医療研究部. https://www. ncnp. go. jp/nimh/fukki/documents/psycho_education_guide_line. pdf

[146] S. P. Madigan, "The application of Michel Foucault's philosophy in the problem externalizing discourse of Michael White." *J. Fam. Ther.*, vol. 14, no. 3, 265–279, 1992, doi: 10. 1046/j. .1992. 00458. x.

[147] P. Fusar-Poli et al., "Treatments of Negative Symptoms in Schizophrenia: Meta-Analysis of 168 Randomized Placebo-Controlled Trials." *Schizophr. Bull.*, vol. 41, no. 4, 892–899, Jul. 2015, doi: 10. 1093/schbul/sbu170.

[148] P. M. Grant, G. A. Huh, D. Perivoliotis, N. M. Stolar, and A. T. Beck, "Randomized Trial to Evaluate the Efficacy of Cognitive Therapy for Low-Functioning Patients with Schizophrenia." *Arch. Gen. Psychiatry*, vol. 69, no. 2, 121–127, Feb. 2012, doi: 10. 1001/archgenpsychiatry. 2011. 129.

[149] S. Marwaha and S. Johnson, "Schizophrenia andemployment." *Soc. Psychiatry Psychiatr. Epidemiol.*, vol. 39, no. 5, 337–349, May 2004, doi: 10. 1007/s00127-004-0762-4.

[150] "平成 26 年 (2014) 患者調査の概況 | 厚生労働省." https://www. mhlw. go. jp/toukei/saikin/hw/kanja/14/ (accessed Mar. 04, 2022).

[151] 澤口浩司, "平成 30 年度障害者雇用実態調査の結果を公表します." 2019. https://www. mhlw. go. jp/stf/newpage_05390. html (accessed Mar. 04, 2022).

[152] E. H. Fletcher, "Dis/Assembling Schizophrenia on YouTube: Theorizing an Analog Body in a Virtual Sphere." *J. Med. Humanit.*, vol. 37, no. 3, 257–274, Sep. 2016, doi: 10. 1007/s10912-014-9286-4.

[153] S. Pilling et al., "Psychological treatments in schizophrenia: I. Meta-analysis of family intervention and cognitive behaviour therapy." *Psychol. Med.*, vol. 32, no. 5, 763–782, Jul. 2002, doi: 10. 1017/S0033291702005895.

[154] D. J. Devoe, M. S. Farris, P. Townes, and J. Addington, "Attenuated psychotic symptom

interventions in youth at risk of psychosis: A systematic review and meta-analysis." *Early Interv. Psychiatry*, vol. 13, no. 1, 3–17, 2019, doi: 10. 1111/eip. 12677.

[155] S. Lewis et al., "Randomised controlled trial of cognitive-behavioural therapy in early schizophrenia: Acute-phase outcomes." *Br. J. Psychiatry*, vol. 181, no. S43, s91–s97, Sep. 2002, doi: 10. 1192/bjp. 181. 43. s91.

[156] "OECD Health Statistics 2021—OECD." https://www. oecd. org/health/health-data. htm (accessed Mar. 15, 2022）.

[157] B. R. Maynard, D. Heyne, K. E. Brendel, J. J. Bulanda, A. M. Thompson, and T. D. Pigott, "Treatment for School Refusal Among Children and Adolescents: A Systematic Review and Meta-Analysis." *Res. Soc. Work Pract.*, vol. 28, no. 1, 56–67, Jan. 2018, doi: 10. 1177/1049731515598619.

[158] F. Bannink, *Handbook of Solution-Focused Conflict Management*. Hogrefe Publishing, 2010.

[159] S. A. Ball, K. M. Carroll, M. Canning-Ball, and B. J. Rounsaville, "Reasons for dropout from drug abuse treatment: Symptoms, personality, and motivation." *Addict. Behav.*, vol. 31, no. 2, 320–330, Feb. 2006, doi: 10. 1016/j. addbeh. 2005. 05. 013.

[160] M. Park and C. Chesla, "Revisiting Confucianism as a Conceptual Framework for Asian Family Study." *J. Fam. Nurs.*, vol. 13, no. 3, 293–311, Aug. 2007, doi: 10. 1177/1074840707304400.

[161] T. B. Moyers and T. Martin, "Therapist influence on client language during motivational interviewing sessions." *J. Subst. Abuse Treat.*, vol. 30, no. 3, 245–251, Apr. 2006, doi: 10. 1016/j. jsat. 2005. 12. 003.

[162] K. Yokotani, "A Change Talk Model for Abstinence Based on Web-Based Anonymous Gambler Chat Meeting Data by Using an Automatic Change Talk Classifier: Development Study." *J. Med. Internet Res.*, vol. 23, no. 6, e24088, Jun. 2021, Accessed: Nov. 25, 2020. [Online]. Available: https://preprints. jmir. org/preprint/24088

[163] K. M. Griffiths, D. A. Crisp, A. F. Jorm, and H. Christensen, "Does stigma predict a belief in dealing with depression alone?." *J. Affect. Disord.*, vol. 132, no. 3, 413–417, Aug. 2011, doi: 10. 1016/j. jad. 2011. 03. 012.

[164] R. N. Goldman, L. S. Greenberg, and L. Angus, "The effects of adding emotion-focused interventions to the client-centered relationship conditions in the treatment of depression." *Psychother. Res.*, vol. 16, no. 5, 537–549, Oct. 2006, doi: 10. 1080/10503300600589456.

[165] M. Davis and S. Franzoi, "Adolescent Loneliness, Self-Disclosure, and Private Self-Consciousness: A Longitudinal Investigation." *J. Pers. Soc. Psychol.*, Sep. 1986, [Online]. Available: https://epublications. marquette. edu/psych_fac/389

[166] C. A. Hamza and T. Willoughby, "Perceived Parental Monitoring, Adolescent Disclosure, and Adolescent Depressive Symptoms: A Longitudinal Examination." *J. Youth Adolesc.*, vol. 40, no. 7, 902–915, Jul. 2011, doi: 10. 1007/s10964-010-9604-8.

[167] A. Vieno, M. Nation, M. Pastore, and M. Santinello, "Parenting and Antisocial Behavior: A Model of the Relationship between Adolescent Self-Disclosure, Parental Closeness, Parental Control, and Adolescent Antisocial Behavior." *Dev. Psychol.*, vol. 45, no. 6, 1509–1519, Nov. 2009, doi: 10. 1037/a0016929.

[168] B. Soenens, M. Vansteenkiste, K. Luyckx, and L. Goossens, "Parenting and adolescent problem behavior: an integrated model with adolescent self-disclosure and perceived parental knowledge as intervening variables." *Dev. Psychol.*, vol. 42, no. 2, 305–318, Mar. 2006, doi: 10. 1037/0012-1649. 42. 2. 305.

[169] A. T. Beck, "The Current State of Cognitive Therapy: A 40-Year Retrospective." *Arch. Gen. Psychiatry*, vol. 62, no. 9, 953–959, Sep. 2005, doi: 10. 1001/archpsyc. 62. 9. 953.

[170] L. D. Borders, "Dyadic, triadic, and group models of peer supervision/consultation: What are their components, and is there evidence of their effectiveness?." *Clin. Psychol.*, vol. 16, no. 2, 59–71, 2012, doi: 10. 1111/j. 1742-9552. 2012. 00046. x.

[171] S. Weiss-Dagan, A. Ben-Porat, and H. Itzhaky, "The Contribution of Role Characteristics and

Supervisory Functions to Supervision Effectiveness." *Clin. Soc. Work J.*, vol. 46, no. 4, 341–349, Dec. 2018, doi: 10. 1007/s10615-018-0675-4.

[172] D. Heyne et al., "Evaluation of Child Therapy and Caregiver Training in the Treatment of School Refusal." *J. Am. Acad. Child Adolesc. Psychiatry*, vol. 41, no. 6, 687–695, Jun. 2002, doi: 10. 1097/00004583-200206000-00008.

[173] M. (Miranda) Gao and E. M. Cummings, "Understanding parent–child relationship as a developmental process: Fluctuations across days and changes over years." *Dev. Psychol.*, vol. 55, no. 5, 1046–1058, 2019, doi: 10. 1037/dev0000680.

[174] M. E. Haskett, S. D. Neupert, and Y. Okado, "Factors Associated with 3-Year Stability and Change in Parenting Behavior of Abusive Parents." *J. Child Fam. Stud.*, vol. 23, no. 2, 263–274, Feb. 2014, doi: 10. 1007/s10826-013-9729-y.

[175] 若島孔文，" ナラティヴ・セラピー――ナラティヴ，社会構成主義，ポストモダン（焦点 健康 と病いの語り（ナラティヴ））." 日本保健医療行動科学会年報, vol. 21, 63–77, 2006, Accessed: Mar. 16, 2022. [Online] . Available: https://ci nii. ac. jp/naid/40015929193/

[176] 長谷川啓三，" 家族内パラドックス ." 彩古書房，1987.

[177] K. Yokotani, "How young adults address their parents reflects their perception of parenting." *Asian J. Soc. Psychol.*, vol. 15, no. 4, 284–289, 2012, doi: 10. 1111/j. 1467-839X. 2012. 01382. x.

[178] R. N. Waizenhofer, C. M. Buchanan, and J. Jackson-Newsom, "Mothers' and fathers' knowledge of adolescents' daily activities: its sources and its links with adolescent adjustment." *J. Fam. Psychol.*, vol. 18, no. 2, 348–360, Jun. 2004, doi: 10. 1037/0893-3200. 18. 2. 348.

[179] E. Flouri, "Fathering and adolescents' psychological adjustment: the role of fathers' involvement, residence and biology status." *Child Care Health Dev.*, vol. 34, no. 2, 152–161, 2008, doi: 10. 1111/j. 1365-2214. 2007. 00752. x.

[180] B. W. Lundahl, D. Tollefson, H. Risser, and M. C. Lovejoy, "A Meta-Analysis of Father Involvement in Parent Training." *Res. Soc. Work Pract.*, vol. 18, no. 2, 97–106, Mar. 2008, doi: 10. 1177/1049731507309828.

[181] M. R. Dadds et al., "A benchmarking study of father involvement in Australian child mental health services." *PLOS ONE*, vol. 13, no. 8, e0203113, Aug. 2018, doi: 10. 1371/journal. pone. 0203113.

[182] N. B. Guterman, J. L. Bellamy, and A. Banman, "Promoting father involvement in early home visiting services for vulnerable families: Findings from a pilot study of 'Dads matter'." *Child Abuse Negl.*, vol. 76, 261–272, Feb. 2018, doi: 10. 1016/j. chiabu. 2017. 10. 017.

[183] I. H. Gotlib and J. Joormann, "Cognition and Depression: Current Status and Future Directions." *Annu. Rev. Clin. Psychol.*, vol. 6, no. 1, 285–312, 2010, doi: 10. 1146/annurev. clinpsy. 121208. 131305.

[184] J. H. W. Eersel, T. W. Taris, and P. A. Boelen, "Reciprocal relations between symptoms of complicated grief, depression, and anxiety following job loss: A cross‐lagged analysis." *Clin. Psychol.*, vol. 24, no. 3, 276–284, Nov. 2020, doi: 10. 1111/cp. 12212.

[185] T. Miller and M. Boulton, "Changing constructions of informed consent: Qualitative research and complex social worlds." *Soc. Sci. Med.*, vol. 65, no. 11, 2199–2211, Dec. 2007, doi: 10. 1016/j. socscimed. 2007. 08. 009.

[186] M. Y. Roberts, P. R. Curtis, B. J. Sone, and L. H. Hampton, "Association of Parent Training with Child Language Development: A Systematic Review and Meta-analysis." *JAMA Pediatr.*, vol. 173, no. 7, 671–680, Jul. 2019, doi: 10. 1001/jamapediatrics. 2019. 1197.

[187] B. Lundahl, H. J. Risser, and M. C. Lovejoy, "A meta-analysis of parent training: Moderators and follow-up effects." *Clin. Psychol. Rev.*, vol. 26, no. 1, 86–104, Jan. 2006, doi: 10. 1016/j. cpr. 2005. 07. 004.

[188] T. J. Dekkers et al., "Meta-analysis: Which Components of Parent Training Work for Children

With Attention-Deficit/Hyperactivity Disorder?," *J. Am. Acad. Child Adolesc. Psychiatry*, vol. 61, no. 4, 478–494, Apr. 2022, doi: 10. 1016/j. jaac. 2021. 06. 015.

[189] J. Green et al., "Parent-mediated communication-focused treatment in children with autism (PACT): A randomised controlled trial." *The Lancet*, vol. 375, no. 9732, 2152–2160, Jun. 2010, doi: 10. 1016/S0140-6736（10）60587-9.

[190] K. J. Lifford, G. T. Harold, and A. Thapar, "Parent–child hostility and child ADHD symptoms: A genetically sensitive and longitudinal analysis." *J. Child Psychol. Psychiatry*, vol. 50, no. 12, 1468–1476, 2009, doi: 10. 1111/j. 1469-7610. 2009. 02107. x.

[191] L. O. Linares et al., "The Course of Inattention and Hyperactivity/Impulsivity Symptoms After Foster Placement." *Pediatrics*, vol. 125, no. 3, e489–e498, Mar. 2010, doi: 10. 1542/peds. 2009-1285.

[192] M. K. Richmond and C. M. Stocker, "Longitudinal associations between parents' hostility and siblings' externalizing behavior in the context of marital discord." *J. Fam. Psychol.*, vol. 22, no. 2, 231–240, 2008, doi: 10. 1037/0893-3200. 22. 2. 231.

[193] M. K. Keiley, T. R. Howe, K. A. Dodge, J. E. Bates, and G. S. Pettit, "The timing of child physical maltreatment: A cross-domain growth analysis of impact on adolescent externalizing and internalizing problems." *Dev. Psychopathol.*, vol. 13, no. 4, 891–912, Dec. 2001, doi: 10. 1017/S0954579401004084.

[194] S. R. Jaffee, A. Caspi, T. E. Moffitt, M. Polo-Tomas, T. S. Price, and A. Taylor, "The limits of child effects: evidence for genetically mediated child effects on corporal punishment but not on physical maltreatment." *Dev. Psychol.*, vol. 40, no. 6, 1047–1058, Nov. 2004, doi: 10. 1037/0012-1649. 40. 6. 1047.

[195] A. S. Lau, S. M. Valeri, C. A. McCarty, and J. R. Weisz, "Abusive parents' reports of child behavior problems: Relationship to observed parent-child interactions." *Child Abuse Negl.*, vol. 30, no. 6, 639–655, Jun. 2006, doi: 10. 1016/j. chiabu. 2005. 11. 009.

[196] M. A. M. Peluso and L. H. S. Guerra de Andrade, "Physical activity and mental health: the association between exercise and mood." *Clin. Sao Paulo Braz.*, vol. 60, no. 1, 61–70, Feb. 2005, doi: 10. 1590/s1807-59322005000100012.

[197] M. T. Ribeiro, S. Singh, and C. Guestrin, "'Why should I trust you?': Explaining the predictions of any classifier." in *Proceedings of the 22nd ACM SIGKDD international conference on knowledge discovery and data mining*, 2016, pp. 1135–1144.

[198] J. Kurebayashi et al., "Clinicopathological characteristics of breast cancer and trends in the management of breast cancer patients in Japan: Based on the Breast Cancer Registry of the Japanese Breast Cancer Society between 2004 and 2011." *Breast Cancer*, vol. 22, no. 3, 235–244, May 2015, doi: 10. 1007/s12282-015-0599-6.

[199] L. Irwig and A. Bennetts, "Quality of Life After Breast Conservation or Mastectomy: A Systematic Review." *Aust. N. Z. J. Surg.*, vol. 67, no. 11, 750–754, 1997, doi: 10. 1111/j. 1445-2197. 1997. tb04573. x.

[200] K. Härtl et al., "Impact of medical and demographic factors on long-term quality of life and body image of breast cancer patients." *Ann. Oncol.*, vol. 14, no. 7, 1064–1071, Jul. 2003, doi: 10. 1093/annonc/mdg289.

[201] A. Syrowatka et al., "Predictors of distress in female breast cancer survivors: A systematic review." *Breast Cancer Res. Treat.*, vol. 165, no. 2, 229–245, Sep. 2017, doi: 10. 1007/s10549-017-4290-9.

[202] M. O'Connor, S. Christensen, A. B. Jensen, S. Møller, and R. Zachariae, "How traumatic is breast cancer? Post-traumatic stress symptoms (PTSS) and risk factors for severe PTSS at 3 and 15 months after surgery in a nationwide cohort of Danish women treated for primary breast cancer." *Br. J. Cancer*, vol. 104, no. 3, Art. no. 3, Feb. 2011, doi: 10. 1038/sj. bjc. 6606073.

[203] M. Reich, A. Lesur, and C. Perdrizet-Chevallier, "Depression, quality of life and breast cancer: A

review of the literature." *Breast Cancer Res. Treat.*, vol. 110, no. 1, 9–17, Jul. 2008, doi: 10. 1007/s10549-007-9706-5.

[204] M. Takahashi, "Psychosocial distress among young breast cancer survivors: implications for healthcare providers." *Breast Cancer*, vol. 21, no. 6, 664–669, Nov. 2014, doi: 10. 1007/s12282-013-0508-9.

[205] F. M. Lewis, K. A. Fletcher, B. B. Cochrane, and J. R. Fann, "Predictors of depressed mood in spouses of women with breast cancer." *J. Clin. Oncol. Off. J. Am. Soc. Clin. Oncol.*, vol. 26, no. 8, 1289–1295, Mar. 2008, doi: 10. 1200/JCO. 2007. 12. 7159.

[206] S. Zehra, F. Doyle, M. Barry, S. Walsh, and M. R. Kell, "Health-related quality of life following breast reconstruction compared to total mastectomy and breast-conserving surgery among breast cancer survivors: A systematic review and meta analysis." *Breast Cancer*, vol. 27, no. 4, 534–566, Jul. 2020, doi: 10. 1007/s12282-020-01076-1.

[207] P. Kvillemo and R. Bränström, "Coping with Breast Cancer: A Meta-Analysis." *PLOS ONE*, vol. 9, no. 11, e112733, Nov. 2014, doi: 10. 1371/journal. pone. 0112733.

[208] L. M. Kraemer, A. L. Stanton, B. E. Meyerowitz, J. H. Rowland, and P. A. Ganz, "A Longitudinal Examination of Couples' Coping Strategies as Predictors of Adjustment to Breast Cancer." *J. Fam. Psychol.*, vol. 25, no. 6, 963–972, Dec. 2011, doi: 10. 1037/a0025551.

[209] H. Badr and P. Krebs, "A systematic review and meta-analysis of psychosocial interventions for couples coping with cancer." *Psychooncology.*, vol. 22, no. 8, 1688–1704, 2013, doi: 10. 1002/pon. 3200.

[210] S. C. Naaman, K. Radwan, D. Fergusson, and S. Johnson, "Status of Psychological Trials in Breast Cancer Patients: A Report of Three Meta-Analyses." *Psychiatry Interpers. Biol. Process.*, vol. 72, no. 1, 50–69, Mar. 2009, doi: 10. 1521/psyc. 2009. 72. 1. 50.

[211] T. W. Regan et al., "Cross-sectional relationships between dyadic coping and anxiety, depression, and relationship satisfaction for patients with prostate cancer and their spouses." *Patient Educ. Couns.*, vol. 96, no. 1, 120–127, Jul. 2014, doi: 10. 1016/j. pec. 2014. 04. 010.

[212] S. M. Bigatti, C. D. Wagner, J. R. Lydon-Lam, J. L. Steiner, and K. D. Miller, "Depression in husbands of breast cancer patients: relationships to coping and social support." *Support. Care Cancer*, vol. 19, no. 4, 455–466, Apr. 2011, doi: 10. 1007/s00520-010-0835-8.

[213] C. Acquati and K. Kayser, "Dyadic Coping Across the Lifespan: A Comparison Between Younger and Middle-Aged Couples with Breast Cancer." *Front. Psychol.*, vol. 10, 2019, Accessed: Mar. 09, 2022. [Online] . Available: https://www. frontiersin. org/article/10. 3389/fpsyg. 2019. 00404

[214] K. Kayser and J. L. Scott, *Helping Couples Cope with Women's Cancers: An Evidence-Based Approach for Practitioners.* New York, NY, US: Springer Science + Business Media, 2008, pp. xv, 229.

[215] K. Kayser, L. E. Watson, and J. T. Andrade, "Cancer as a 'we-disease': Examining the process of coping from a relational perspective." *Fam. Syst. Health*, vol. 25, no. 4, 404–418, 2007, doi: 10. 1037/1091-7527. 25. 4. 404.

[216] M. K. Falconier and R. Kuhn, "Dyadic Coping in Couples: A Conceptual Integration and a Review of the Empirical Literature." *Front. Psychol.*, vol. 10, 2019, Accessed: Mar. 09, 2022. [Online] . Available: https://www. frontiersin. org/article/10. 3389/fpsyg. 2019. 00571

[217] M. J. Cordova, J. Giese-Davis, M. Golant, C. Kronenwetter, V. Chang, and D. Spiegel, "Breast Cancer as Trauma: Posttraumatic Stress and Posttraumatic Growth." *J. Clin. Psychol. Med. Settings*, vol. 14, no. 4, 308–319, Dec. 2007, doi: 10. 1007/s10880-007-9083-6

[218] S. L. Manne, J. S. Ostroff, T. R. Norton, K. Fox, L. Goldstein, and G. Grana, "Cancer-related relationship communication in couples coping with early stage breast cancer." *Psychooncology.*, vol. 15, no. 3, 234–247, 2006, doi: 10. 1002/pon. 941.

[219] S. Manne, J. Ostroff, G. Winkel, L. Goldstein, K. Fox, and G. Grana, "Posttraumatic Growth After Breast Cancer: Patient, Partner, and Couple Perspectives." *Psychosom. Med.*, vol. 66, no. 3, 442–454, Jun. 2004, Accessed: Mar. 09, 2022. [Online] . Available: https://journals. lww. com/

psychosomaticmedicine/Abstract/2004/05000/Posttraumatic_Growth_After_Breast_Cancer__ Patient, . 25. aspx

[220] D. Zwahlen, N. Hagenbuch, M. I. Carley, J. Jenewein, and S. Buchi, "Posttraumatic growth in cancer patients and partners—effects of role, gender and the dyad on couples' posttraumatic growth experience." *Psychooncology.*, vol. 19, no. 1, 12–20, 2010, doi: 10. 1002/pon. 1486.

[221] S. A. Wolchik, J. -Y. Tein, I. N. Sandler, and T. S. Ayers, "Stressors, Quality of the Child–Caregiver Relationship, and Children's Mental Health Problems After Parental Death: The Mediating Role of Self-System Beliefs." *J. Abnorm. Child Psychol.*, vol. 34, no. 2, 212–229, Apr. 2006, doi: 10. 1007/s10802-005-9016-5.

[222] Brown Ronald T. et al., "Adjustment of Children and Their Mothers with Breast Cancer." *J. Pediatr. Psychol.*, vol. 32, no. 3, 2007, Accessed: Mar. 09, 2022. [Online] . Available: https://www. elibrary. ru/item. asp?id=10362422

[223] M. Watson et al., "Factors associated with emotional and behavioural problems among school age children of breast cancer patients." *Br. J. Cancer*, vol. 94, no. 1, Art. no. 1, Jan. 2006, doi: 10. 1038/sj. bjc. 6602887.

[224] R. Hoffmann, J. Kaiser, and A. Kersting, "Psychosocial outcomes in cancer-bereaved children and adolescents: A systematic review." *Psychooncology.*, vol. 27, no. 10, 2327–2338, 2018, doi: 10. 1002/pon. 4863.

[225] T. Krattenmacher, F. Kühne, J. Ernst, C. Bergelt, G. Romer, and B. Möller, "Parental cancer: Factors associated with children's psychosocial adjustment: a systematic review." *J. Psychosom. Res.*, vol. 72, no. 5, 344–356, May 2012, doi: 10. 1016/j. jpsychores. 2012. 01. 011.

[226] K. Siegel, D. Karus, and V. H. Raveis, "Adjustment of Children Facing the Death of a Parent Due to Cancer." *J. Am. Acad. Child Adolesc. Psychiatry*, vol. 35, no. 4, 442–450, Apr. 1996, doi: 10. 1097/00004583-199604000-00010.

[227] D. W. Kissane, M. McKenzie, S. Bloch, C. Moskowitz, D. P. McKenzie, and I. O'Neill, "Family Focused Grief Therapy: A Randomized, Controlled Trial in Palliative Care and Bereavement." *Am. J. Psychiatry*, vol. 163, no. 7, 1208–1218, Jul. 2006, doi: 10. 1176/ajp. 2006. 163. 7. 1208.

[228] " 子どもに伝えるときは３つの ' C ' を念頭に | Hope Tree（ホープツリー）." Hope Tree（ホープツリー）| Just another WordPress site, Mar. 15, 2016. https://hope-tree. jp/information/cancercare-for-kids-01/ （accessed Mar. 09, 2022）.

[229] A. -S. Bergman, U. Axberg, and E. Hanson, "When a parent dies: a systematic review of the effects of support programs for parentally bereaved children and their caregivers." *BMC Palliat. Care*, vol. 16, no. 1, 39, Aug. 2017, doi: 10. 1186/s12904-017-0223-y.

[230] J. M. Turner-Cobb, S. E. Sephton, C. Koopman, J. Blake-Mortimer, and D. Spiegel, "Social Support and Salivary Cortisol in Women with Metastatic Breast Cancer." *Psychosom. Med.*, vol. 62, no. 3, 337–345, Jun. 2000, Accessed: Mar. 28, 2022. [Online] . Available: https://journals. lww. com/psychosomaticmedicine/Abstract/2000/05000/Social_Support_and_Salivary_Cortisol_in_Women_With. 7. aspx

[231] S. Hughes et al., "Social support predicts inflammation, pain, and depressive symptoms: Longitudinal relationships among breast cancer survivors." *Psychoneuroendocrinology*, vol. 42, 38–44, Apr. 2014, doi: 10. 1016/j. psyneuen. 2013. 12. 016.

[232] E. Kim et al., "The process and effect of supportive message expression and reception in online breast cancer support groups." *Psychooncology.*, vol. 21, no. 5, 531–540, 2012, doi: 10. 1002/pon. 1942.

[233] D. Ozdemir and F. Tas Arslan, "An investigation of the relationship between social support and coping with stress in women with breast cancer." *Psychooncology.*, vol. 27, no. 9, 2214–2219, 2018, doi: 10. 1002/pon. 4798.

[234] A. Matsuda, K. Yamaoka, T. Tango, T. Matsuda, and H. Nishimoto, "Effectiveness of psychoeducational support on quality of life in early-stage breast cancer patients: A systematic

review and meta-analysis of randomized controlled trials." *Qual. Life Res.*, vol. 23, no. 1, 21–30, Feb. 2014, doi: 10. 1007/s11136-013-0460-3.

[235] M. Ye et al., "A meta-analysis of the efficacy of cognitive behavior therapy on quality of life and psychological health of breast cancer survivors and patients." *Psychooncology.*, vol. 27, no. 7, 1695–1703, 2018, doi: 10. 1002/pon. 4687.

[236] Y. Zeng, M. Huang, A. S. K. Cheng, Y. Zhou, and W. K. W. So, "Meta-analysis of the effects of exercise intervention on quality of life in breast cancer survivors." *Breast Cancer*, vol. 21, no. 3, 262–274, May 2014, doi: 10. 1007/s12282-014-0521-7.

[237] L. Liu, H. Tan, S. Yu, H. Yin, and G. D. Baxter, "The effectiveness of tai chi in breast cancer patients: A systematic review and meta-analysis." *Complement. Ther. Clin. Pract.*, vol. 38, 101078, Feb. 2020, doi: 10. 1016/j. ctcp. 2019. 101078.

[238] A. Lipsett, S. Barrett, F. Haruna, K. Mustian, and A. O'Donovan, "The impact of exercise during adjuvant radiotherapy for breast cancer on fatigue and quality of life: A systematic review and meta-analysis." *The Breast*, vol. 32, 144–155, Apr. 2017, doi: 10. 1016/j. breast. 2017. 02. 002.

[239] H. Huang, M. He, H. Wang, and M. Zhou, "A meta-analysis of the benefits of mindfulness-based stress reduction (MBSR) on psychological function among breast cancer (BC) survivors." *Breast Cancer*, vol. 23, no. 4, 568–576, Jul. 2016, doi: 10. 1007/s12282-015-0604-0.

[240] " 愛媛県庁／がんに関する医療ーがん対策 ." https://www. pref. ehime. jp/h25500/gan_iryou/（accessed Mar. 16, 2022）.

[241] "（公財）日本ホスピス・緩和ケア研究振興財団 | ホスピス財団 ." https://www. hospat. org/（accessed Mar. 16, 2022）.

[242] D. Nishi, H. Ishikawa, and N. Kawakami, "Prevalence of mental disorders and mental health service use in Japan." *Psychiatry Clin. Neurosci.*, vol. 73, no. 8, 458–465, 2019, doi: 10. 1111/pcn. 12894.

[243] G. Turecki and D. A. Brent, "Suicide and suicidal behaviour." *The Lancet*, vol. 387, no. 10024, 1227–1239, Mar. 2016, doi: 10. 1016/S0140-6736（15）00234-2.

[244] K. L. Heffner, T. J. Loving, J. K. Kiecolt-Glaser, L. K. Himawan, R. Glaser, and W. B. Malarkey, "Older Spouses' Cortisol Responses to Marital Conflict: Associations with Demand/Withdraw Communication Patterns." *J. Behav. Med.*, vol. 29, no. 4, 317, Jun. 2006, doi: 10. 1007/s10865-006-9058-3.

[245] Rodriguez A. J. and Margolin G., "Wives' and Husbands' Cortisol Reactivity to Proximal and Distal Dimensions of Couple Conflict." *Fam. Process*, vol. 52, no. 3, 555–569, 2013, doi: 10. 1111/famp. 12037.

[246] U. S. Rehman, J. Gollan, and A. R. Mortimer, "The marital context of depression: Research, limitations, and new directions." *Clin. Psychol. Rev.*, vol. 28, no. 2, 179–198, Feb. 2008, doi: 10. 1016/j. cpr. 2007. 04. 007.

[247] B. Ditzen, K. Hahlweg, G. Fehm-Wolfsdorf, and D. Baucom, "Assisting couples to develop healthy relationships: Effects of couples relationship education on cortisol." *Psychoneuroendocrinology*, vol. 36, no. 5, 597–607, Jun. 2011, doi: 10. 1016/j. psyneuen. 2010. 07. 019.

[248] R. Roels, U. S. Rehman, C. S. Carter, H. P. Nazarloo, and E. Janssen, "The link between oxytocin plasma levels and observed communication behaviors during sexual and nonsexual couple discussions: An exploratory study." *Psychoneuroendocrinology*, vol. 129, 105265, Jul. 2021, doi: 10. 1016/j. psyneuen. 2021. 105265.

[249] F. B. Spengler et al., "Oxytocin facilitates reciprocity in social communication." *Soc. Cogn. Affect. Neurosci.*, vol. 12, no. 8, 1325–1333, Aug. 2017, doi: 10. 1093/scan/nsx061.

[250] I. D. Neumann and R. Landgraf, "Balance of brain oxytocin and vasopressin: implications for anxiety, depression, and social behaviors." *Trends Neurosci.*, vol. 35, no. 11, 649–659, Nov. 2012, doi: 10. 1016/j. tins. 2012. 08. 004.

[251] R. E. Mitchell, R. C. Cronkite, and R. H. Moos, "Stress, coping, and depression among married

couples." *J. Abnorm. Psychol.*, vol. 92, no. 4, 433–448, 1983, doi: 10. 1037/0021-843X. 92. 4. 433.

[252] C. L. Hammen, "Stress and depression: old questions, new approaches." *Curr. Opin. Psychol.*, vol. 4, 80–85, Aug. 2015, doi: 10. 1016/j. copsyc. 2014. 12. 024.

[253] K. O 'Donnell, E. Badrick, M. Kumari, and A. Steptoe, "Psychological coping styles and cortisol over the day in healthy older adults." *Psychoneuroendocrinology*, vol. 33, no. 5, 601–611, Jun. 2008, doi: 10. 1016/j. psyneuen. 2008. 01. 015.

[254] A. Barbato and B. D 'Avanzo, "The Findings of a Cochrane Meta-Analysis of Couple Therapy in Adult Depression: Implications for Research and Clinical Practice." *Fam. Process*, vol. 59, no. 2, 361–375, 2020, doi: 10. 1111/famp. 12540.

[255] A. M. Nezu, C. M. Nezu, and S. E. Blissett, "Sense of humor as a moderator of the relation between stressful events and psychological distress: A prospective analysis." *J. Pers. Soc. Psychol.*, vol. 54, no. 3, 520–525, 1988, doi: 10. 1037/0022-3514. 54. 3. 520.

[256] 和司堀田，純子奥野，貴子深作，久子柳，" 老老介護の現状と主介護者の介護負担感に関連する要因 ." 日本プライマリ・ケア連合学会誌，vol. 33, no. 3, 256–265, 2010, doi: 10. 14442/generalist. 33. 256.

[257] " 介護給付費等実態統計（旧：介護給付費等実態調査） 介護給付費等実態統計　介護給付費等実態統計　月報　2021 年度　統計表　3　受給者数，要介護（要支援）状態区分・性・年齢階級別　月次　2021 年 10 月 | ファイル | 統計データを探す ." 政府統計の総合窓口 . https://www. e-stat. go. jp/stat-search/files?page=1&layout=datalist&toukei=00450049&tstat=0000011235 35&cycle=1&year=20210&month=24101210&tclass1=000001123536&tclass2=000001160 826 （accessed Mar. 16, 2022）.

[258] " 介護給付費等実態統計（旧：介護給付費等実態調査）介護給付費等実態統計　介護給付費等実態統計　月報　2021 年度　統計表　19　認定者数，要介護（要支援）状態区分・性・年齢階級別　月次　2021 年 10 月 | ファイル | 統計データを探す ." 政府統計の総合窓口 . https://www. e-stat. go. jp/stat-search/files?page=1&layout=datalist&toukei=00450049&tstat=0000011235 35&cycle=1&year=20210&month=24101210&tclass1=000001123536&tclass2=000001160 826 （accessed Mar. 16, 2022）.

[259] " 人口推計　各月 1 日現在人口　月次　2022 年 2 月 | ファイル | 統計データを探す ." 政府統計の総合窓口 . https://www. e-stat. go. jp/stat-search/files?page=1&layout=datalist&toukei=0020 0524&tstat=000000090001&cycle=1&year=20220&month=11010302&tclass1=000001011 678 （accessed Mar. 16, 2022）.

[260] " 介護保険の介護度とは | 健康長寿ネット ." https://www. tyojyu. or. jp/net/kaigo-seido/kaigo-hoken/kaigodo. html （accessed Mar. 16, 2022）.

[261] " 要介護認定はどのように行われるか ." https://www. mhlw. go. jp/stf/seisakunitsuite/bunya/hukushi_kaigo/kaigo_koureisha/nintei/gaiyo2. html （accessed Mar. 16, 2022）.

[262] " 国民生活基礎調査　令和元年国民生活基礎調査　介護 | ファイル | 統計データを探す ." 政府統計の総合窓口 . https://www. e-stat. go. jp/stat-search/files?page=1&layout=datalist&toukei=0 0450061&tstat=000001141126&cycle=7&tclass1=000001141143&tclass2val=0 （accessed Mar. 16, 2022）.

[263] M. S. Noh, M. T. Lee, and K. M. Feltey, "Mad, Bad, or Reasonable?: Newspaper Portrayals of the Battered Woman Who Kills." *Gend. Issues*, vol. 27, no. 3, 110–130, Dec. 2010, doi: 10. 1007/s12147-010-9093-9.

[264] R. Fan, "Confucian filial piety and long term care for aged parents." in *HEC forum*, 2006, vol. 18, no. 1, 1.

[265] M. Pinquart and S. Sörensen, "Differences between caregivers and noncaregivers in psychological health and physical health: A meta-analysis." *Psychol. Aging*, vol. 18, no. 2, 250–267, Jun. 2003, doi: 10. 1037/0882-7974. 18. 2. 250.

[266] E. M. Hunkeler et al., "Long term outcomes from the IMPACT randomised trial for depressed

elderly patients in primary care." *BMJ*, vol. 332, no. 7536, 259–263, Feb. 2006, doi: 10. 1136/bmj. 38683. 710255. BE.

[267] J. Williams John W. et al., "Treatment of Dysthymia and Minor Depression in Primary CareA Randomized Controlled Trial in Older Adults." *JAMA*, vol. 284, no. 12, 1519–1526, Sep. 2000, doi: 10. 1001/jama. 284. 12. 1519.

[268] S. Cohen, K. D. O'Leary, and H. Foran, "A Randomized Clinical Trial of a Brief, Problem-Focused Couple Therapy for Depression." *Behav. Ther.*, vol. 41, no. 4, 433–446, Dec. 2010, doi: 10. 1016/j. beth. 2009. 11. 004.

[269] G. Bodenmann et al., "Effects of coping-oriented couples therapy on depression: A randomized clinical trial." *J. Consult. Clin. Psychol.*, vol. 76, no. 6, 944–954, 2008, doi: 10. 1037/a0013467.

[270] P. E. Greenbaum et al., "Gender and ethnicity as moderators: Integrative data analysis of multidimensional family therapy randomized clinical trials." *J. Fam. Psychol.*, vol. 29, no. 6, 919–930, 2015, doi: 10. 1037/fam0000127.

[271] C. FitzGerald and S. Hurst, "Implicit bias in healthcare professionals: A systematic review." *BMC Med. Ethics*, vol. 18, no. 1, 19, Mar. 2017, doi: 10. 1186/s12910-017-0179-8.

[272] D. M. Frost, K. Lehavot, and I. H. Meyer, "Minority stress and physical health among sexual minority individuals." *J. Behav. Med.*, vol. 38, no. 1, 1–8, Feb. 2015, doi: 10. 1007/s10865-013-9523-8.

[273] A. N. Correro and K. A. Nielson, "A review of minority stress as a risk factor for cognitive decline in lesbian, gay, bisexual, and transgender (LGBT) elders." *J. Gay Lesbian Ment. Health*, vol. 24, no. 1, 2–19, Jan. 2020, doi: 10. 1080/19359705. 2019. 1644570.

[274] C. Bepko and T. Johnson, "Gay and Lesbian Couples in Therapy: Perspectives for the Contemporary Family Therapist." *J. Marital Fam. Ther.*, vol. 26, no. 4, 409–419, 2000, doi: 10. 1111/j. 1752-0606. 2000. tb00312. x.

[275] M. Carnes et al., "Effect of an Intervention to Break the Gender Bias Habit for Faculty at One Institution: A Cluster Randomized, Controlled Trial." *Acad. Med. J. Assoc. Am. Med. Coll.*, vol. 90, no. 2, 221–230, Feb. 2015, doi: 10. 1097/ACM. 0000000000000552.

[276] M. N. Elliott et al., "Sexual Minorities in England Have Poorer Health and Worse Health Care Experiences: A National Survey." *J. Gen. Intern. Med.*, vol. 30, no. 1, 9–16, Jan. 2015, doi: 10. 1007/s11606-014-2905-y.

[277] F. D. Fincham, "Marital Conflict: Correlates, Structure, and Context." *Curr. Dir. Psychol. Sci.*, vol. 12, no. 1, 23–27, Feb. 2003, doi: 10. 1111/1467-8721. 01215.

[278] K. A. Eldridge, M. Sevier, J. Jones, D. C. Atkins, and A. Christensen, "Demand-withdraw communication in severely distressed, moderately distressed, and nondistressed couples: Rigidity and polarity during relationship and personal problem discussions." *J. Fam. Psychol.*, vol. 21, no. 2, 218–226, 2007, doi: 10. 1037/0893-3200. 21. 2. 218.

[279] G. T. Harold, K. H. Shelton, M. C. Goeke-Morey, and E. M. Cummings, "Marital Conflict, Child Emotional Security about Family Relationships and Child Adjustment." *Soc. Dev.*, vol. 13, no. 3, 350–376, 2004, doi: 10. 1111/j. 1467-9507. 2004. 00272. x.

[280] A. Tourunen, V. -L. Kykyri, J. Seikkula, J. Kaartinen, A. Tolvanen, and M. Penttonen, "Sympathetic nervous system synchrony: An exploratory study of its relationship with the therapeutic alliance and outcome in couple therapy." *Psychotherapy*, vol. 57, no. 2, 160–173, 2020, doi: 10. 1037/pst0000198.

[281] Y. -S. Chiang, Y. -W. Chen, W. -C. Chuang, C. -I. Wu, and C. -T. Wu, "Triadic balance in the brain: Seeking brain evidence for Heider's structural balance theory." *Soc. Netw.*, vol. 63, 80–90, Oct. 2020, doi: 10. 1016/j. socnet. 2020. 05. 003.

[282] C. S. Crandall, P. J. Silvia, A. N. N'Gbala, J. -A. Tsang, and K. Dawson, "Balance Theory, Unit Relations, and Attribution: The Underlying Integrity of Heiderian Theory." *Rev. Gen. Psychol.*, vol. 11, no. 1, 12–30, Mar. 2007, doi: 10. 1037/1089-2680. 11. 1. 12.

[283] S. M. Johnson and P. S. Greenman, "The path to a secure bond: Emotionally focused couple therapy." *J. Clin. Psychol.*, vol. 62, no. 5, 597–609, 2006, doi: 10. 1002/jclp. 20251.

[284] R. Beck and E. Fernandez, "Cognitive-Behavioral Therapy in the Treatment of Anger: A Meta-Analysis." *Cogn. Ther. Res.*, vol. 22, no. 1, 63–74, Feb. 1998, doi: 10. 1023/A:1018763902991.

[285] L. S. Greenberg, S. Warwar, and W. Malcolm, "Emotion-focused couples therapy and the facilitation of forgiveness." *J. Marital Fam. Ther.*, vol. 36, no. 1, 28–42, Jan. 2010, doi: 10. 1111/j. 1752-0606. 2009. 00185. x.

[286] R. Elliott, A. C. Bohart, J. C. Watson, and D. Murphy, "Therapist empathy and client outcome: an updated meta-analysis." *Psychotherapy*, vol. 55, no. 4, Art. no. 4, Dec. 2018, Accessed: Mar. 16, 2021. [Online] . Available: https://doi. org/10. 1037/pst0000175

[287] D. Cooper, K. Yap, M. O 'Brien, and I. Scott, "Mindfulness and Empathy Among Counseling and Psychotherapy Professionals: A Systematic Review and Meta-analysis." *Mindfulness*, vol. 11, no. 10, 2243–2257, Oct. 2020, doi: 10. 1007/s12671-020-01425-3.

[288] J. C. Babcock, J. Waltz, N. S. Jacobson, and J. M. Gottman, "Power and violence: The relation between communication patterns, power discrepancies, and domestic violence." *J. Consult. Clin. Psychol.*, vol. 61, no. 1, 40–50, 1993, doi: 10. 1037/0022-006X. 61. 1. 40.

[289] Z. Javadivala, H. Allahverdipour, M. Asghari Jafarabadi, S. Azimi, N. Gilani, and V. K. Chattu, "Improved couple satisfaction and communication with marriage and relationship programs: are there gender differences?—a systematic review and meta-analysis." *Syst. Rev.*, vol. 10, no. 1, 178, Jun. 2021, doi: 10. 1186/s13643-021-01719-0.

[290] K. E. Stewart, D. Sumantry, and B. L. Malivoire, "Family and couple integrated cognitive-behavioural therapy for adults with OCD: A meta-analysis." *J. Affect. Disord.*, vol. 277, 159–168, Dec. 2020, doi: 10. 1016/j. jad. 2020. 07. 140.

[291] I. H. Gotlib and V. E. Whiffen, "Depression and marital functioning: An examination of specificity and gender differences." *J. Abnorm. Psychol.*, vol. 98, no. 1, 23–30, 1989, doi: 10. 1037/0021-843X. 98. 1. 23.

[292] J. B. Henriques and R. J. Davidson, "Decreased responsiveness to reward in depression." *Cogn. Emot.*, vol. 14, no. 5, 711–724, Sep. 2000, doi: 10. 1080/02699930050117684.

[293] J. C. Coyne, R. Thompson, and S. C. Palmer, "Marital quality, coping with conflict, marital complaints, and affection in couples with a depressed wife." *J. Fam. Psychol.*, vol. 16, no. 1, 26–37, 2002, doi: 10. 1037/0893-3200. 16. 1. 26.

[294] J. C. Coyne, R. C. Kessler, M. Tal, J. Turnbull, C. B. Wortman, and J. F. Greden, "Living with a depressed person." *J. Consult. Clin. Psychol.*, vol. 55, no. 3, 347–352, 1987, doi: 10. 1037/0022-006X. 55. 3. 347.

[295] M. S. Wu, J. F. McGuire, C. Martino, V. Phares, R. R. Selles, and E. A. Storch, "A meta-analysis of family accommodation and OCD symptom severity." *Clin. Psychol. Rev.*, vol. 45, 34–44, Apr. 2016, doi: 10. 1016/j. cpr. 2016. 03. 003.

[296] A. Przeworski et al., "Maternal and Child Expressed Emotion as Predictors of Treatment Response in Pediatric Obsessive–Compulsive Disorder." *Child Psychiatry Hum. Dev.*, vol. 43, no. 3, 337–353, Jun. 2012, doi: 10. 1007/s10578-011-0268-8.

[297] K. Milbury, H. Badr, F. Fossella, K. M. Pisters, and C. L. Carmack, "Longitudinal associations between caregiver burden and patient and spouse distress in couples coping with lung cancer." *Support. Care Cancer*, vol. 21, no. 9, 2371–2379, Sep. 2013, doi: 10. 1007/s00520-013-1795-6.

[298] T. Ownsworth, L. Henderson, and S. K. Chambers, "Social support buffers the impact of functional impairments on caregiver psychological well-being in the context of brain tumor and other cancers." *Psychooncology.*, vol. 19, no. 10, 1116–1122, 2010, doi: 10. 1002/pon. 1663.

[299] Y. Y. Usta, "Importance of social support in cancer patients." *Asian Pac. J. Cancer Prev.*, vol. 13, no. 8, 3569-3572, 2012, doi: 10. 7314/APJCP. 2012. 13. 8. 3569.

[300] J. L. Scott, W. K. Halford, and B. G. Ward, "United We Stand?: The Effects of a Couple-Coping

Intervention on Adjustment to Early Stage Breast or Gynecological Cancer." *J. Consult. Clin. Psychol.*, vol. 72, no. 6, 1122–1135, 2004, doi: 10. 1037/0022-006X. 72. 6. 1122.

[301] M. Vintilă, A. M. Ştefănuţ, and P. Sârbescu, "Effectiveness of couple psycho-oncological interventions in increasing patients and their partners' adaptation to disease: A systematic review and a meta-analysis." *Curr. Psychol.*, vol. 41, no. 1, 216–238, Jan. 2022, doi: 10. 1007/s12144-019-00543-z.

[302] S. J. Huey Jr., S. W. Henggeler. M. J. Brondino, S. G. Pickrel, "Mechanisms of change in multisystemic therapy: reducing delinquent behavior through therapist adherence and improved family and peer functioning." *J. Consult Clin Psychol*, vol. 68, no. 3, 451–67, 2000, Accessed: Mar. 10, 2022. [Online] . Available: http://bases. bireme. br/cgi-bin/wxislind. exe/iah/online/?IsisScript=iah/iah. xis&src=google&base=ADOLEC&lang=p&nextAction=lnk&exprSearch=10883562&indexSearch=ID

[303] C. McMillan, D. Felmlee, and D. W. Osgood, "Peer influence, friend selection, and gender: How network processes shape adolescent smoking, drinking, and delinquency." *Soc. Netw.*, vol. 55, 86–96, Oct. 2018, doi: 10. 1016/j. socnet. 2018. 05. 008.

[304] K. Yokotani and M. Takano, "Predicting cyber offenders and victims and their offense and damage time from routine chat times and online social network activities." *Comput. Hum. Behav.*, vol. 128, 107099, Mar. 2022, doi: 10. 1016/j. chb. 2021. 107099.

[305] K. Yokotani and M. Takano, "Social Contagion of Cyberbullying via Online Perpetrator and Victim Networks." *Comput. Hum. Behav.*, vol. 119, 106719, Jan. 2021, doi: 10. 1016/j. chb. 2021. 106719.

[306] M. A. Bozarth and R. A. Wise, "Toxicity Associated with Long-term Intravenous Heroin and Cocaine Self-administration in the Rat." *JAMA*, vol. 254, no. 1, 81–83, Jul. 1985, doi: 10. 1001/jama. 1985. 03360010087032.

[307] N. G. Shah, S. L. Lathrop, R. R. Reichard, and M. G. Landen, "Unintentional drug overdose death trends in New Mexico, USA, 1990–2005: combinations of heroin, cocaine, prescription opioids and alcohol." *Addiction*, vol. 103, no. 1, 126–136, 2008, doi: 10. 1111/j. 1360-0443. 2007. 02054. x.

[308] N. Z. Weinberg, E. Rahdert, J. D. Colliver, and M. D. Glantz, "Adolescent Substance Abuse: A Review of the Past 10 Years." *J. Am. Acad. Child Adolesc. Psychiatry*, vol. 37, no. 3, 252–261, Mar. 1998, doi: 10. 1097/00004583-199803000-00009.

[309] N. D. Volkow, J. S. Fowler, G. -J. Wang, J. M. Swanson, and F. Telang, "Dopamine in Drug Abuse and Addiction: Results of Imaging Studies and Treatment Implications." *Arch. Neurol.*, vol. 64, no. 11, 1575–1579, Nov. 2007, doi: 10. 1001/archneur. 64. 11. 1575.

[310] K. Yokotani and K. Tamura, "Solution-focused group therapy for drug users in Japanese prison: nonrandomized study." *Int. J. Brief Ther. Fam. Sci.*, vol. 5, 42–61, 2015.

[311] G. M. Barnes, J. H. Hoffman, J. W. Welte, M. P. Farrell, and B. A. Dintcheff, "Effects of Parental Monitoring and Peer Deviance on Substance Use and Delinquency." *J. Marriage Fam.*, vol. 68, no. 4, 1084–1104, 2006, doi: 10. 1111/j. 1741-3737. 2006. 00315. x.

[312] L. Townsend, A. J. Flisher, and G. King, "A Systematic Review of the Relationship between High School Dropout and Substance Use." *Clin. Child Fam. Psychol. Rev.*, vol. 10, no. 4, 295–317, Dec. 2007, doi: 10. 1007/s10567-007-0023-7.

[313] O. Cutrín, L. Maneiro, J. Sobral, and J. A. Gómez-Fraguela, "Longitudinal Effects of Parenting Mediated by Deviant Peers on Violent and Non-Violent Antisocial Behaviour and Substance Use in Adolescence." *Eur. J. Psychol. Appl. Leg. Context*, vol. 11, no. 1, 23–32, Dec. 2018, doi: 10. 5093/ejpalc2018a12.

[314] S. W. Henggeler, W. G. Clingempeel, M. J. Brondino, and S. G. Pickrel, "Four-Year Follow-up of Multisystemic Therapy with Substance-Abusing and Substance-Dependent Juvenile Offenders." *J. Am. Acad. Child Adolesc. Psychiatry*, vol. 41, no. 7, 868–874, Jul. 2002, doi: 10. 1097/00004583-

200207000-00021.

[315] T. Rhodes, "Risk environments and drug harms: A social science for harm reduction approach." *Int. J. Drug Policy*, vol. 20, no. 3, 193–201, May 2009, doi: 10. 1016/j. drugpo. 2008. 10. 003.

[316] C. L. Hardy, W. M. Bukowski, and L. K. Sippola, "Stability and Change in Peer Relationships During the Transition to Middle-Level School." *J. Early Adolesc.*, vol. 22, no. 2, 117–142, May 2002, doi: 10. 1177/0272431602022002001.

[317] S. W. Henggeler, "Multisystemic Therapy: An Overview of Clinical Procedures, Outcomes, and Policy Implications." *Child Psychol. Psychiatry Rev.*, vol. 4, no. 1, 2–10, Feb. 1999, doi: 10. 1017/S1360641798001786.

[318] B. G. Simons-Morton and T. Farhat, "Recent Findings on Peer Group Influences on Adolescent Smoking." *J. Prim. Prev.*, vol. 31, no. 4, 191–208, Aug. 2010, doi: 10. 1007/s10935-010-0220-x.

[319] K. W. Griffin, S. R. Lowe, C. Botvin, and B. P. Acevedo, "Patterns of adolescent tobacco and alcohol use as predictors of illicit and prescription drug abuse in minority young adults." *J. Prev. Interv. Community*, vol. 47, no. 3, 228–242, Jul. 2019, doi: 10. 1080/10852352. 2019. 1603672.

[320] N. S. Tobler and H. H. Stratton, "Effectiveness of School-Based Drug Prevention Programs: A Meta-Analysis of the Research." *J. Prim. Prev.*, vol. 18, no. 1, 71–128, Sep. 1997, doi: 10. 1023/A:1024630205999.

[321] S. T. Ennett et al., "A Comparison of Current Practice in School-Based Substance Use Prevention Programs with Meta-Analysis Findings." *Prev. Sci.*, vol. 4, no. 1, 1–14, Mar. 2003, doi: 10. 1023/A:1021777109369.

[322] S. Zilcha-Mano, "Toward personalized psychotherapy: The importance of the trait-like/state-like distinction for understanding therapeutic change." *Am. Psychol.*, vol. 76, no. 3, 516–528, 2021, doi: 10. 1037/amp0000629.

[323] J. McIntosh and N. McKeganey, "Addicts' narratives of recovery from drug use: constructing a non-addict identity." *Soc. Sci. Med.*, vol. 50, no. 10, 1501–1510, May 2000, doi: 10. 1016/S0277-9536（99）00409-8.

[324] S. Mallett, D. Rosenthal, and D. Keys, "Young people, drug use and family conflict: Pathways into homelessness." *J. Adolesc.*, vol. 28, no. 2, 185–199, Apr. 2005, doi: 10. 1016/j. adolescence. 2005. 02. 002.

[325] M. Hosseinbor, S. M. Yassini Ardekani, S. Bakhshani, and S. Bakhshani, "Emotional and Social Loneliness in Individuals With and Without Substance Dependence Disorder." *Int. J. High Risk Behav. Addict.*, vol. 3, no. 3, e22688, Aug. 2014, doi: 10. 5812/ijhrba. 22688.

[326] K. Yokotani and K. Tamura, "Solution-Focused Group Therapy Program for Repeated-Drug Users." *Int. J. Brief Ther. Fam. Sci.*, vol. 4, no. 1, 28–43, 2014.

[327] K. Yokotani and K. Tamura, "Effects of personalized feedback interventions on drug-related reoffending: A pilot study." *Prev. Sci.*, vol. 16, no. 8, 1169–1176, Nov. 2015, doi: 10. 1007/s11121-015-0571-x.

[328] J. -L. Van Gelder, E. C. Luciano, M. Weulen Kranenbarg, and H. E. Hershfield, "Friends with My Future Self: Longitudinal Vividness Intervention Reduces Delinquency." *Criminology*, vol. 53, no. 2, 158–179, 2015, doi: 10. 1111/1745-9125. 12064.

[329] G. A. Marlatt, "Harm reduction: Come as you are." *Addict. Behav.*, vol. 21, no. 6, 779–788, Nov. 1996, doi: 10. 1016/0306-4603（96）00042-1.

[330] D. I. Rees and H. N. Mocan, "Labor market conditions and the high school dropout rate: Evidence from New York State." *Econ. Educ. Rev.*, vol. 16, no. 2, 103–109, Apr. 1997, doi: 10. 1016/S0272-7757（96）00037-4.

[331] A. Gulliver et al., "Technology-based interventions for tobacco and other drug use in university and college students: A systematic review and meta-analysis." *Addict. Sci. Clin. Pract.*, vol. 10, no. 1, 5, Feb. 2015, doi: 10. 1186/s13722-015-0027-4.

[332] J. E. Irvin, C. A. Bowers, M. E. Dunn, and M. C. Wang, "Efficacy of relapse prevention: A meta-

analytic review." *J. Consult. Clin. Psychol.*, vol. 67, no. 4, 563–570, 1999, doi: 10. 1037/0022-006X. 67. 4. 563.

[333] T. R. Apodaca and R. Longabaugh, "Mechanisms of change in motivational interviewing: A review and preliminary evaluation of the evidence." *Addiction*, vol. 104, no. 5, 705–715, 2009, doi: 10. 1111/j. 1360-0443. 2009. 02527. x.

[334] S. Rubak, A. Sandbæk, T. Lauritzen, and B. Christensen, "Motivational interviewing: A systematic review and meta-analysis." *Br. J. Gen. Pr.*, vol. 55, no. 513, 305–312, Apr. 2005, Accessed: Dec. 07, 2018. [Online] . Available: https://bjgp. org/content/55/513/305

[335] H. Riper, A. van Straten, M. Keuken, F. Smit, G. Schippers, and P. Cuijpers, "Curbing Problem Drinking with Personalized-Feedback Interventions: A Meta-Analysis." Am. J. Prev. Med., vol. 36, no. 3, 247–255, Mar. 2009, doi: 10. 1016/j. amepre. 2008. 10. 016.

[336] M. E. Larimer, R. S. Palmer, and G. A. Marlatt, "Relapse Prevention." Alcohol Res. Health, vol. 23, no. 2, 151–160, 1999, Accessed: Mar. 18, 2021. [Online] . Available: https://www. ncbi. nlm. nih. gov/pmc/articles/PMC6760427/

[337] S. Grant et al., "Mindfulness-based Relapse Prevention for Substance Use Disorders: A Systematic Review and Meta-analysis." *J. Addict. Med.*, vol. 11, no. 5, 386–396, Sep. 2017, doi: 10. 1097/ADM. 0000000000000338.

[338] J. H. Littell, T. D. Pigott, K. H. Nilsen, S. J. Green, and O. L. K. Montgomery, "Multisystemic Therapy® for social, emotional, and behavioural problems in youth age 10 to 17: An updated systematic review and meta-analysis." *Campbell Syst. Rev.*, vol. 17, no. 4, e1158, 2021, doi: 10. 1002/cl2. 1158.

[339] "令和２年版　犯罪白書　第７編／第４章／第３節／1." https://hakusyo1. moj. go. jp/jp/67/nfm/n67_2_7_4_3_1. html （accessed Mar. 17, 2022）.

[340] K. Rubia, A. Alegria, and H. Brinson, "Imaging the ADHD brain: disorder-specificity, medication effects and clinical translation." *Expert Rev. Neurother.*, vol. 14, no. 5, 519–538, May 2014, doi: 10. 1586/14737175. 2014. 907526.

[341] B. E. Depue, G. C. Burgess, E. G. Willcutt, L. Ruzic, and M. T. Banich, "Inhibitory control of memory retrieval and motor processing associated with the right lateral prefrontal cortex: Evidence from deficits in individuals with ADHD." *Neuropsychologia*, vol. 48, no. 13, 3909–3917, Nov. 2010, doi: 10. 1016/j. neuropsychologia. 2010. 09. 013.

[342] T. Sagvolden, E. B. Johansen, H. Aase, and V. A. Russell, "A dynamic developmental theory of attention-deficit/hyperactivity disorder (adhd) predominantly hyperactive/impulsive and combined subtypes." *Behav. Brain Sci.*, vol. 28, no. 3, 397–419, Jun. 2005, doi: 10. 1017/S0140525X05000075.

[343] M. A. Sheridan, S. Hinshaw, and M. D'esposito, "Efficiency of the Prefrontal Cortex During Working Memory in Attention-Deficit/Hyperactivity Disorder." *J. Am. Acad. Child Adolesc. Psychiatry*, vol. 46, no. 10, 1357–1366, Oct. 2007, doi: 10. 1097/chi. 0b013e31812eecf7.

[344] T. Sagvolden and J. A. Sergeant, "Attention deficit/hyperactivity disorder: From brain dysfunctions to behaviour." *Behav. Brain Res.*, vol. 94, no. 1, 1–10, 1998.

[345] W. Retz et al., "Attention-Deficit/Hyperactivity Disorder (ADHD), antisociality and delinquent behavior over the lifespan." *Neurosci. Biobehav. Rev.*, vol. 120, 236–248, Jan. 2021, doi: 10. 1016/j. neubiorev. 2020. 11. 025.

[346] G. H. Gudjonsson, J. F. Sigurdsson, I. D. Sigfusdottir, and S. Young, "A National Epidemiological Study of Offending and Its Relationship With ADHD Symptoms and Associated Risk Factors." *J. Atten. Disord.*, vol. 18, no. 1, 3–13, Jan. 2014, doi: 10. 1177/1087054712437584.

[347] S. Mrug et al., "Peer Rejection and Friendships in Children with Attention-Deficit/Hyperactivity Disorder: Contributions to Long-Term Outcomes." *J. Abnorm. Child Psychol.*, vol. 40, no. 6, 1013–1026, Aug. 2012, doi: 10. 1007/s10802-012-9610-2.

[348] A. Y. Mikami and S. P. Hinshaw, "Resilient Adolescent Adjustment Among Girls: Buffers of

Childhood Peer Rejection and Attention-Deficit/Hyperactivity Disorder." *J. Abnorm. Child Psychol.*, vol. 34, no. 6, 823–837, Dec. 2006, doi: 10. 1007/s10802-006-9062-7.

[349] J. Belsky, C. Jonassaint, M. Pluess, M. Stanton, B. Brummett, and R. Williams, "Vulnerability genes or plasticity genes?." *Mol. Psychiatry*, vol. 14, no. 8, Art. no. 8, Aug. 2009, doi: 10. 1038/mp. 2009. 44.

[350] J. Belsky and K. M. Beaver, "Cumulative-genetic plasticity, parenting and adolescent self-regulation." *J. Child Psychol. Psychiatry*, vol. 52, no. 5, 619–626, 2011, doi: 10. 1111/j. 1469-7610. 2010. 02327. x.

[351] I. Hatak, M. Chang, R. Harms, and J. Wiklund, "ADHD symptoms, entrepreneurial passion, and entrepreneurial performance." *Small Bus. Econ.*, vol. 57, no. 4, 1693–1713, Dec. 2021, doi: 10. 1007/s11187-020-00397-x.

[352] W. Yu, J. Wiklund, and A. Pérez-Luño, "ADHD Symptoms, Entrepreneurial Orientation (EO), and Firm Performance." *Entrep. Theory Pract.*, vol. 45, no. 1, 92–117, Jan. 2021, doi: 10. 1177/1042258719892987.

[353] P. S. Jensen et al., "Evolution and Revolution in Child Psychiatry: ADHD as a Disorder of Adaptation." *J. Am. Acad. Child Adolesc. Psychiatry*, vol. 36, no. 12, 1672–1681, Dec. 1997, doi: 10. 1097/00004583-199712000-00015.

[354] M. Ruiz-Goikoetxea et al., "Risk of unintentional injuries in children and adolescents with ADHD and the impact of ADHD medications: A systematic review and meta-analysis." *Neurosci. Biobehav. Rev.*, vol. 84, 63–71, Jan. 2018, doi: 10. 1016/j. neubiorev. 2017. 11. 007.

[355] S. V. Faraone and J. Buitelaar, "Comparing the efficacy of stimulants for ADHD in children and adolescents using meta-analysis." *Eur. Child Adolesc. Psychiatry*, vol. 19, no. 4, 353–364, Apr. 2010, doi: 10. 1007/s00787-009-0054-3.

[356] D. L. Rabiner, A. D. Anastopoulos, E. J. Costello, R. H. Hoyle, S. Esteban McCabe, and H. S. Swartzwelder, "The Misuse and Diversion of Prescribed ADHD Medications by College Students." *J. Atten. Disord.*, vol. 13, no. 2, 144–153, Sep. 2009, doi: 10. 1177/1087054708320414.

[357] Z. Chang et al., "Stimulant ADHD medication and risk for substance abuse." *J. Child Psychol. Psychiatry*, vol. 55, no. 8, 878–885, 2014, doi: 10. 1111/jcpp. 12164.

[358] S. P. Hinshaw, "Attention Deficit Hyperactivity Disorder (ADHD): Controversy, Developmental Mechanisms, and Multiple Levels of Analysis." *Annu. Rev. Clin. Psychol.*, vol. 14, no. 1, 291–316, 2018, doi: 10. 1146/annurev-clinpsy-050817-084917.

[359] 佐竹真次, " 小学校普通学級における ADHD と疑われる児童への機能アセスメントによるアプローチ ." 山形保健医療研究, vol. 4, 43–50, Nov. 2016, Accessed: Mar. 11, 2022. [Online] . Available: https://yachts. repo. nii. ac. jp/index. php?active_action=repository_view_main_item_detail&page_id=13&block_id=21&item_id=125&item_no=1

[360] S. Dalsgaard, H. S. Nielsen, and M. Simonsen, "Consequences of ADHD medication use for children's outcomes." *J. Health Econ.*, vol. 37, 137–151, Sep. 2014, doi: 10. 1016/j. jhealeco. 2014. 05. 005.

[361] C. R. M. Maia et al., "Long-Term Efficacy of Methylphenidate Immediate-Release for the Treatment of Childhood ADHD: A Systematic Review and Meta-Analysis." *J. Atten. Disord.*, vol. 21, no. 1, 3–13, Jan. 2017, doi: 10. 1177/1087054714559643.

[362] C. R. Grima-Farrell, J. Long, R. Bentley-Williams, and C. Laws, "A School System and University Approach to Reducing the Research to Practice Gap in Teacher Education: A Collaborative Special Education Immersion Project." *Aust. J. Teach. Educ.*, vol. 39, no. 5, May 2014, Accessed: Mar. 29, 2022. [Online] . Available: https://eric. ed. gov/?id=EJ1017651

[363] T. Clark, "'Normal Happy Girl' Interrupted: An auto/biographical Analysis of Myra Hindley's Public Confession." *Deviant Behav.*, vol. 42, no. 4, 458–472, Apr. 2021, doi: 10. 1080/01639625. 2019. 1689047.

[364] S. Weare, "'The Mad', 'The Bad', 'The Victim': Gendered Constructions of Women Who Kill

within the Criminal Justice System." *Laws*, vol. 2, no. 3, Art. no. 3, Sep. 2013, doi: 10. 3390/laws2030337.

[365] N. Zendarski et al., "Student–teacher relationship quality in children with and without ADHD: A cross-sectional community based study." *Early Child. Res. Q.*, vol. 51, 275–284, Apr. 2020, doi: 10. 1016/j. ecresq. 2019. 12. 006.

[366] A. Y. Mikami and S. Normand, "The Importance of Social Contextual Factors in Peer Relationships of Children with ADHD." *Curr. Dev. Disord. Rep.*, vol. 2, no. 1, 30–37, Mar. 2015, doi: 10. 1007/s40474-014-0036-0.

[367] R. Kuja-Halkola, P. Lichtenstein, B. M. D 'Onofrio, and H. Larsson, "Codevelopment of ADHD and externalizing behavior from childhood to adulthood." *J. Child Psychol. Psychiatry*, vol. 56, no. 6, 640–647, 2015, doi: 10. 1111/jcpp. 12340.

[368] S. Danforth and V. Navarro, "Hyper Talk: Sampling the Social Construction of ADHD in Everyday Language." *Anthropol. Educ. Q.*, vol. 32, no. 2, 167–190, 2001, doi: 10. 1525/aeq. 2001. 32. 2. 167.

[369] B. Hoza et al., "What Aspects of Peer Relationships are Impaired in Children with Attention-Deficit/Hyperactivity Disorder?." *J. Consult. Clin. Psychol.*, vol. 73, no. 3, 411–423, Jun. 2005.

[370] L. P. Ewe, "ADHD symptoms and the teacher–student relationship: A systematic literature review." *Emot. Behav. Difficulties*, vol. 24, no. 2, 136–155, Apr. 2019, doi: 10. 1080/13632752. 2019. 1597562.

[371] M. Isoda, "Lesson Study: Problem Solving Approaches in Mathematics Education as a Japanese Experience." *Procedia - Soc. Behav. Sci.*, vol. 8, 17–27, Jan. 2010, doi: 10. 1016/j. sbspro. 2010. 12. 003.

[372] V. Riedinger, M. Pinquart, and D. Teubert, "Effects of Systemic Therapy on Mental Health of Children and Adolescents: A Meta-Analysis." *J. Clin. Child Adolesc. Psychol.*, vol. 46, no. 6, 880–894, Nov. 2017, doi: 10. 1080/15374416. 2015. 1063427.

[373] 狐塚貴博，若島孔文編著，" 解決の物語から学ぶブリーフセラピーのエッセンス――ケース・フォーミュレーションとしての物語 ." 遠見書房，2016.

[374] 長谷川啓三，" ソリューション・バンク―ブリーフセラピーの哲学と新展開 ." 金子書房，2005. Accessed: Dec. 07, 2018. [Online] . Available: https://bookmeter. com/books/2625181

[375] G. J. MacArthur, S. Harrison, D. M. Caldwell, M. Hickman, and R. Campbell, "Peer-led interventions to prevent tobacco, alcohol and/or drug use among young people aged 11–21 years: A systematic review and meta-analysis." *Addiction*, vol. 111, no. 3, 391–407, 2016, doi: 10. 1111/add. 13224.

[376] K. R. Thankappan et al., "A peer-support lifestyle intervention for preventing type 2 diabetes in India: A cluster-randomized controlled trial of the Kerala Diabetes Prevention Program." *PLOS Med.*, vol. 15, no. 6, e1002575, Jun. 2018, doi: 10. 1371/journal. pmed. 1002575.

[377] C. Webster-Stratton, M. J. Reid, and T. P. Beauchaine, "One-Year Follow-Up of Combined Parent and Child Intervention for Young Children with ADHD." *J. Clin. Child Adolesc. Psychol.*, vol. 42, no. 2, 251–261, Mar. 2013, doi: 10. 1080/15374416. 2012. 723263.

[378] J. Theule, J. Wiener, R. Tannock, and J. M. Jenkins, "Parenting Stress in Families of Children With ADHD: A Meta-Analysis." *J. Emot. Behav. Disord.*, vol. 21, no. 1, 3–17, Mar. 2013, doi: 10. 1177/1063426610387433.

[379] C. A. Counts, J. T. Nigg, J. A. Stawicki, M. D. Rappley, and A. Von Eye, "Family Adversity in DSM-IV ADHD Combined and Inattentive Subtypes and Associated Disruptive Behavior Problems." *J. Am. Acad. Child Adolesc. Psychiatry*, vol. 44, no. 7, 690–698, Jul. 2005, doi: 10. 1097/01. chi. 0000162582. 87710. 66.

[380] C. A. Anderson, S. P. Hinshaw, and C. Simmel, "Mother-child interactions in ADHD and comparison boys: Relationships with overt and covert externalizing behavior." *J. Abnorm. Child Psychol.*, vol. 22, no. 2, 247–265, Apr. 1994, doi: 10. 1007/BF02167903.

[381] R. A. Barkley, A. D. Anastopoulos, D. C. Guevremont, and K. E. Fletcher, "Adolescents with attention deficit hyperactivity disorder: Mother-adolescent interactions, family beliefs and conflicts, and maternal psychopathology." *J. Abnorm. Child Psychol.*, vol. 20, no. 3, 263–288, Jun. 1992, doi: 10. 1007/BF00916692.

[382] D. E. Babinski et al., "Lifetime caregiver strain among mothers of adolescents and young adults with attention-deficit/hyperactivity disorder." *J. Fam. Psychol.*, vol. 34, no. 3, 342–352, 2020, doi: 10. 1037/fam0000609.

[383] R. Gwernan-Jones et al., "ADHD, parent perspectives and parent–teacher relationships: grounds for conflict." *Br. J. Spec. Educ.*, vol. 42, no. 3, 279–300, 2015, doi: 10. 1111/1467-8578. 12087.

[384] J. A. Mautone, E. Marcelle, K. E. Tresco, and T. J. Power, "Assessing the Quality of Parent–Teacher Relationships for Students with Adhd." *Psychol. Sch.*, vol. 52, no. 2, 196–207, 2015, doi: 10. 1002/pits. 21817.

[385] J. Coates, J. A. Taylor, and K. Sayal, "Parenting Interventions for ADHD: A Systematic Literature Review and Meta-Analysis." *J. Atten. Disord.*, vol. 19, no. 10, 831–843, Oct. 2015, doi: 10. 1177/1087054714535952.

[386] M. L. Friedlander and L. Heatherington, "Analyzing relational control in family therapy interviews." *J. Couns. Psychol.*, vol. 36, no. 2, 139–148, 1989, doi: 10. 1037/0022-0167. 36. 2. 139.

[387] R. Vysniauske, L. Verburgh, J. Oosterlaan, and M. L. Molendijk, "The Effects of Physical Exercise on Functional Outcomes in the Treatment of ADHD: A Meta-Analysis." *J. Atten. Disord.*, vol. 24, no. 5, 644–654, Mar. 2020, doi: 10. 1177/1087054715627489.

[388] L. Verburgh, M. Königs, E. J. A. Scherder, and J. Oosterlaan, "Physical exercise and executive functions in preadolescent children, adolescents and young adults: A meta-analysis." *Br. J. Sports Med.*, vol. 48, no. 12, 973–979, Jun. 2014, doi: 10. 1136/bjsports-2012-091441.

[389] S. Colcombe and A. F. Kramer, "Fitness Effects on the Cognitive Function of Older Adults: A Meta-Analytic Study." *Psychol. Sci.*, vol. 14, no. 2, 125–130, Mar. 2003, doi: 10. 1111/1467-9280. t01-1-01430.

[390] F. M. Kok, Y. Groen, A. B. M. Fuermaier, and O. Tucha, "Problematic Peer Functioning in Girls with ADHD: A Systematic Literature Review." *PLOS ONE*, vol. 11, no. 11, e0165119, Nov. 2016, doi: 10. 1371/journal. pone. 0165119.

[391] J. D. Unnever, F. T. Cullen, and T. C. Pratt, "Parental management, ADHD, and delinquent involvement: Reassessing Gottfredson and Hirschi's general theory." *Justice Q.*, vol. 20, no. 3, 471–500, Sep. 2003, doi: 10. 1080/07418820300095591.

[392] S. Van der Oord, P. J. M. Prins, J. Oosterlaan, and P. M. G. Emmelkamp, "Efficacy of methylphenidate, psychosocial treatments and their combination in school-aged children with ADHD: A meta-analysis." *Clin. Psychol. Rev.*, vol. 28, no. 5, 783–800, Jun. 2008, doi: 10. 1016/j. cpr. 2007. 10. 007.

[393] K. Hodgson, A. D. Hutchinson, and L. Denson, "Nonpharmacological Treatments for ADHD: A Meta-Analytic Review." *J. Atten. Disord.*, vol. 18, no. 4, 275–282, May 2014, doi: 10. 1177/1087054712444732.

[394] M. H. Bloch and A. Qawasmi, "Omega-3 Fatty Acid Supplementation for the Treatment of Children with Attention-Deficit/Hyperactivity Disorder Symptomatology: Systematic Review and Meta-Analysis." *J. Am. Acad. Child Adolesc. Psychiatry*, vol. 50, no. 10, 991–1000, Oct. 2011, doi: 10. 1016/j. jaac. 2011. 06. 008.

[395] L. M. Pelsser, K. Frankena, J. Toorman, and R. R. Pereira, "Diet and ADHD, Reviewing the Evidence: A Systematic Review of Meta-Analyses of Double-Blind Placebo-Controlled Trials Evaluating the Efficacy of Diet Interventions on the Behavior of Children with ADHD." *PLOS ONE*, vol. 12, no. 1, e0169277, Jan. 2017, doi: 10. 1371/journal. pone. 0169277.

[396] "特別支援教育資料（令和２年度）：文部科学省." 文部科学省ホームページ. https://www. mext.

go. jp/a_menu/shotou/tokubetu/material/1406456_00009. htm （accessed Mar. 17, 2022）.

[397] INC S. D., " 無免許で 8 年授業　中学の女性教諭を戒告処分 ." 産経ニュース，Jan. 19, 2018. https://www. sankei. com/article/20180119-NMXF7LTQGJOMZAY43A5IQYEBN4/ （accessed Mar. 17, 2022）.

[398] " 無免許で家庭科授業　1 年生全員，再履修へ　志学館高等部 ." https://www. chibanippo. co. jp/news/national/288391 （accessed Mar. 17, 2022）.

[399] E. J. Santa Ana, E. Wulfert, and P. J. Nietert, "Efficacy of group motivational interviewing (GMI) for psychiatric inpatients with chemical dependence." J. Consult. Clin. Psychol., vol. 75, no. 5, 816 822, 2007, doi: 10. 1037/0022-006X. 75. 5. 816.

[400] C. H. Bastien, C. M. Morin, M. -C. Ouellet, F. C. Blais, and S. Bouchard, "Cognitive-Behavioral Therapy for Insomnia: Comparison of Individual Therapy, Group Therapy, and Telephone Consultations." J. Consult. Clin. Psychol., vol. 72, no. 4, 653–659, 2004, doi: 10. 1037/0022-006X. 72. 4. 653.

[401] L. Sotero and A. P Relvas, "Dropout Versus Retention in Family Therapy: How are they Associated with Behavioral Manifestations of the Therapeutic Alliance?." Contemp. Fam. Ther., vol. 43, no. 4, 320–328, Dec. 2021, doi: 10. 1007/s10591-021-09613-6.

[402] T. A. Kato, S. Kanba, and A. R. Teo, "Hikikomori: Multidimensional understanding, assessment, and future international perspectives." Psychiatry Clin. Neurosci., vol. 73, no. 8, 427–440, 2019, doi: 10. 1111/pcn. 12895.

[403] H. Kubo et al., "Development of 5-day hikikomori intervention program for family members: A single-arm pilot trial." Heliyon, vol. 6, no. 1, e03011, Jan. 2020, doi: 10. 1016/j. heliyon. 2019. e03011.

[404] J. C. M. Wong et al., "Hikikomori Phenomenon in East Asia: Regional Perspectives, Challenges, and Opportunities for Social Health Agencies." Front. Psychiatry, vol. 10, 2019, Accessed: Mar. 11, 2022. [Online] . Available: https://www. frontiersin. org/article/10. 3389/fpsyt. 2019. 00512

[405] E. Stip, A. Thibault, A. Beauchamp-Chatel, and S. Kisely, "Internet Addiction, Hikikomori Syndrome, and the Prodromal Phase of Psychosis." Front. Psychiatry, vol. 7, 2016. Accessed: Mar. 11, 2022. [Online] . Available: https://www. frontiersin. org/article/10. 3389/fpsyt. 2016. 00006

[406] H. Bernard et al., "Clinical Practice Guidelines for Group Psychotherapy." Int. J. Group Psychother., vol. 58, no. 4, 455–542, Oct. 2008, doi: 10. 1521/ijgp. 2008. 58. 4. 455.

[407] J. F. Kelly, "Is Alcoholics Anonymous religious, spiritual, neither?: Findings from 25 years of mechanisms of behavior change research." Addiction, vol. 112, no. 6, 929–936, 2017, doi: https://doi. org/10. 1111/add. 13590.

[408] K. Yokotani, "Spread of gambling abstinence through peers and comments in online self-help chat forums to quit gambling." Sci. Rep., vol. 12, no. 1, Art. no. 1, Mar. 2022, doi: 10. 1038/s41598-022-07714-2.

[409] M. Stubbs-Richardson and D. C. May, "Social contagion in bullying: an Examination of strains and types of bullying victimization in peer networks." Am. J. Crim. Justice, Sep. 2020, doi: 10. 1007/s12103-020-09572-y.

[410] G. L. Cohen and M. J. Prinstein, "Peer Contagion of Aggression and Health Risk Behavior Among Adolescent Males: An Experimental Investigation of Effects on Public Conduct and Private Attitudes." Child Dev., vol. 77, no. 4, 967–983, 2006, doi: 10. 1111/j. 1467-8624. 2006. 00913. x.

[411] A. L. Huntley, R. Araya, and C. Salisbury, "Group psychological therapies for depression in the community: systematic review and meta-analysis." Br. J. Psychiatry, vol. 200, no. 3, 184–190, Mar. 2012, doi: 10. 1192/bjp. bp. 111. 092049.

[412] P. Cuijpers, A. van Straten, and L. Warmerdam, "Behavioral activation treatments of depression: A

meta-analysis." *Clin. Psychol. Rev.*, vol. 27, no. 3, 318–326, Apr. 2007, doi: 10. 1016/j. cpr. 2006. 11. 001.

[413] U. Feske and D. L. Chambless, "Cognitive behavioral versus exposure only treatment for social phobia: A meta-analysis." *Behav. Ther.*, vol. 26, no. 4, 695–720, Sep. 1995, doi: 10. 1016/S0005-7894（05）80040-1.

[414] M. B. Powers and P. M. G. Emmelkamp, "Virtual reality exposure therapy for anxiety disorders: A meta-analysis." *J. Anxiety Disord.*, vol. 22, no. 3, 561–569, Apr. 2008, doi: 10. 1016/j. janxdis. 2007. 04. 006.

[415] D. Centola and M. Macy, "Complex contagions and the weakness of long ties." *Am. J. Sociol.*, vol. 113, no. 3, 702–734, Nov. 2007, doi: 10. 1086/521848.

[416] S. Barkowski, D. Schwartze, B. Strauss, G. M. Burlingame, J. Barth, and J. Rosendahl, "Efficacy of group psychotherapy for social anxiety disorder: A meta-analysis of randomized-controlled trials." *J. Anxiety Disord.*, vol. 39, 44–64, Apr. 2016, doi: 10. 1016/j. janxdis. 2016. 02. 005.

[417] G. Lo Coco et al., "Group treatment for substance use disorder in adults: A systematic review and meta-analysis of randomized-controlled trials." *J. Subst. Abuse Treat.*, vol. 99, 104–116, Apr. 2019, doi: 10. 1016/j. jsat. 2019. 01. 016.

[418] K. Shear, E. Frank, P. R. Houck, and C. F. Reynolds, "Treatment of Complicated GriefA Randomized Controlled Trial." *JAMA*, vol. 293, no. 21, 2601–2608, Jun. 2005, doi: 10. 1001/jama. 293. 21. 2601.

[419] F. Neuner, P. L. Onyut, V. Ertl, M. Odenwald, E. Schauer, and T. Elbert, "Treatment of posttraumatic stress disorder by trained lay counselors in an African refugee settlement: A randomized controlled trial." *J. Consult. Clin. Psychol.*, vol. 76, no. 4, 686–694, 2008, doi: 10. 1037/0022-006X. 76. 4. 686.

索　　引

著者略歴

横谷謙次（よこたに けんじ）

徳島大学大学院創成科学研究科臨床心理学専攻・准教授。公認心理師・臨床心理士。
2001 年に東北大学教育学部に入学，2011 年に東北大学大学院教育学研究科博士後期課程修了（心理学博士・総長賞受賞）。チューリッヒ大学大学院心理学科客員研究員などを経て，2019 年より現職。日本ブリーフセラピー協会より，薬物依存症者及び性犯罪加害者に関する治療についてそれぞれ論文賞受賞（2014 年，2020 年）。情報処理技術と人間行動に関する国際的な学術雑誌（Computers in human behavior）などに論文多数。最近は，計算社会科学者と共同で，ヴァーチャルコミュニティ上での精神疾患の予防を研究している。また，ロボット工学者や神経科学者と協働して，精神疾患に対するロボットを介した治療を行い，その効果を検証すると共に治療効果の背景となる神経基盤の解明にも挑んでいる。

主な著書：『精神の情報工学―心理学 ×IT でどんな未来を創造できるか』（単著，2021，遠見書房）

図解（ずかい）

ケースで学ぶ家族療法（まな かぞくりょうほう）

システムとナラティヴの見立てと介入

2022 年 12 月 5 日　第 1 刷

著　者　横谷謙次（よこたに けんじ）
発行人　山内俊介
発行所　遠見書房

tomi shobo
遠見書房

〒 181-0001　東京都三鷹市井の頭 2-28-16
株式会社　遠見書房
TEL 0422-26-6711　FAX 050-3488-3894
tomi@tomishobo.com　https://tomishobo.com
遠見書房の書店　https://tomishobo.stores.jp/

印刷・製本　大平印刷社

ISBN978-4-86616-155-6　C3011